——战国——

战国的星空

申赋渔

著

序言

《山海经》上说，有位叫"折"的神人，住在东海之外的东极山上，东风就是他从这里吹起的。东风一起，草长莺飞，次第开放的鲜花，慢慢地铺满无边的原野。孔子，就像这位神人"折"，他站在春秋末年，拂一拂衣袖，一股温暖的和风，把三千弟子吹散在中原大地。他们落地生根，发芽开花。当战国的帷幕轻轻拉开之时，满眼已是一个百花争妍的缤纷世界了。

孔子去世之后，儒分八家，有子张之儒、子思之儒、颜氏之儒等等。师出同门，他们的争论却毫无顾忌。他们的心里没有成见，肩上也没有包袱。他们直奔自己的内心而去，他们只想追求真理。

二

　　子张是孔子的弟子，小孔子四十八岁，他追求简朴，身上有一股侠气。他的思想与后来反对儒家的墨家有着某种相通之处。子思是孔子的孙子，他坚信中庸之道，并写下《中庸》一书。他相信这是正道，是大道，实行中庸之道，则天地各得其位，万物自然生长。颜氏指颜回，他安贫乐道，是孔子最得意的弟子。庄子曾借颜回之口阐述道家的"坐忘"。在颜回的身上，竟体现出一种道家的气质。孟氏之儒指孟子一门，孟轲是子思的再传弟子，他的身上少了温文尔雅，而是充满"浩然之气"，提倡"民贵君轻"，他振聋发聩地宣称，不仁君主即是"独夫民贼"。漆雕氏之儒的漆雕开，是孔子很欣赏的学生。他简直是一位勇士，面对威胁，不仅脸上毫无屈服的表情，眼睛里也没有一丝一毫逃避的神色，实在是儒家的另类。仲良氏之儒的陈良，他的两个学生曾对农家学说十分推崇。而耕作之事，本是儒家不屑学习的。由此可见，这一家所走的应是一条大不同的道路。孙氏之儒说的是荀况。他强调王道、霸道兼用，儒学因他又一次大放异彩，他也把儒家带到了一个新方向。他的学生韩非、李斯，后来成了法家的代表人物。至于乐正氏之儒，是说孟子的学生乐正克，他留下了一本最早论述教育和教学问题的论著《学记》，他这一门显然是打算走专业化的教学之路了。

　　除了韩非所说的这八家之外，儒家还有子夏之儒、子游之儒等等。孔子七十二贤弟子，各有所学，各有所为。争论从师门之内,又走向了更为广阔的世界。社会各个阶层,都卷入了这场争鸣。于是哲人如泉而涌,大师相继而出。整个中华大地,成了学术交锋的讲堂和平台。

子夏曾为魏文侯之师,他的弟子李悝(kuī)首先在魏国变法,使得魏国成为战国初年最为强大的诸侯国。商鞅在魏国学了李悝的《法经》,跑到秦国进行变法,从而使得秦国开始崛起。曾参的儿子曾申,也是鲁国有名的大儒,收了吴起为学生。吴起后来成了著名的军事家、法家,晚年在楚国实行变法。荀子的学生韩非、李斯,更是法家学派最重要的代表人物。法家因儒家而光大,最后却间接导致了秦始皇的"焚书坑儒"。

孔子去世之后,首先与儒家对抗的,是墨家。孔子讲仁,仁是有区别的"别爱"。墨子讲"兼爱",我爱人人,人人爱我。儒家讲究"厚葬",墨子要"节葬""节用"。儒家讲究礼乐,而墨子强调"非乐"。

针对儒家的仁爱与墨家的兼爱,杨朱提出了"贵己",也就是自爱,自爱到了极点。他说:"古之人,损一毫利天下,不与也;悉天下奉一身,不取也。"这是自我主义的先声。

孟子认为,杨朱为我,是无君;墨子兼爱,是无父。无父无君,是禽兽也。

对于儒家、墨家以及杨朱,庄子都不以为然。他认为他们都是炫耀自己的德行,迷乱天下之人。他们争论不休的这一切,都不值一提。人生如此短暂，宇宙却浩渺无边。只有把人生安放到那无边的宇宙中去，才是正道。他从人道出发而至于天道。他把人从局促的人生界，引向了无限宽广的宇宙界，为中国哲学打开了一个全新的局面。

彼此争锋的诸子百家，并不是突然产生的。他们背后都有深远的渊源。自夏、商、周一直到春秋，学问都在王官卿相。普通百姓忙于生计，无暇也无力学习。到了春秋之时，贵族制度开始崩坏，拥有学问的士大夫从庙堂之上，渐渐流落到民间。他们聚众讲学，著书立说，星星之火，终于燃烧出一个伟大的哲学时代。

诸子百家，纷繁复杂，不过他们的渊源与传承，却清晰可见。儒家出自掌管教化的"司徒"之官。道家出自记载史事，兼管典籍、历法的"太史"之官。阴阳家出自掌管天文星象的"羲和"之官。法家出自掌管刑罚的"大理"之官。纵横家出自负责外交的"行人"之官。名家出自主管礼仪的"礼官"。墨家出自掌管祭祀之礼的"清庙之守"。杂家出自"议官"。农家出自主管农业的"稷官"。小说家出自搜集"街谈巷语、道听途说"的"稗官"。这些官位，甚至可以上溯到尧舜之时。舜帝曾经任命皋陶为"大理"，伯夷"主礼"，契为"司徒"，弃为"后稷"等等。然而各家王官之学，只是一个起点，到了春秋末年，经过孔子这支火炬的点燃，才迅速蔓延开来。这是经过数千年积淀之后的一次大爆发，各家在与儒家的争锋、碰撞、融和之后，形成了恣肆汪洋、个性鲜明的诸子百家。他们为了推行自己的主张，身体力行，四方论战，把整个战国变成了百家争鸣的大论坛。

从孔子、墨子到孟子、庄子、荀子，从吴起到商鞅、孙膑、乐毅、白起，从苏秦、张仪到孟尝君、信陵君、春申君、平原君；从惠施、许行、宋钘（jiān）到邹衍、吕不韦，诸子百家彼此争论不休，又各放异彩。谁会想到，如此一个群星闪耀的时代，却又是一个战火纷飞、流血千里的时代。

战国之时，各国都在网罗人才，富国强兵，相互攻伐。最先崛起的是魏国，接着是齐国，然后是赵国，再后来是秦国，一个个主角，走马灯般从舞台的中央走过。其间的故事，跌宕起伏，令人荡气回肠；纷繁复杂，让人眼花缭乱。如何把这段历史说清？如何在说清这段历史的同时，又清晰地描绘出诸子百家？如何在解读哲人们的思想的同时，又能以他们的人生勾连起战国的脉络？唯一的办法就是静静等待，等待着他们的身影从地平线上出现，然后，倾听他们的声音，跟随他们的脚步。

那地平线上，早已火光冲天。他们要冲出这火光，在血与火耕种的大地上，开出自由缤纷的花朵。

也许是战火的燃烧，彼此激烈的争斗使得诸侯没有精力也没有能力去束缚人民，禁锢人心。身心的自由，终于释放出了巨大的充满创造性的能量。

频繁的战乱之中，人人朝不保夕，命如草芥，这又促使他们对生命、对未来、对整个人类的命运进行思考。

大国不断侵吞小国，小国也尽全力保存着自己。各国都在寻求发展之路，对于人才的需求，甚至到了饥渴的地步。这也催生了不同学说的成长。每一种学说，都是人们走向未来的一种可能。每一种学说，甚至都有可能落地试验。

此时，各个阶层都开始走上历史的舞台，其中最为活跃的，是士。可以说，战国时代，就是士的时代。而士，也最能体现战国人的精神、战国人的风骨、战国人的气度。诸子百家，皆是名士。

墨家是下层劳动者，甚至是奴隶们的代表，他们是为大义置生死于度外的侠士。儒家是文士，是知识分子的代表，是文化的传承者与传播者。农家是耕作于田地间的小农的代表，是自食其力的逸士。兵家是武士的代表，血染沙场，马革裹尸，义无反顾。纵横家是为君主出谋划策的策士，四方奔走，为知己者而死。道家不事权贵，摈弃俗世，是寻求天人合一的隐士，是自由主义者的代表。

"士不可以不弘毅"，他们胸襟广阔，任重道远。他们更多考虑的不是一城一国的进退得失，他们脚踩大地，远眺的是"天下"之事，谋划的是整个人类的未来。所以说，战国诸子的争鸣，也是历史上少有的一次关于人类未来的大辩论。

这场大辩论，给我们留下了凝聚人心的价值体系、治国平天下的长远方略、构建社会的伦理道德和探究宇宙的深邃思考。然后，在秦始皇的铁蹄声中，戛然而止。

一个士的时代，一个哲学的时代，一个心灵壮阔的时代，结束了。

两千年匆匆而过，隔着这茫茫的岁月，我们一次次寻找着哲人们那苦苦思索的身影。他们就在那里，他们仰望着无边的宇宙，俯瞰大地众生，在血与火的缝隙中奋力前行。他们在战国的烽火中，勾勒出中华民族的基本框架，奠定了中国人的生死观、道德观和价值观，塑造出了中国人的情感方式和思维方式。他们忧愁忧思，怀抱救世之心，想为世人打造一个安宁太平的天下，想为人类美好的未来，蹚出一条道路。他们的脚步缓慢而坚实，一声一声，是如此清晰，又是如此深沉。他们的思绪穿透时光，从远古，到今天，并将一直延伸向苍茫的未来。

目录...

第一章 墨翟 • 一

墨子真心想把天下治理好,即使求之不得,即使累得形容枯槁,也决不放弃。

第二章 吴起 • 二七

他一人之身,集兵、儒、法数家之长,从一介布衣,一步步登上了大国卿相的高位,他是那个时代的传奇。

第三章 商鞅 • 五九

他在秦国的试验,是一个天才的构想。他精心建构了一个宏伟的框架,这个框架超越了时空。

第四章 孙膑 • 八一

真正的兵家,不在于百战百胜,而在于从肉体和精神的桎梏中,杀出一条血路。

第五章　孟轲　•　一〇一

孟子的浩然之气，如荒原上的野火，燃烧在每一个平凡之人、不甘沉沦之人的胸膛之中。

第六章　庄周　•　一三七

每年都有春天，每个春天都有蝴蝶，每只蝴蝶的飞舞，都是庄周的一次翩然而过。

第七章　屈原　•　一六一

他让每个中国人都有了一颗诗心，哪怕只有一天，人们将抛开俗世，在无尽的时空中，吟一句只属于自己的诗。

第八章　苏秦　•　一八七

他在坚守一个承诺，他将为这个承诺死去。士为知己而死，士为灵魂的永恒而死。

第九章　乐毅　•　二〇七

他在顺境之中，不骄不躁；在逆境之时，不怨天尤人。他以一种优雅从容的姿态，翻开了战国史上最为胶着的一页。

第十章　蔺相如　•　二二五

生死关头的抉择，才最考验人的勇气和智慧。这个时候的从容，才是真从容，这时候才能看出真正大丈夫的气概。

第十一章　廉颇　•　二四三

他性如烈火，豁达大度，爱则爱，恨则恨，举手投足之间，凛然一股浩然之气，千载之下，依然荡气回肠。

第十二章　鲁仲连　•　二六三

功成、名遂、身退，天之道。战国时人才无数，而所谓高士，只有鲁仲连一人。

第十三章　信陵君　•　二八三

他待人以礼，待人以诚，待人以情。他是魏国最后的英雄，他是战国最贤的公子。

第十四章　春申君　•　三〇一

他最后的悲剧，是楚国覆亡的一首挽歌。有人扼腕叹息，有人怒其昏悖，有人笑其当断不断，然而，他是一位君子。

第十五章　吕不韦　•　三一七

人们忽略了他的远见卓识，以及对历史和现实深邃的洞察。如果他没有被逼自杀，也许，中国历史将是另外一个走向。

第十六章　荀况　•　三三五

他对人类怀着最深的绝望，又怀着最大的期望。他呼喊着，喊声如鼓点，如此沉重，如此动人心魄。

第十七章 韩非 • 三五九

他是一面镜子,清晰地照出了帝王们的真实面孔。他又像一根刺,扎在人性的深处。

第十八章 荆轲 • 三八一

对于视民如土芥的君主,荆轲是高悬于头顶的达摩克利斯之剑,是劝谏,是永恒的警告。

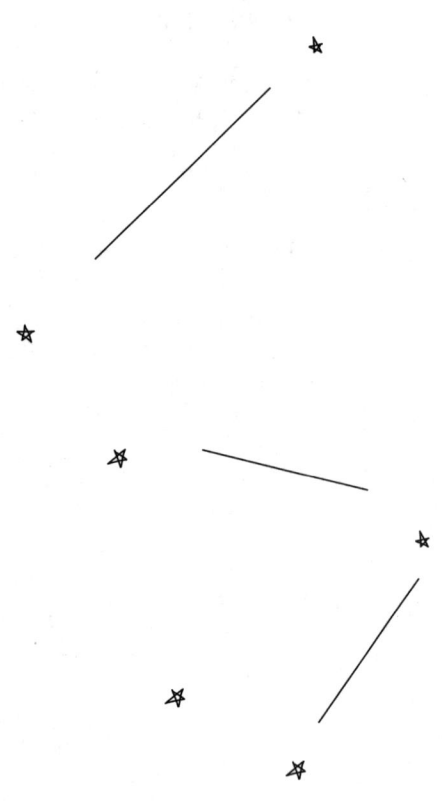

第一章 墨翟

二

> 墨子真心想把天下治理好,即使求之不得,即使累得形容枯槁,也决不放弃。

他是一个谜。

两千多年来,无数的人都曾费尽心思勾勒他的轮廓,可是直到今天,他的形象仍然模糊不清。甚至连他叫什么名字,我们也不十分肯定。

后人称他为墨子。

据说,他出生在公元前四七九年。这一年春天,孔子去世。

据说,他出生在鲁国,他有一个朋友——鲁班。

鲁班,公输氏,名般,也是鲁国人,他是木匠的祖师爷,比墨子年长二十多岁。不过刚开始的时候,他们相处得并不愉快,偶尔还有一些争执,互相都有点不以为然。

公输般用竹和木片做了一只鹊子,往天上一抛,飞了起来,而且一飞就是三天。整个鲁国都轰动了,人人仰着头看,既惊骇又赞叹。墨子也来了。公输般很自得,毕竟这是一个了不起的发明啊。别人不住地恭维他:"这是至巧。"

墨子冷冷地说:"这算什么巧?我看做这样一个没用的鹊子,还不如做一个车辖。车辖虽小,却能担负起五十石的重量。对人有利的,才算巧。对人无利的,再新奇,也是拙。"车辖是插在车轴两端孔里的车键,插好了,轮子才不会脱落。这是一个极其普通的物件。公输般不理他。

公输般已经习惯不被人理解。

有一年,鲁国执政季康子的母亲去世。葬礼相当隆重。下葬的时候,要四个人背着长绳,随着鼓点,把巨大的棺材放入墓中。公输般觉得这样太吃力,就发明了一种机关,轻易就能吊起棺材。谁知道,公输般的机关不仅没被采用,还被指责不合礼仪。

当时的公输般很年轻,虽然受到打击,却没有气馁,依然我行我素,一样一样地创造各种奇巧的机械,名声也是越来越响。

终于有一天,楚惠王派了车马来请他。这是荣耀,也是机会。楚国是天下强国,到了那里,英雄就有了用武之地。公输般收拾行装,毫不迟疑地去了。

迎请公输般的楚惠王,此时正遇到巨大的难题。

楚惠王的父亲是楚昭王,爷爷是楚平王。楚平王是个昏聩无耻的人，他听信谗言，杀了伍子胥的父亲和哥哥。伍子胥九死一生，逃到吴国，多年之后，率领吴军打了回来，攻陷了楚国的都城。此时楚平王已经死了，在位的楚昭王仓皇出逃。后来在秦国的帮助下，楚昭王才复国。楚昭王曾经很赏识孔子，听说孔子来到楚国，想封给他"书社地七百里"，却被令尹子西劝阻了。当年秋天，楚昭王去世了。孔子终于没得到重用，满心怅然地离开了楚国。不久之后，季康子派人来请他。孔子结束了十多年的流浪，回到鲁国安享晚年。

楚昭王去世，楚惠王即位。此后，越国与吴国展开了一场场血腥的厮杀。最终夫差自杀，吴国灭亡，越王勾践称霸。这时候中原大乱，晋国一分为三，齐国的田氏正在夺取国君的宝座，诸侯之中，最有实力的，就是楚、越二国。楚惠王的母亲是越女，本是亲戚之国的楚、越两家，为了争霸，不可避免地又成了敌国。

楚军从长江上游顺流而下，与越军水战。越军从下游逆流而上迎战。楚军如果作战顺利，追击越军很容易；可是如果作战不利，往回退就很困难了。越军与楚军战，如果作战顺利，就继续攻击；如果作战不利，一掉船头，轻易就能摆脱战斗。所以楚、越水战，楚国总是败多胜少。

楚惠王无计可施，有人向他推荐了公输般，说他是非同一般的能人，一定有办法对付越国。楚王于是厚礼请他来楚国。

公输般果然厉害，很快为楚国水军造出了"钩拒"。这东西看起来很简单，可是实用，威力巨大。越军如果兵败逃跑，就用"钩拒"钩住他们的船，把他们彻底击溃。楚军作战不利要退兵了，越军追击，就用"钩拒"推开越船，让他们没法攻击。有了这样利器，楚军进退自如，很快就转败为胜。楚惠王大喜，下令全力进攻越国。楚军一直打到泗水边上才住手。这已经相当深入了。

此时越王勾践已经去世，王位传到曾孙朱勾。朱勾是一个凶狠残暴之人，他杀了父亲不寿，抢到王位，后来又用武力连续灭了滕国、郯（tán）国。威风八面的朱勾，没想到因为一个公输般，竟然一败涂地，于是也开始广纳贤才。有位名叫公尚过的人应召而至，朱勾与他一番深谈，立即予以重用。公尚过是墨子的学生。朱勾早闻墨子的大名，知道唯一能对付公输般的，就是他，于是让公尚过到鲁国去聘请墨子。

公尚过带着马车五十乘，浩浩荡荡来到鲁国，兴奋地对墨子说："我用先生的学说游说越王，越王很欣赏，现在派我来请您去越国。越王说，如果您肯去教导他，他将从原先吴国的国土里，分封五百里给您。"

五百里，几乎是一个小国呢。越王算是很有诚意了。

这位公尚过，是墨子十分欣赏的学生。墨子曾经向别人夸赞说，公尚过很能够洞察事物的精微之处。墨子问他："你看越王会听我的道义吗？"

公尚过很迟疑,没有回答。墨子说:"他如果用我的道,我就去。有饭吃,有衣穿就行,我不用他分封。如果他不能行我们墨家之道,我到越国去,就是为了利而出售我的义。这样的事我是不会做的。"

墨子当然知道,越王在意的是他的技艺,是希望他去对付楚国。对战争,墨子是坚决反对的。他朝公尚过摆摆手,你回吧。

楚国因为公输般新发明的武器,一举打败了越国,更加踌躇满志,又盯上了宋国。宋国是商朝遗民的国家,周天子担心它造反,分封了许多诸侯国,把它团团围住。多少年来,宋国城下一直是战火不断。为了自保,宋国把自己的都城建得高大坚固,城中的储备也是十分充足。楚国虽然强大,劳师远征,不一定有必胜的把握。

楚王请公输般想办法。公输般于是造出了"云梯"。有了云梯,城墙再高,也不是障碍了。楚王下令多多打造云梯,一旦准备完毕,立即进军。

墨子听到这个消息,连夜出发,直奔楚国的都城。他要去阻止这场战争。

墨子一连走了十天十夜,鞋子走得破烂不堪,不能穿了,他就撕下衣裳,裹上脚继续走。终于,在楚军出发前,他赶到了郢(yǐng)都。

他先去拜访公输般,毕竟彼此算是熟识之人。

听说墨子来访，公输般礼貌地把他迎请进来。

"先生您这么远来，有什么吩咐吗？"

"北方有个人欺侮了我，我想请您帮我杀了他。"墨子说。

公输般一听，很不高兴。墨子说："不让您白干，我给您十镒（yì）黄金。"

公输般气得脸色都变了："我奉行的是义，我是不会杀人的。"

听公输般这样一说，墨子站起身来，恭恭敬敬地向他行了隆重的拜礼。墨子说："我从北方来，听说您建造了云梯，要攻打宋国。请问宋国有什么罪？楚国有多余的土地，不足的是人口。现在牺牲不足的人口，去掠夺有余的土地，这样做明智吗？宋国没有罪却去攻打它，这不能说是仁。明知如此，不去向楚王争辩，不能称作忠。争辩却没有结果，不能算是强。您奉行义，不去杀那一个人，现在却要去杀害成百上千的百姓，请问这是为什么？"

公输般无言以对。墨子说："先生，请您停止进攻宋国。"

公输般叹了口气说："不行啊，这事楚王已经定了。"

"那请您把我引见给楚王。"

公输般点点头。

楚惠王早就听说过墨子，得知他来了，立即召见。

墨子行过礼，坐下来，问楚王道："有这样一个人，他丢下自己华丽的丝绸，却想着去偷邻居一件粗布的短衣。他放下自己的美食佳肴不吃，却要去偷邻居的糟糠，这是怎样一个人呢？"

楚王听了，十分好笑，回答说："这个人大概是得了偷窃病吧。"

墨子接着说道："楚国方圆五千里，宋国方圆只有五百里，这就像彩车与破车相比。楚国有云梦大泽，犀、兕（sì）、麋鹿充满其中，长江、汉水中的鱼、鳖、鼋（yuán）、鼍（tuó）富甲天下；宋国却连野鸡、兔子、狐狸都没有，这就像美食佳肴与糟糠相比。楚国有巨松、梓树、楠、樟等名贵木材；宋国连棵大树都没有，这就像华丽的绸缎与粗布短衣相比。楚国进攻宋国，与有偷窃病的人不是一样吗？大王您如果这样做，不仅伤害了道义，而且也不能占有宋国。"

楚王道理上讲不过墨子，可战争是没有道理可言的。他说："公输般已经给我造好了云梯，我是一定要攻取宋国的。"

墨子摇摇头说："云梯也攻不下宋国。"

他解下腰带，围作一座城的样子。"请吧。"他对公输般说，"你来进攻，我来防守。"

墨子用小木片作为守备的器械，公输般也摆出众多攻城武器。公输般的进攻机巧多变，而墨子每次都有办法抵挡。等到公输般攻战用的器械都用尽了，墨子守御的战术还绰绰有余。

公输般停下手来，大有深意地看了看墨子说："我知道用什么办法对付你，可是我不说。"

楚王看了看公输般，又看看墨子，不明所以。

墨子哈哈一笑，回头对楚王说："我知道他的意思，他想把我杀了。杀了我，就没人能帮宋国守城了。这个，我早就想到了。我已经派我的弟子禽滑（gǔ）釐（lí），带着两百多人，拿着守御用的器械，在宋国的都城上等着了。"

楚王与公输般面面相觑。

道义上讲不过，现实中又攻不下城，这个仗还怎么打？算了。

战争停止了。公输般也松弛下来，请了墨子过去，两人重又坐下来，一番叙谈。三句不离本行，公输般拿出他发明的钩拒来："发生舟战时，我有钩拒。你是宣扬义的，不知道你的义里面有没有钩拒。"

墨子说："我义的钩拒要比你的钩拒强多了。我用爱为钩，使人亲近。我以恭敬为拒，让人不会相互轻慢。我的钩拒，让人们相亲相爱而不离散。你呢？你用钩拒来伤害别人，别人也能用来伤害你。结果就是相互残害。"

公输般沉默不语，过了半晌，长长叹了一口气说："见到先生之前，我一心想攻下宋国。现在见了您之后，就算给我宋国，如果是不义所得，我也不要。"

墨子说："你已经得到宋国了，它就在那里，它就等着你去实行义呢。不仅如此，你如果以义行事，我还要送给你整个天下。"

公输般被墨子的义深深折服。他不再替楚国或者什么国家去制造杀人的利器了，而是把精力转移到了做有益的实事上。

他发明机械，钻研建筑，特别是在木匠的工具方面，他有着天才的创造。他一口气发明了曲尺、刨子、钻、凿子、墨斗、锯子等等，这些都是极为称手合用的工具，过了两千年，还在被人们使用。后来的人们把曲尺叫成"鲁班尺"，墨斗称为"班母"，并且尊他为木匠的祖师爷。

楚、宋的战争被阻止了，与公输般又成了知心的好友，墨子的心情很愉快。不过他没在楚国过多停留，很快就走了。他要赶回鲁国。回来的路上，经过宋国的都城，忽然下起了倾盆大雨。墨子想到城门里去躲一躲。守城的人哪会为一个陌生人开门呢？他们大声呵斥，让他赶紧离开。

墨子什么也没说，默默走进无边的大雨之中。宋国人不知道，正是这样一个看上去落魄潦倒的人，刚刚替他们挡住了一场可怕的灾难。不过墨子不在意。他在意的，是能不能给天下人带来安宁。他的人生使命，就是为陌生人奔波劳碌。

经过止楚攻宋这件事，墨子对自己的学说、对楚惠王，都抱有了希望。如果楚王能采用自己的主张，也许天下就能太平了。墨子开始写书，他想把自己的思想系统地表述出来。这是关乎子孙后代、天下百姓的事。

墨子再次来到楚国。谁知道楚惠王不肯见他，让人对墨子说："我老了，没有精力接见先生。"

楚惠王是老了，他在位已经整整五十年。可是连见墨子的

二

精力都没有吗？他是不想见。上次进攻宋国的事，就是因他搁置的。这件事，一直还梗在心里。这回又来做什么？不见虽不见，面子也还要给一点。楚王让大臣穆贺去见他，客客气气把他打发走，也就罢了。

见不到楚王，那就跟穆贺谈吧。几番言语下来，穆贺越听越佩服，他朝墨子点点头说："您的主张是很好。可是您一个普通百姓的主张，我们大王恐怕不会听从的。"

这句话有两层意思。一是，提出这个主张的只是一个普通百姓，作为高高在上的楚王，是不屑于听从的。不过这只是一个托词。上次墨子来阻止楚国攻宋，也是一介百姓，他的主张就被听从了。另一层意思呢，就是墨子的主张，其实代表的是普通百姓的想法，是百姓的立场。而这个立场，楚王是不会认同的。

墨子说："不管是谁的主张，能行之有效就行。比如药吧，只是一把草根，大王吃了就能治病，难道会因为是一把草就不吃吗？再说，老百姓缴税纳粮给贵族大人，他们用来酿美酒、造祭品祭祀神鬼，难道因为是老百姓做的，就不享用吗？当年商汤曾用奴隶出身的伊尹为相，并且把他比作治国的良医，难道楚王就不能采用百姓的主张吗？"

墨子的书终于呈送到楚惠王的面前。惠王翻了翻，请墨子过来。

三

"先生的书我读了，是好书。我虽然不能照您书里的道义去做，不过您是贤人，希望您能留在我们楚国。"

墨子叹口气："道不行不受其赏，义不听不处其朝。您不用我的书，请允许我告辞。"

墨子走了。

墨子献给楚王的是一本什么书呢？这本书散失了一部分内容，大部分留了下来，一直传到今天，书名就叫《墨子》，现存五十三篇。也正因为这本书，我们才记住了墨子，才对他有所了解。

墨子是一位神秘人物。《史记》上对他的记载，只有短短二十四个字。后来的学者们经过一代代的考据，才慢慢拼凑出他的大体轮廓。

顾颉刚先生认为，墨子其实是宋国公子目夷的后代。目夷是宋襄公的哥哥，宋襄公曾经要把国君之位让给他，他不肯接受。目夷去世之后，他的儿子以目夷为氏，名叫墨夷须，是宋国的大司马。"目夷"改成了"墨夷"，后来"墨夷氏"又简化为"墨氏"。

墨子的祖先是宋国人，如同孔子一般，某一辈祖先从宋国迁到了鲁国。墨子出生在鲁国。到了他这一代，不只已经完全失去了王侯、大夫的身份，连贵族最低一级"士"的身份也没有了，成了一个贫贱的手工匠人。钱穆先生甚至认为墨子已经沦为奴仆，据他考证，墨子出生在孔子去世的公元前四七九年。

孔子去世之后，弟子们四散于诸侯之间，他们广招门徒，讲学传经。鲁国更是成为儒学的重地，"弦歌之声"不绝于耳。因为孔子"有教无类"的主张，使得墨子这样的贫贱之人也能入门求学。

墨子师从孔子的哪位弟子，史籍上没有记载。不过墨子精通儒家的"六艺"却是事实。据统计，在《墨子》一书中，墨子引用《诗》有十二处，引用《尚书》三十二处，引用《春秋》四处。然而，在钻研了儒家学说之后，墨子却成了儒学的反叛者。

据《汉书》记载，墨子的学术其实另有传承："墨家者流，盖出于清庙之守。"而儒家出自负责教化的"司徒"之官。两家渊源大不相同。

春秋初年的鲁惠公，曾向周天子请求派一位大师来鲁国指导祭祀。周天子派了史角过来。鲁惠公就把史角留在了鲁国，为"清庙之守"。清庙是专门祭祀祖先的庙堂，因为要保持肃穆清静，所以叫清庙。清庙之守，就是掌管祭祀之人。祭祀之学，代代相传，现在，传到了墨子手中。墨子将它发扬光大，变成了一个学派。

祭祀祖先时，要简朴庄重，不能奢华，以示不忘初心。所以清庙的屋顶是茅草的，屋里面的椽子也不讲究。周天子庙堂的椽子可以用工具稍稍打磨一下。诸侯庙里的椽子，只把树皮去掉就行，不用打磨。大夫之家，树皮也不要去掉。至于士人，家庙的椽子从树上锯下来直接就用了，大的枝丫去掉，小的枝枝节节都不用管。春秋时的鲁庄公为了迎娶新娘，把庙里的柱子漆成了红色，还把屋顶的椽子雕刻上花纹。大臣就指责他奢侈，不符合礼，是"恶之大也"。由这个传统而来，墨子于是提倡"节用""贵俭"。

清庙出自明堂。原先天子诸侯朝会、祭祀、庆赏、选士、养老、教学等大典，都在明堂举行。而明堂又出自更古远的"射"。"射"也就是"榭"，四周环水，中间一个亭子。周朝时，人们在这里举行"射礼"。长者在这个典礼上会受到隆重的对待，国君甚至要向他们行大礼。国君还通过举行射礼来选拔德行好、能力强的良士。墨子"兼爱""尚贤"的思想，显然与这个古老的传统有关。

当然，清庙最重要的功能是祭祀，墨子由此又提出"天志""明鬼"。他说："应当相信鬼神是能够赏贤和罚暴的，这是治理国家、有利万民的大道。"

"清庙之守"，只是对墨子理论来源的一种推测。事实上，墨子是利用这些传统来解决现实问题，实现他安定天下的理想。

此时，猛烈的战争此起彼伏。百姓不是战死，就是因为贫困饥饿而死。惨痛的现状，让墨子痛心不已。他认为，发生这一切是因为人们彼此之间不相爱。人人只顾自己的私利，所以国与国战争不断，家与家相互掠夺，人与人彼此残害。要停止这一切，就要"兼爱"。所谓兼爱，就是爱别人就像爱自己一样。

他说:"凡是爱别人的人,别人也就爱他。有利于别人的人,别人也就有利于他。憎恶别人的人,别人也会憎恶他。损害别人的人,别人就会损害他。"所以,兼相爱就会天下大治,相互憎恶就会天下大乱。

有了"兼爱"的思想,当然就要反对战争,就要"非攻"。墨子说:"如果发动战争,官员就会无暇治理政事,农夫不能耕种,妇女不能纺织,国家就会失去法度。士卒会在道路上散亡,役徒们辗转死在沟壑中的,会多得不可胜数。像这样为害天下、残害百姓的事,王公大人们竟然乐于实行,难道不是极为荒唐吗?"

为什么会发生战争?就是人们的欲望太多,欲壑难填。所以要"节用""节葬""非乐"。

在这方面,墨子身体力行,可谓自苦到了极点。

孟子说:"墨子兼爱,摩顶放踵,利天下为之。"摩顶的意思是秃顶,或者是为了便于劳动,特意剃短甚至剃光了头发。放踵,是说他穿的鞋子没有系带。墨子穿的是麻做的鞋,很轻便,走起路来方便。而贵族穿鞋很讲究,鞋上是有绳子系着的。墨子生活艰苦,没有车。所以止楚攻宋时,他那么着急赶路,也还是步行。结果鞋子走坏了,只得撕下衣裳把脚裹上。他的衣裳也只是粗麻葛布的短衣。

住呢,墨子和弟子们的房屋很简陋,又低又矮,弯着腰才能进屋。屋里的梁椽都还带着树皮,屋顶的茅草也没有经过修剪,能遮风挡雨就行。家里几件盛饭菜的器皿，也都是泥土烧制的粗笨家伙。平常的主食就是糙米粗饭，加上一点用灰条或者豆叶煮的野菜羹。墨子认为，因为财富不足，冻死饿死的人不计其数，所以要节用。节用了，百姓才能生存。

活人节用，对于死人，就要节葬。王公贵族们厚葬成风，进而带动整个社会都讲究厚葬。墨子认为这是极大的浪费，普通百姓承受不了这样的负担。所以葬礼要简朴。墨子说："对于死者，衣服只需要三件；棺木只要三寸厚，能够使死者的肉体朽烂在里面就行。挖掘墓穴，深度不要到泉水，不至于让腐气散发出来就行。死者既已埋葬，生者就不要长久服丧哀悼。"他认为"如果由那些主张厚葬久丧的人主持政务，国家必定贫穷，人民必定减少，刑法政治必定混乱"。

对于儒家提倡的礼乐，墨子也是反对的。此时的乐，主要有三大功能：一是用来操练军队；二是用来祭祀，明确等级；还有就是贵族之间相互应酬时，用来讲究排场。这几样，都是墨子反对的。他认为，不能为了贵族的"目之所美，耳之所乐，口之所甘，身体之所安"，而抢夺百姓的衣食之财。

可是他提出来的这些主张，怎么推行呢？

墨子提出"尚同"。由一个至善的君上，自上而下来推行。一个人推行不了，所以还要里长、乡长来协助。这些人，都应该是贤人。所以他又提出"尚贤"。贤人就是义人，他们不问出身，不分贵贱，都有着极高的道德标准，"不义不富，不义不贵，不义不亲，不义不近"。贤人们有力量的就帮助别人；有财富的就分给别人；有道德学问，就教化别人。若此则饥者得食，寒者得衣，劳者得息。

墨子的理想，是建立在一种对贤人的道德期待上的。如果这些人不行义怎么办？那他的整个理想框架就崩塌了。于是，墨子又提出了"天志""明鬼"，他想用鬼神来吓阻那些不肯行义的人。他首先雄辩地论证了天地间确实有鬼神，然后说，人若为善，不论他的地位多么微贱，鬼神也必定会赏赐他；如果为恶，不论他地位多么尊崇，也必定会受到惩罚。

这是他最后一手了。仔细分析墨子的学说，与西方的基督教精神实在有许多相似之处。可是墨子没有把墨学变成宗教，没有为在世间受苦的人们打造一个美好的来世，人们在这个世界上受够了苦，死了，灵魂也没有一个天堂可以去。人们不肯白白受苦，他的学说也就不能长久地推行下去了。

庄子感慨地说，墨子让人活着的时候那样勤苦，死后又是如此瘠薄，这是天下人不堪忍受的。"墨子虽能独任,奈天下何？"

然而这是墨子的理想，他要用他全部的生命去践行。如果没有这样的君上，不能自上而下来医治这天下人的痛苦，那就自下而上吧。于是他广收门徒，开始用另一种手段，来与这可恶的世道对抗。

总还有人追随墨子,《吕氏春秋》上说墨家"弟子弥丰,充满天下"。他的追随者都是些什么人呢?

是贫困的百姓,甚至是囚徒和奴隶。因为他就是他们的代言人。后来的人们,称他为"墨翟"。而这个称呼里,包含了墨家的真相。

对此,钱穆先生有着细致的考据。

古时候,往往会在罪人的脸上刺字,然后用墨染过,这些人被称为墨者,他们没有能力赎罪,就成为贵族之家的奴仆。《荀子》上记载:"刑余罪人之丧……棺椁三寸,衣衾三领,不得饰棺,不得昼行。"这不正是墨子"节葬"里所提的葬礼标准吗?墨子提倡的生活方式,其实就是刑徒奴仆的日常生活。那不是美好的憧憬,只是现实的描绘。

至于墨翟的"翟",是野鸡的意思,其实是指人们戴在头上的野鸡的尾羽。不过那时候,这是下等人、"野人"的装饰。子路起初是个粗鄙之人,曾喜欢"冠雄鸡",也就是以翟为冠。后来拜孔子为师了,他才穿上文绉绉的儒服。多年之后,赵武灵王"胡服骑射",曾经戴着这样的帽子上朝。在后世,这又变成武将们竖在头顶的威武标志了。以"翟"为名,同样揭示了墨子的身份。所以"墨翟"这两个字,也许是他的名字,也许,只是别人对他的一个称呼。

墨翟总是和这些卑贱的人在一起。他们是如此贫困和艰难,只有互相救济的"兼爱",才能存活。而战争,就意味着他们的死亡,他们必须要求"非攻"。至于"尚同""尚贤",则是他们美好的期盼。他们要的不多,只有最基本的生存需求。他们生活在最底层,可是他们也要发出自己的声音。

此时,"焚书坑儒"的大一统还没有来临,"罢黜百家,独尊儒术"的一言堂也还没有建立,所以他们还能够说出话,他们推出了自己的代言人,他们甚至可以为自己的理想行动起来。

墨子是个组织者,也是行动者。他着力培养弟子,然后让他们前往各个诸侯国,把他的学说和理想,推广到全天下。

他早期的弟子公尚过去了越国,受到越王的重用。虽然越王没有采用墨家之道来治国,墨子也没有去接受五百里的封地,但墨家在越国还是有了很大的发展。

墨子最有名的弟子是禽滑釐。禽滑釐跟着墨子学习,"手足胼胝(pián zhī),面目黧(lí)黑,役身给使",手脚磨出老茧,脸晒得黝黑,干着仆役的粗活,却从来不敢向墨子提自己的要求。过了三年,墨子准备了酒和干肉,带着禽滑釐去登泰山。两人走到一个空阔的地方,在地上垫了些茅草,坐了下来。墨子问他,你有什么心愿吗?禽滑釐起身行了拜礼,然后说:"我想学习守城的方法。"墨子这才教他守城的方法。这是一整套学问,后来收在《墨子》一书中,包括"备城门""备高临""备梯""备水""备突""备穴""备蛾傅"等等,的确神奇精巧。当楚国计划进攻宋国的时候，他就派了禽滑釐去宋国。与禽滑釐同去守城的，有两百多人。楚王不敢出兵，而宋国也因此成了墨学的重地。

墨子的学生当中，官位最高的，是高石子。卫国国君任用他为卿士。高石子三次朝见卫君，陈述自己的治国方略，可是卫君不肯采纳。高石子就辞掉了职位。他回来对墨子说："我抛弃了优厚的俸禄，离开卫国，人们大概会认为我是疯了吧。"

墨子说："你离开卫国，假如符合道的原则，承受发疯的指责有什么不好！"高石子说："老师您曾说过：天下无道，仁义之士不应该处在厚禄的位置上。现在卫君无道，我如果贪图他的俸禄和爵位，那就是我只图吃人家的米粮了。"

墨子把禽滑釐和其他弟子召过来，对他们说："违背义而向往俸禄的事，我是常常听到的。现在，我又从高石子这里见到拒绝俸禄而向往义了。你们都来听听他的话。"

然而，并不是所有人都能做到高石子这样。墨子另外一个学生，名叫胜绰，在齐国跟随齐将项子牛。项子牛三次率领军队入侵鲁国，每次胜绰都跟从着他。墨子非常生气，派学生高孙子去见项子牛。高孙子转述墨子的话说："我原本希望胜绰追随在您的身边，能够阻止您的骄气，纠正邪僻。现在胜绰得了厚禄，却欺骗您。您三次入侵鲁国，胜绰三次跟从，不仅不劝阻，而且鼓动你。他口称仁义却不实行。他是把俸禄看得比仁义还重啊。请您辞退他。"

二

齐国入侵鲁国，大概在公元前四一二年前后。齐国抢占了鲁国两个城邑。鲁穆公病急乱投医，任用从来没打过仗的吴起为将。没想到，吴起一战得胜，把齐军打得溃不成军。可是鲁穆公听信谗言，竟然把这位军神赶走了。吴起一去，没过几年，齐国又来进攻。鲁穆公向墨子求救。

墨子说："您如果对上尊重于天，敬事鬼神，对下爱护百姓，然后准备丰厚的钱币，用谦恭的辞令礼交四邻的诸侯，再动员全国的人民，做好抵御侵略的准备，这样，祸患大概可以解除。"

鲁穆公照墨子说的去做了。可齐国还是开始了入侵。墨子再次孤身上路。

墨子来到齐国，先求见齐军将领项子牛。他说："攻伐鲁国，是齐国的大错。从前吴王夫差向东攻打越国，向北攻打齐国，后来诸侯来报仇，百姓苦于疲惫，不肯为吴王效力，因此国家灭亡了，吴王自身也成为刑戮之人。智伯攻伐范氏与中行氏的封地，兼并三晋卿的土地，后来也成为刑戮之人。所以大国攻打小国，是互相残害，灾祸必定反及于本国。"

项子牛推脱说，攻打鲁国，是国君的命令。

墨子又去求见齐君。

此时，齐国的国政已经完全掌握在田和的手里。几年之后，田和就取代齐君，自立为国君了。

墨子见到田和，缓缓说道："有一把刀，试着用它来砍人头，一下子就砍断了，可以说是锋利吧？"

田和说："锋利。"

墨子又说："试着用它砍好多个人的头，都砍断了，可以说是锋利吧？"

田和点点头："锋利。"

墨子说："刀确实锋利，可是谁将遭受不幸呢？"

田和说："用刀来试是否锋利的人，恐怕要遭受不幸。"

墨子说："兼并别国领土，覆灭它的军队，残杀它的百姓，谁将会遭受不幸呢？"

田和呆了一呆，头低了下去，又抬了起来，低声说："我将遭受不幸。"

墨子离开齐国，返回鲁国。田和命令齐军停止进攻。

墨子已经老了。

天下战乱不止，他还在奔波。公元前三九四年，墨子已经八十五岁，他来到了楚国的鲁阳。鲁阳是公孙宽的封邑。公孙宽又称鲁阳文子，他的父亲是楚惠王的司马子期。鲁阳文子打算进攻郑国。

墨子问鲁阳文君："如果鲁阳境内的家族，相互攻打，抢夺别人的财物，您该怎么办？"

文君说："我当然要严惩攻打的人。"

墨子说："上天兼有天下，就像您拥有鲁阳一样。现在您攻打郑国,上天就不会诛伐您吗?"

文君说:"郑国人多次残杀他们的君主,我这是帮助上天惩罚他们。"

墨子说:"有一个人,他的儿子凶暴、强横,所以他父亲鞭打他。邻居家的父亲,也拿着木棒来敲打他,说:'我来帮你惩罚。'这难道不很荒谬吗?"

墨子又说:"进攻邻国,杀害它的人民,掠取它的财物,把这些事书写下来,传给后世子孙,说:'战果没有人比我多!'如今老百姓也进犯他的邻居,杀人抢物,也书写下来传给子孙,说:'战果没有人比我多!'这样难道可以吗?"

鲁阳文君想了想说:"经您这么一说,天下人所说的可以做的事,就不一定正确了。"

这是墨子最后一次在历史中亮相。他太老了,太累了。时隔不久,他就去世了,死在鲁阳。

墨子死了。战争更频繁,更猛烈,更血腥,他已经无能为力。虽然他的弟子们还在,可是他们也无能为力。坚持他们理想的,将成为理想的牺牲品;放弃理想的,也将消失在历史的尘烟中。

墨子死了,继承他精神的一群人留在了楚国。他们的首领被称为钜子。这位钜子名叫孟胜。孟胜住在阳城,受到阳城君的尊崇。阳城君因为参与谋害吴起的叛乱,被楚王下令灭族。阳城君逃亡了,孟胜却要在这里坚守。孟胜的弟子徐弱说:"我们的死，对阳城君并没有什么益处，反而会让墨者灭绝，不应该这样啊。"

孟胜说："我和阳城君的关系，不是师生，就是朋友；不是朋友，就是君臣。如果我们不死，自此之后，天下人就不会以墨者为严师，就不会以墨者为贤友，就不会以墨者为良臣。我们死了，墨者之义就能传承下去。"

徐弱说，既然这样，我先战死。

孟胜让三个弟子把墨家衣钵送给宋国的田襄子，请他继承钜子之位。这三个弟子不顾田襄子的挽留，传达了孟胜的命令之后，又返回阳城，和孟胜一起战死。一百八十多位墨家弟子，全部死在了阳城。

这是墨家最为壮烈的一次绝唱。这次绝唱，张扬了墨家极为刚烈的一面。更多的墨家传人，成了为大义"赴火蹈刃，死不旋踵"的侠客。

韩非子所说的"儒以文乱法，而侠以武犯禁"中的"侠"，是墨者。司马迁所说的"其言必信，其行必果，已诺必诚，不爱其躯"的游侠，是墨者。李白所说的"十步杀一人，千里不留行。事了拂衣去，深藏身与名"的侠客，也是墨者。墨子去世一百多年后，风萧萧的易水河边，那位一去不复还的壮士，是墨者。

庄子在《天下》里说："墨子是真心想把天下治理好的人，即使求之不得，即使累得形容枯槁，也不放弃。他是一位真正的贤人啊。"墨子是想要和平与安宁的,他本想通过推行学说、抵制战争来实现,可是实现不了,终于发展成了以暴制暴。先是侠士刺客游走于诸侯之间,继而农民大起义席卷天下。朝代因此不断更迭,历史也因此陷在不可自拔的恶性循环之中。这不是墨子想看到的,然而,也不是他能左右的。人们称他为"圣人",而后,离他越来越远。

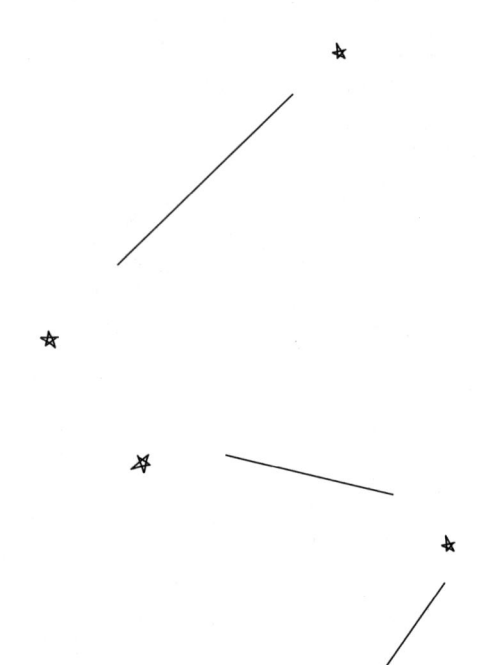

第二章 吳起

他一人之身，集兵、儒、法数家之长，从一介布衣，一步步登上了大国卿相的高位，他是那个时代的传奇。

给墨家最为沉重一击的是吴起，准确地说，是吴起的死。

吴起是战国初期最著名的战将，也是中国历史上一位伟大的军事家。他与诸侯大战七十六场，全胜六十四场，其余都是平手，没打过一次败仗。这位真正的战神，还为后世留下了一部兵家必读的《吴子兵法》。他曾经拜儒家大师曾申为师，潜心钻研儒学经典。到了晚年，他又在楚国推行变法。如果楚悼王迟死数年，也许后来统一天下的就是楚国了。他一人之身，集兵、儒、法数家之长，从一介布衣，一步步登上了大国卿相的高位，他是那个时代的传奇，那是个可以造就传奇的时代。

韩、赵、魏三家分晋，春秋结束，战国开始。首先崛起的是魏国。而魏国的崛起，是因为大胆革新、知人善任的魏文侯。吴起，是魏文侯的军魂。

吴起的主要任务，是攻打秦国。在他的进攻之下，秦国完全没有还手之力。秦国就像一只张牙舞爪的猛虎，被他牢牢地关在槛柙（jiàn xiá）之中。可是魏文侯死后，他的儿子魏武侯听信谗言，把吴起逼走了。吴起一走，也就把秦国这头猛虎放出山来，天下诸侯再也无人能够抵挡了。可以说，早在公元前三八三年，吴起流着泪离开黄河岸边的时候，已经注定了公元前二二一年秦灭六国的结果。

吴起的出场，始于一场致命的搏杀。

时间仿佛静止了，空气里弥漫着血的味道。满地都是横七竖八的尸体，所有围攻他的人都死了。他把剑上的血擦干，插回鞘中。

《史记》上说："吴起杀其谤己者三十余人。"

逃亡之前，吴起赶回家，匆匆与母亲告别。母亲一直把他送到帝丘外城的东门，吴起卷起衣袖，在胳膊上咬了一口，这是发誓的一种形式。他对母亲说："如果做不到卿相，我决不再回卫国。"

发这个誓是有原因的。吴起的父亲早就不在了，给家人留下了千金财富。吴起不愿继续经商，一心想要脱离这个阶层。他一边练武求学，一边求仕为官。几年下来，花光了家中的积蓄，却是一无所获。万念俱灰间，又受到乡里人的嘲笑，争执之下，受到众人的围攻，彼此大打出手。没想到一番拼杀之下，竟然杀了几十条人命。现在，只有亡命他乡了。

母亲一直站在城门口，望着吴起的背影。背影越来越小，渐渐地消失在地平线上。

这一年是公元前四一五年，吴起二十五岁。吴起迈开大步一直往东，他要去鲁国。到鲁国，要走四百里。

此时，孔子已经去世六十四年，孔子的学生曾参也已经去世二十年。在鲁国广收门徒的，是曾参的儿子曾申。吴起投到了曾申门下。因为吴起聪颖好学，曾申除了教他儒家经典外，又专门把《左传》传授给他，据说这是曾申从左丘明那里学到的。《左传》之中，有着众多对于战争的记载，这让吴起很感兴趣。他日夜苦读，学问也是一日千里。

美好的时光是如此短暂。才一年，吴起就被曾申逐出了师门。

有人从卫国来告诉吴起，他的母亲去世了。吴起大哭一场，然后擦擦泪，又捧起书卷，继续埋头攻读。曾申知道了，勃然大怒。曾申和父亲曾参，在孔门是以孝道著称的。母亲去世，吴起竟然不回去奔丧，这是大不孝。

吴起不是不想回国奔丧，而是不能回国。他是一个逃犯，回国之后，必然会被逮捕处死。另外，在跟母亲告别时，他曾经发过誓。现在一事无成，他也没有脸去见死去的母亲。可是这些，怎么向老师曾申解释呢？吴起只能承受老师的惩罚，默默收拾好行李，离开曾门。

此时的鲁国，名人学者云集，曾申、子思、墨翟、鲁班，都是名闻天下的大师，个个弟子成群，整个都城都是弦歌讲学之声。吴起依然待在鲁国，只不过，他不再拜师，而是自学。也不再在儒学上用功，他把全部的精力都用来钻研兵法了。

鲁国虽然人才济济，但它太小了，常常受到大国的欺凌。公元前四一二年，齐国又发兵攻打，一连攻下两座城邑。带兵的是齐将项子牛，他有一个得力的助手，就是墨子的不肖学生胜绰。鲁国上下十分慌乱。此时的鲁国，儒生无数，可是找不到一个能带兵打仗的将军。虽然有墨子在，可他已经老了。他只是派人给齐将项子牛送了一封信，做了一番谴责而已。

有人向鲁穆公推荐吴起。鲁穆公听他一番谈论，果然通晓兵法，是个将才，于是打算拜他为将。随后，发生了一个千年悬案。

据《史记》记载："鲁欲将吴起，吴起娶齐女为妻，而鲁疑之。吴起于是欲就名，遂杀其妻，以明不与齐也。"这是说，吴起娶了一位齐国的女子为妻，鲁国人怀疑他不会真心为鲁国作战。吴起于是杀死了自己的妻子，来向鲁国表明自己的忠心。这就是所谓的"吴起杀妻求将"。事实上，齐、鲁两国，世代为姻亲。曾有数代的鲁国国君娶齐国公主为妻。齐、鲁两国的卿相大夫相互嫁娶更是不计其数。春秋战国之时，诸侯之间，同姓不婚。楚女嫁给秦君，秦女嫁给晋主，以美丽著称的齐女更是遍及晋、卫、鲁等各国诸侯。诸侯之间，婚姻往来极其频繁，从来没有因为通婚而影响人才的任用；也不因有着"秦晋之好"，而放弃战争。所以因为妻子为齐女而不肯用吴起为将，可能性微乎其微。之所以对用吴起为将犹豫不决，大概是因为吴起出身低微，又被大儒曾申逐出师门，在鲁国已经名誉扫地。吴起在此之前，从未带兵作战，得不到信任是自然之事。设想在鲁国这样一个最讲礼义的国家，如果做出"杀妻求将"这样不仁不义之事，原本想拜他为将的君主，也会打消这个念头。从随后《史记》上关于吴起的记载可以看到，鲁国、魏国、楚国，几乎时时都有人在对吴起进行无中生有的诋毁。那么有人编出这么一段残忍之事，也就不足为奇了。

鲁穆公在齐军强大的压力之下，万般无奈，起用了这个名声不佳的年轻人。

吴起率领的鲁军，是一支失去士气的屡败之军，其中还有许多几乎没有战斗力的老弱病残。吴起随机应变，索性更加示弱于敌，使得齐军轻敌松懈。在齐军毫不设防的情况下，吴起发动突然袭击。项子牛溃不成军，大败而回。

吴起得胜归来，可是不仅没有得到重用，反而被赶出了鲁国。他被驱逐的理由很奇特，一个理由是鲁国是小国，现在战胜了大国，天下诸侯会因为鲁国有了战胜之名，反而会来攻打鲁国。另一个理由是，鲁国与卫国是兄弟之国，吴起是卫国的逃犯，鲁国却重用他为将，这是背弃卫国。

吴起除了一声叹息，无话可说。总之，鲁国是不能再留了。去哪里？

去魏国。

据说魏文侯魏斯礼贤下士，求贤若渴，是个胸怀四海的君主。在他的经营下，小小的魏国，已经成为能够与齐、楚、秦等争锋的一等强国。

魏国是从晋国分裂出来的一个国家。春秋初期的晋献公，有个卫士，叫毕万。在晋国攻打霍、耿、魏等小国时，毕万作战勇猛，立下战功。晋献公就把魏地封给了他。毕万的儿子魏犨（chōu），跟随重耳流亡了十九年。后来在攻打曹国时，他不听重耳的命令，放火烧了曹国大夫僖负羁的家，差点被盛怒的重耳处死。虽然他勇冠三军，后来也就没受重用。魏家的发达，是从魏犨的孙子魏绛开始的。

魏绛是晋军司马，执掌军纪。有一次，一个叫杨干的将领，自恃是晋国国君的弟弟，十分骄横，故意驾车扰乱军阵。魏绛下令把他的车夫杀了，以示警告。晋悼公闻讯十分恼怒，打算派人去杀掉魏绛。经过一位大臣的劝导，晋悼公没杀魏绛，反而予以重用。正是在魏绛的帮助下，晋悼公后来成为诸侯间的霸主。他说："自从我任用魏绛，八年之中，九次召集诸侯订立盟会，与北方戎狄和平共处，这都是他的功劳啊。"

自此之后，魏家成为晋国最有实力的六卿之一。后来六卿火并，先是范氏、中行氏被驱逐，公元前四五三年，韩、赵、魏三家又合力灭了智氏，瓜分了晋国，于是战国开始。

到了公元前四四五年，魏斯成为魏国国君，魏国开始崛起。这一年，公输般为楚王造出了钩拒。第二年，他又为楚王造出了云梯。楚国磨刀霍霍，准备攻打宋国。幸亏墨子千里迢迢赶过来，才阻止了一场可怕的战争。然而，战火已经开始在整个中原大地上蔓延、燃烧，熊熊不可遏止了。

对抗战火的办法，就是燃起更大的战火。魏斯就在这个时候，登上了历史的舞台。他认为强国的王牌，就是人才。他对人才几乎到了如饥似渴的地步。因为他，魏国拥有了一个豪华齐整、令人瞠目的人才阵容。他尊子夏为师，以田子方、段干木为友，任用李悝、乐羊、西门豹、魏成、翟璜等为大臣。他们当中，有充满智慧的儒家大师，有锐意改革的法家先行者，有满腹韬略的兵家战将。另外，负责内政和外交的大臣，也是诸侯之中最为杰出的人才。现在，一位即将崛起为军神的儒将，又风尘仆仆地从东方赶来。

魏文侯魏斯相信，人才是国家最为重要的财富。有了人才，国家才有未来。他用人不拘一格，而且知人善任，用人不疑。甚至可以说，他是中国历史上对人才最为尊重的一位君主。

他的老师子夏，姓卜名商，是孔子的得意弟子。孔子去世后，子夏服丧三年，而后一路往西，来到魏国，在这里授徒讲学，一时之间，西河地区学子云集，其声势甚至超过了孔子当年。子夏的学生李悝，后来做了魏文侯的相国。他从儒学中又化出法家的学说，写了一本书，叫《法经》。他在魏国实践自己的理论，一下子使得魏国变得生机勃勃。后来到秦国进行变法的商鞅，就是传承了他的学问。可惜的是，这本商鞅曾经苦读过的《法经》，后来失传了。

子夏的另一个学生段干木，是名闻天下的高士。他年轻之时，穷困不堪，是个在市井里做牛马买卖的商贩，后来投到子夏门下。段干木学成之后，高洁的德行和深厚的学问，很快就"声驰千里"。喜欢四处结交贤人的魏成，向哥哥魏文侯举荐段干木。求贤若渴的魏文侯亲自登门拜访。没想到，段干木听说魏文侯来了，不想见。此时大门外一片喧哗，躲又躲不掉，段干木竟然翻墙跑掉了。

然而魏文侯对他的敬意一分也没有减少。每次坐车经过段干木门前的巷子时，他都要手扶马车前面的横木，俯首致意。

仆人问他："君上，您为什么每次经过这里都要行礼呢？"

魏文侯说："因为这里住着段干木。他这个人，把操守看得很重，即使拿我的君位跟他换，他也不换。他的富有是义，我的富有是财富。他在德行上显耀，我只是在地位上显要。对于这样的贤人，我怎能不向他行礼呢？"

魏文侯的诚心,终于打动了段干木。两人以礼相见。不过段干木仍然不肯接受官位,也不肯拿一分钱的俸禄。魏文侯就经常来探望他,不时向他请教。

两人交谈的时候,魏文侯总是站着,站的时间长了,累了,他也不肯坐下。这是发自内心地对一位君子的尊崇。

过了一段时间,秦国计划攻打魏国。司马唐对秦简公说:"段干木是一位贤者,魏君用极高的礼遇尊崇他,这件事已经传遍了天下诸侯,魏国恐怕不能攻打吧?"秦简公想了一想,下令撤回部队。所以《吕氏春秋》上赞叹说:"魏文侯可谓善用兵矣。君子用兵,没有人看见军队的举动,已经大功告成。鄙陋之人用兵,鼓声如雷,飞箭如雨,尸横遍野。尽管这样,生死存亡仍然不可料定。因为这种做法离仁义实在是太远了。"

对于子夏的学生尚且如此,可想而知,魏文侯对于子夏本人又是如何敬重。子夏在西河讲学,不仅培养了众多极出色的弟子,还把《春秋》通过弟子公羊高、穀梁赤传给了后世。可以说,子夏一人,在一片广袤的土地上,燃起了文化的燎原大火。而子夏之教,又为魏国建立了巨大的人才优势。

子夏在西河渐渐老去。晚年的时候,因为儿子的死,他哭瞎了双眼。在他最悲苦的时候,他的同学曾参千里迢迢来看望他。两个老人,两位在东西方分头打造着知识王国的大师,相拥而哭。

子夏、曾参的同门子贡,也培养了一个名闻天下的弟子,此时也来到魏国，同样受到魏文侯的敬重。两人的关系，亦师亦友。

这位高士，名叫田子方，卓尔不群，为人孤傲。

有一次，魏文侯的太子魏击在路上遇到田子方，赶紧下车向他行礼。田子方坦然接受了，却没有回礼。魏击很生气，就责问他："是富贵者可以傲慢待人呢，还是贫贱之人可以傲慢待人？"

田子方说："当然是贫贱之人可以傲慢待人。富贵之人怎么敢对人傲慢呢？国君傲慢待人，就会失去国家。大夫傲慢待人，就会失去他的封地。我没听过失掉国家的人，还有人拿他当国君的，也没有听过失掉封地的人还有人拿他当大夫的。贫贱之人呢，话不投机，行为不合心意，鞋子一穿就告辞了，到哪里不都是贫贱之人吗？"

魏击呆住了，赶紧向他谢罪。这个魏击一向自满自大，田子方借机挫一下他的傲气。对于魏文侯呢，他一样不给面子。

魏文侯有一天宴请田子方。宴会开始时，先要奏乐。魏文侯精通音律，编钟刚一敲响，他就皱起了眉头："钟声不协调啊，左边高了。"田子方呵呵一笑。魏文侯听他笑得奇怪，就问他："先生，您为什么发笑？"田子方说："我听说，君主应该明于任用官员，不必精通音乐。您精通音乐，我担心您对官员就不会了解了。"魏文侯一听，一下子明白过来，连忙说："先生说的是。"

专业的事交给专业的人，做君主的，最重要的是要明白自己的职责。

田子方的话很有道理，态度却随意而傲慢。魏文侯不仅不觉得有伤自尊，反而对他更加尊重。田子方看他如此诚心相待，也就愿意为他治国出谋划策，甚至为他出使了一次齐国。

这是一次相当有意思的出使。齐国是东方大国，魏文侯想与齐国交好，把这个重任交给了田子方。田子方就出发了，据说带给齐国国君的礼物是一只美丽的天鹅。

田子方见到齐侯，送上的却是一只空空的笼子。

他说："我们国君派我来，给您送一只天鹅。路上天鹅又饿又渴，我放出来给它喂食，没想到天鹅飞跑了，一飞冲天，一去不返。我并不是没钱再买一只天鹅，可是作为使者，怎么可以轻易改变国君的礼品呢？我也想过，是不是拔剑自刎？可是这样一来，就会让人们以为君主看重礼品而轻视人才。我也不能逃走，我如果一逃，就会断绝两国的来往。所以我不敢贪生怕死，大胆前来把空笼子送给您，要杀要剐，听凭您处置。"

齐侯听田子方说完，不仅不生气，反而很高兴，他说："今天听到你的这番话，可比收到一只天鹅受益多了。我在都城外有一百里的土地，送给你，做你的封地吧。"

田子方说："我改变了君主的礼品，却要收邻国国君的封地，这怎么行呢？"他拒绝了，向齐侯告辞而去。

用一只空笼子，竟然完成了一次漂亮的外交。田子方再一次让魏文侯惊叹。事实上，这对于田子方，实在算不得什么。在庄子看来，他已经得道了。

有一天，魏文侯与田子方坐着闲聊。田子方多次称赞一个叫谿（xī）工的人。魏文侯说："您这么赞扬他，他是您的老师吗？"田子方说："不是，他是我的一个同乡。因为他讲大道很是得当，我才称赞他。"

"那您有老师吗？"

"有。"田子方说，"他的名字叫东郭顺子。"

这位东郭顺子，有人说是子贡的学生，那么田子方就是子贡的再传弟子。有人说，不是这样，他只不过是田子方的另一位老师罢了。不管是谁，总之是一位神龙不见首尾的高人。

"可是，我从来没听先生您称赞过他啊。"魏文侯说。

"他是一位真人，相貌有如常人，内心却如天空般无欲无为。他能随顺物性而保持真性，心性高洁又能容人容物。人与事如果不合正道，他就端正自己的仪态，让人们自己悔悟而改正。我哪里配得上去称赞他呀！"田子方坐直身子，满怀尊崇地说。

田子方走后，魏文侯若有所失，一整天都没有说话。终于，他叹了口气，对面前的侍臣说："起先我认为圣人的言论、仁义的行为已经高妙到了极点，现在听田子方讲他老师的情况后，'吾形解而不欲动，口钳而不欲言。吾所学者，直土埂耳'。"

田子方的一番话，让魏文侯的身子像散掉了，一动不想动；嘴也像被钳住，一句话不想说。他觉得自己原先所学，就如同没有生命的泥人，被水一淋，就化掉了。他甚至都不想再做这个魏国的国君了。

这就是君子的力量。

除了这几位大师之外，魏文侯身边还聚集了一大批能人。现在，吴起又来到了魏国，等候着魏文侯的接见。

"吴起这人怎么样？"魏文侯问李悝。

"我听说吴起是个贪婪好色之人。不过他用兵如神，即便是当年的军事家司马穰苴（ráng jū）也不如他。"

谣言总是快于真相。吴起还没有到魏国，说他的坏话已经先到了。不过吴起并非"贪而好色"之人。魏文侯虽然重视人的才干，可是被李悝这么一说，对吴起首先就有了不良印象。不过，还是先见见吧。

吴起穿着儒服来见魏文侯。魏文侯本人就是儒门中人，魏国儒学正盛。吴起虽然被曾申驱逐出门，也还算是儒生。这身打扮，在此时的魏国，算是比较得体的。

吴起说："我希望与主君谈一谈兵机谋略。"

魏文侯摇摇头说："我对用兵打仗不感兴趣。"他已经对吴起有了偏见，见面才说一句话，就把他堵了回去。

吴起很不高兴，当即就说："主君为什么要言不由衷呢？您不停地在制造兵甲，打造战车。可是您又不去访求善于使用它们的人，这就像孵雏的母鸡去与野猫搏斗，吃奶的小狗去与老虎角逐，虽然有拼斗之心，但必然是自取灭亡。贤明的君主应该对内修文德，对外治武备。面对敌人不敢进攻，谈不上义。等到阵亡将士的尸骨僵硬再悲伤怜悯，说不上仁。"

魏文侯一听，吴起说得在理。于是亲自摆下宴席，让夫人捧着酒器，在庙堂上宴请吴起。两人一番畅谈，魏文侯当即任命他为大将，驻守西河。

吴起受命，飞马直奔西河前线。

吴起前去的西河与子夏教学的西河不是同一个地方。据钱穆先生考证，子夏设教的西河，在魏国都城安邑往东九百多里的安阳附近。而吴起驻守的西河，是安邑西边黄河西岸的一片土地。这里是魏、秦两国的边境，距离魏国的都城只有两百多里。守住西河，魏国则安宁；西河失守，魏国则危险。这是一个事关国家安危的重任。

此时，魏国在黄河西岸已经攻克了繁庞城。这座城像一根孤零零的钉子钉在秦国门口，随时都可能被拔掉。吴起如果守不住，就一无所有，即使逃得了性命，也会从此湮没无闻。

吴起才三十岁，初来乍到，与手下的兵将不熟悉，不相知，也无情感，治军从哪里下手呢？

首先是同甘共苦。他的住处和士兵们一样，甚至比他们还要简陋。他把房子建在军营之中,随便找一块地,简单搭一个棚子,屋里的田埂都不铲平,屋顶就盖一些树枝,能挡风霜就行。这一下子就与士兵们拉近了距离。在等级森严的战国初年,吴起的举动,可谓石破天惊。

不止如此,《史记》中说,吴起与士兵们同衣同食。睡觉的时候,不铺席子。行军的时候,不骑马,不乘车,自己背着粮食行军。有个士兵身上长了疮,吴起竟然亲自帮他吸出疮里的脓来。司马迁说:"文侯以吴起善用兵,廉平,尽能得士心。"魏文侯终于明白,吴起并不是一个"贪而好色"之徒了。

吴起认为,士卒的死伤,常常是因为缺乏作战的技能。部队打败仗,往往是因为不熟悉作战的方法。于是花大力气训练士兵。据说吴起通过魔鬼般的训练,打造出了一支有着超强战斗力的特种部队,叫"武卒"。

《荀子·议兵》篇说,魏国的武卒,身上披着三层重甲,头戴铁盔,能开十二石的强弩,身背五十支弩矢,手拿着长戈或铁戟,腰悬利剑,还要背负三天的作战粮草。他们半天就能行走一百多里。这是当时最为精锐和彪悍的军队了。

部队操练完毕,吴起开始向秦国展开进攻。

部下向他呈上一支锋利的宝剑,吴起摆摆手:"拿回去,我不用剑。"

吴起认为,大将军必须文武兼备。仅仅作战勇敢还不行。

只凭勇敢，就会轻率作战。好的将领要重视的是五件事。一是"理"，治理大部队如同治理小部队一样。二是"备"，部队一出动，就要如同遇见敌人一样警惕。三是"果"，临敌时，将生死置之度外。四是"戒"，战胜敌人后，要像刚开始作战一样不骄不躁。五是"约"，作战命令要简明扼要，清晰果断。他说："将军主要负责执掌旗鼓，指挥部队，随时解决战争中出现的问题。至于拿一把宝剑杀敌，不是将军的事。"

两军摆开阵势，魏军鸦雀无声，静等号令。一个勇士突然冲杀出去，飞一般冲到敌阵之中杀死了两个秦兵，耀武扬威地跑了回来。吴起大怒，喝令立即把他斩首示众。

吴起早有命令，擂动战鼓就前进，敲响金铎就停止；第一次吹响笳笛就行动，第二次吹响笳笛就集合；不听从命令就斩杀。这个士兵虽然勇敢，然而抗命出击，所以不得不斩。

这一刻，魏军成了无坚不摧的铁军。

仅仅两年，吴起率军横扫秦军，一连夺取了临晋、元里、洛阴、郃（hé）阳等五座城邑，打到了秦国的重要据点郑，一口气占领了秦国五百多里的土地，把秦军死死地压到了华山以西的狭长地带。秦国蜷缩着，完全动弹不得。

魏国把新占领的这片土地设为西河郡，以吴起为郡守。

西部的战事刚刚平息，北方的战事又起。这一次，魏文侯进攻的是中山国。魏国的北边是赵国，赵国的北边才是中山国。

中山国是狄人所建,最初的时候,叫鲜虞。春秋初期,它曾经攻破邢国,占领卫国。后来由于齐桓公的出击,才挽救了这两个国家。到了春秋中后期,与鲜虞作战的,主要就是晋国了。晋昭公的大将荀吴,曾经攻破鲜虞的都城。后来鲜虞人在一个地势险要的地方重新建国,因为城中有山,所以叫"中山"。到了春秋末年,晋国上卿荀瑶,也就是那位强大的智伯,开始吞并中山国。他先对中山国的属国仇由动手。因为到仇由路险难行,智伯就铸造了一口大钟,说要送给仇由国君。仇由国于是"斩岸堙溪"来迎接大钟。路通了,只过了七天,智伯就灭了仇由。随后,晋军又向中山国本土进军。不过晋军虽然一连占领了中山国的几座城邑,因为发生内战,攻势就停止了。不久之后,韩、赵、魏三家灭了智伯,晋国分裂。原本濒临灭亡的中山国重新振作,开始成为赵国的心头大患。

此时韩、赵、魏三国中,魏国最为强大。魏文侯认为,如果三国自相残杀,就会自取灭亡。只有彼此团结,一致对外,才能发展壮大。所以当韩国请求联合魏国进攻赵国时,他拒绝了。赵国请求与他联合,一起进攻韩国时,他也拒绝了。被拒绝,是让人十分恼怒的。可是后来两家知道魏国两不相帮,一心求和,于是都与魏国结好,并且乐意追随魏文侯。

现在,魏文侯打算攻打中山国,一举消灭这个数百年来的北方威胁。

魏国派出的主将，是乐羊。战国后期的名将乐毅是他的后代。乐羊也是平民出身，当时是魏国大臣翟璜的家臣。翟璜有着一双识别英才的慧眼，这次推荐乐羊为攻打中山国的大将。魏文侯用人不拘一格，竟然同意了。他同时命令吴起从西河率军出发，配合乐羊攻打中山。

吴起参与中山之战的事，记录在《韩非子》中。书中说，有个士兵得了疮疽，如果得不到及时的救治，就会死去。吴起跪在地上，亲自帮他把疮里的脓吸了出来。这个士兵的母亲听到这个消息后，不由得大哭起来。人们就问她："你儿子只是一个小小的士兵，将军亲自给他吸脓，你为什么还哭啊？"她抹着眼泪说："上一次，孩子的父亲也得了疮疽，吴起给他吸脓，他拼命作战，最后死在了战场。这一次，我的儿子恐怕也要战死了。"

在攻打中山国的将领当中，还有一位著名人士，叫西门豹。这位西门豹，后来被魏文侯派去治理邺。当地权贵以为河伯娶亲为名，压榨百姓。西门豹就顺势演了一场戏，把巫婆和地方的三老扔到河里，让他们给河伯送信。当地的官员和长老吓得魂不附体，这个使得地方凋零贫困的恶习一下子就破除了。之后，他又开挖了十二条水渠，引来漳水灌溉农田。邺地在西门豹的治理之下，很快变得兵精粮足。《史记》上说："故西门豹为邺令，名闻天下，泽流后世，无绝已时，几可谓非贤大夫哉。"

有乐羊、吴起、西门豹统率的魏军，实力自然非常强大。可是攻打中山国，还是遇到了出乎意料的困难。

中山国不仅地势险要，而且武器先进，战力强大。他们训练了众多作战勇猛的"力士"。每次作战，力士都冲锋在前面。他们身穿铁甲，手执铁杖，一击之下，能把对手连甲带人击碎。所以乐羊的进展非常缓慢。另外还有一个致命问题，乐羊的儿子在中山国为官，现在被抓捕了。中山国以他为人质，逼乐羊退兵。乐羊进退两难。

事实上，乐羊并没有选择。因为他并没有退兵的权力。擅自退兵，一定会被魏文侯斩杀。

战事一直拖了三年。中山国山穷水尽，绝望之中把乐羊的儿子杀了，做成肉羹送给他。乐羊又痛又怒，在军帐中喝下一杯肉羹，击鼓传令，拼死攻城。

中山国的做法反而激起了魏军的士气，中山国终于被攻破。这一年，是公元前四〇六年。

魏文侯听到捷报，感慨地对大臣睹师赞说："乐羊为了我的国家，竟然吃了自己儿子的肉啊。"睹师赞却很不以为然，他说："连儿子的肉都吃，还有谁的肉他不敢吃呢！"

在魏国的朝廷当中，像睹师赞这样反对乐羊的不在少数。

乐羊一战成名。回到都城，向魏文侯报告军情时，他情不自禁地显出夸功骄傲的神色。魏文侯看了看他，回头对主管文书的官吏说:"把群臣和宾客们献的书信都拿过来。"官吏搬来两只大箱子。魏文侯让乐羊打开箱子,看这些书信。乐羊一件一件翻看之后,不禁满头大汗。每一封书信都是对他攻打中山国不力的指责。

乐羊转身退下几步,向魏文侯行礼说:"攻下中山国,不是我的力量,是君主您的功劳啊。"

魏文侯是个贤明之人,他并没有因为大臣们的谗言而苛待乐羊。他把乐羊封在中山国的灵寿。有人说这是排挤乐羊,其实,这是对他的倚重。中山国远离魏国本土,民风强悍,四面皆敌,如何守住是一件极为困难之事。所以,魏文侯派了太子魏击,亲自为中山君,并且让他最为器重的大臣李悝去帮助太子治理。而这片新土地的安危,就靠大将乐羊维系了。所以他才让乐羊留在中山国。有他们三个人在,中山也就固若金汤了。同时,有了中山这个棋子,赵国被夹在中间,动弹不得,也就不能成为魏国的敌手了。

此时,魏国西攻秦国,秦国无还手之力。北灭中山,戎狄远避。韩、赵两国也以魏国马首是瞻。魏国成了一等的强国,可是它和韩、赵两家,是私分晋国,并没有得到周天子的承认,所以还不是名正言顺的诸侯。这件事,又不能自己去索要。魏国于是联合韩国、赵国,往东向齐国发动进攻。

此时,齐国的君主是齐康公,他完全是田和的傀儡,也是姜姓的最后一任齐国君主。十多年后，田和索性把他驱逐到了东海之滨，自己做君主了。

齐国哪是韩、赵、魏联军的对手，国境上的长城一下子就被攻破了。齐军大败。齐康公被逼之下，陪着韩、赵、魏三国国君一同去朝见周威烈王，请求天子封这几位为诸侯。毫无实力的周天子能怎样？只好同意。也就是从这时起，此前为了方便一直称为"魏文侯"的魏斯，才正式成为诸侯。同时赵君籍为赵烈侯，韩君虔为韩景侯。这一年，是公元前四〇三年。司马光认为，礼是帝王统治的基础。正是因为周天子迫于压力承认了三家分晋，坏了礼，这就决定了周王朝对天下完全失去控制，并最终灭亡。这件事是"礼坏"的一个典型，他于是把这一年作为《资治通鉴》的开篇。

公元前三九六年，一代贤君魏文侯去世，儿子魏击继位，这就是魏武侯。

此时，吴起在西河已经驻守了十四年。由于军纪严明，对百姓秋毫无犯，而且在这里推广魏国的新法，他很得西河的民心。如此一来，他的兵员和给养，都得到了就地补充，实力越来越强。甚至连百姓也被他激起了强烈的斗志，愿意为他奋力作战了。

秦国在边境上设了一个军事哨所。如果不去管它，对种田的百姓是一个大威胁；如果攻打它呢，又犯不着出动军队。吴起在城的北门摆了一根车辕，贴出告示说："如果有人把它扛到南门，我将赐给他上等的田地和住宅。"大家你看看我，我看看你，都不相信有这样的美事。有人说，管他呢，我来扛，大不了白跑一趟。等他送到南门，吴起立即照承诺给了赏赐。过了几天，吴起在东门外放了一石赤豆，同样发布命令说："若有人能送到西门外，赏良田美宅。"众人闻讯一个个争抢着来搬运。于是，吴起下令说："明天进攻秦军哨所，先攻入的，授以大夫之位，赐田宅。"第二天，吴起一声令下，老百姓个个奋勇争先，很快就拿下了这个哨所。自此之后，只要吴起发布命令，百姓无不踊跃听令。吴起对西河的治理，让秦国又惧又恨，只好一退再退。吴起的威名，也由此震动四方诸侯。

魏武侯新继位，吴起在等待一个消息。此时魏国的一班贤臣，都已经先后病故。吴起认为相国之位，非他莫属。谁知道，最后消息传来，登上相位的，竟然是名不见经传的商文。大概是因为他的出身是贵族。吴起相当不服，于是径直来见商文。

"难道为国效力，也有命这回事吗？"吴起开门见山地问道。

"什么意思？"商文很诧异。

"率领军队，让士兵们愿意殊死作战，让敌军不敢进攻，你与我谁行？"

"我不如您。"商文说。

"治理百官，亲近万民，充实国家的府库，谁厉害？"

"我不如您。"

"驻守西河，秦兵不敢往东侵犯，让韩、赵两国跟从我国，谁厉害？"

"我不如您。"

"这三方面，你都不如我，为什么你的位置却比我高呢？"

商文说："君主刚刚即位，百姓对朝政有疑虑，大臣还没有亲近，这种时候，应该由我主政，还是由您来主政？"

吴起想了一想，叹口气说："你来吧。"

事实上，魏武侯一反魏文侯重用平民贤才的方略，重新回到了重用贵族的老路。这可能有贵族势力反扑的原因，也可能跟魏武侯个人的喜好有关。在此情况下，吴起得不到重用，也就可以理解了。经商文这样一说，吴起也明白，不是能力的问题，是身份的问题。贵族大臣之所以依附商文，还不是因为他是他们中的一员？

吴起再次回到西河。时隔不久，魏武侯就来了，他要来看看这片土地吴起到底治理得怎样。

吴起陪着魏武侯一行，坐着大船，沿着黄河顺流而下。

"这里山河壮美，地势险峻，真是我们魏国之宝啊。"魏武侯一边看两岸风光，一边感慨地赞叹道。

"这就是我们魏国强大的原因啊。如果善加经营，一定能成就霸主的大业。"陪侍在一旁的大臣王错奉承道。

吴起看了看他："主君的话，是危国之道。而你又附和他，更是增加这个危险。"

魏武侯一听，脸色大变，生气地说："说说你的道理。"

吴起说："在德不在险。当年，夏桀商纣，都有险峻的山河，可是由于不修仁政，最后都灭亡了。如果不修仁德，这条船上的人，都可能会成为您的敌人。"

魏武侯一听，点点头："嗯，说得好。"

好吗？未必。魏武侯一向自视甚高，自以为是，因为这个缺点，曾经被田子方呵斥过。即位之后，在朝廷上与大臣议事，大臣们都说不过他，他退朝后，喜悦之情，溢于言表。吴起也曾举楚庄王自省为例，直言不讳地批评了他。现在又当面给他难看。魏武侯虽然容忍下来，可是并不见得有多喜欢。最严重的是，吴起也因此得罪了小人王错。他将为此付出沉重的代价。

不管怎么说，魏武侯在军事上还是器重和倚仗吴起的，也因此与吴起有着许多次非常深入的对话。一本《吴子兵法》，主要内容都是吴起与魏武侯关于军事问题的问答。

书中提到，有一次魏武侯问吴起："严明赏罚，就可以打赢战争吗？"

吴起说："还不行。要发布号令时，士兵'乐闻'；兴师动众时，士兵'乐战'；两军交战时，士兵'乐死'。这样才行。"

"那怎么才能做到这样呢？"

吴起说："这样，你举办一次宴会，招待有功之人，同时让无功之人也参加。"

魏武侯于是在祖庙中摆下盛大的宴会。座位有三排。第一排坐着立有上等功劳的人,他们的面前摆放着贵重的器皿、丰盛的酒食。第二排坐着立有次等功的人,他们面前的器皿与酒食略微差一点。第三排坐着无功之人,虽然面前也有酒食,可是没有贵重的器皿。宴会结束,在祖庙之外,又对有功之人的父母妻子,照功劳大小进行赏赐。而后每年都对牺牲将士的家属也给予赏赐和慰问。

三年之后,秦国出动五十万大军攻打西河的阴晋。魏国士兵得知消息后,不等官吏们动员,就主动穿戴好盔甲,准备抗敌。吴起从他们中间选出没有立过军功的五万人,外加战车五百辆、骑兵三千人,亲自率领,前去迎战。结果五十万秦军被打得丢盔弃甲,大败而回。军事家尉缭赞叹说:"有提七万之众,而天下莫当者谁?曰:吴起也。"

一晃又是十多年过去。这些年来,吴起一直驻守在西河,一边对秦国敲敲打打,一边用心钻研《左传》。他把自己对于历史、政治、军事、文化等方面的思考,都寄托在这本书中。他在左丘明、曾申的基础上,终于编出一部完整的《左传》。完成之后,吴起把它传给了自己的儿子吴期。后来,吴期又传给了楚国的铎椒。铎椒再传给虞卿,虞卿最后传到了儒学大师荀况的手中。《左传》就此流传于天下。

公元前三八三年，魏国的相国商文去世。这一次，魏武侯依然没有用吴起为相。他任用的，是另一个贵族公叔痤（cuó）。公叔痤本是韩国的贵族，娶了魏国的公主，也因此得到了魏武侯的重用。他早就听说吴起与商文争相的事，现在，他的资历还不如商文，心中对吴起就有了很大的畏惧，担心他会争夺相位。

公叔痤的一个仆人知道了主人的心事，就跟他说："我有一计，一定能除掉吴起。"

公叔痤听他说完，连连点头。

公叔痤对魏武侯说："吴起是一位极有才干的贤人，四方诸侯都想得到他。我担心有一天，吴起会离开我们魏国啊。"

"那怎么办呢？"魏武侯问。

"可以试着把公主嫁给他。如果他接受了，说明他会留在魏国不走。如果他不接受，就表明他要走了。"

魏武侯觉得这个计策好。

公叔痤回到家中，派人请吴起来家中做客。相国相请，自然要给面子。吴起来了。宴席之上，公叔痤对吴起既恭敬又热情，并且让自己的公主夫人出来向吴起敬酒。这位公主，竟然当着吴起的面，轻贱公叔痤。而公叔痤呢，一直小心地赔着笑脸。吴起看在眼里，心里很不舒服。

没过多久，魏武侯召见吴起，表示要把公主许配给他。吴起一听，想起公叔痤家中一幕，连忙推辞。吴起一走，魏武侯不禁冷笑数声。

这时候，那位被吴起当面羞辱过的王错，也出面诋毁吴起，添油加醋，无中生有，喋喋不休。魏武侯下定决心，解除吴起的兵权，把他召回都城。而接替吴起的，就是这个王错。

吴起平静地交出了兵权。不过他知道，如果听命回到都城安邑，必然性命不保。他带了几个随从，驾好车，连夜离开西河。

行到黄河东岸的岸门，吴起停下车，久久回望着黄河对岸的那一大片土地，眼泪流了下来，怎么也止不住。在这里，他生活了二十七年，这是他建功立业的二十七年，也是他人生中最为美好的二十七年。可是现在，就要永远地离它而去了。他也知道，这一去，意味着什么。

车夫问吴起："将军，以您的心志，舍弃天下如同扔掉一只旧鞋。怎么今天离开西河，竟流下眼泪呢？"

吴起擦了擦眼泪，回答说："你不知道。如果君主信任我，使我尽我所能，我能让他成就王业。现在他听信谗言，不再信任我，西河被秦国攻占的日子不会久了。魏国也将从此削弱了。"

多年之后，那个中伤并替代吴起的西河守将王错，果然在这里被秦军俘虏了。《史记·秦本纪》上说："秦孝公二十四年，与晋战雁门，虏其将魏错。"晋就是魏国。雁门是岸门，在今天的山西河津。魏错，就是魏将王错。据说后来秦始皇统一六国时最得力的大将王翦、王贲就是王错的后代。

吴起摆一摆手,让车子出发,离开岸门,直奔楚国。

此时楚国的君主是楚悼王。那位与墨子和鲁班打交道的楚王是楚惠王。惠王的儿子是楚简王。楚简王的儿子是楚声王。楚声王的儿子是楚悼王。

楚国王公贵族众多,分封了许多国土。大臣专权,甚至连楚悼王的父亲楚声王,都被人派刺客杀死了。至于游手好闲、专于享乐的人,更是不计其数。偌大一个国家,已经变得老态龙钟,在战争之中,也是连吃败仗,不久前接连丢失了大梁、榆关两处重地。这个被魏国抢走的大梁,后来成了他们的都城。对于这种困境,楚悼王十分清楚,由于无可用之才,他想改变,可是心有余而力不足。正在此时,有人来报,吴起求见。

楚悼王一听,喜出望外。

楚王先是任命吴起为宛地的郡守,让他小试牛刀。不久,楚王便任命他为相国,主持楚国国政。

吴起上任之后,立即开始雷霆万钧的变革。

他首先削减贵族的爵位,缩小他们的领地,减少他们的属民,甚至强迫他们迁移到地广人稀的边疆去。以此减轻平民的赋税,壮大国家的实力。

然后,他精减政府机构,罢黜无能的官吏,申明法令,变革风俗。

再一项,吴起更为拿手,就是整军练武,"砥砺甲兵"。

吴起变法不久，楚国立即变得面貌一新。国力增强了，军力也变得强盛。吴起亲自挥兵，向南平定了百越之地，向西逼退秦国，然后向北——收复失地，剑指魏国。

魏国第一次尝到了失败的痛苦。

魏武侯为了帮助卫国，与赵国开战。赵国于是向楚国求救。于是，吴起率领楚军，给魏国带来了一场可怕的噩梦。

吴起率军直奔魏国的要害，先是与魏军在州地大战，然后进攻梁门，并把军队驻守在大梁西北的林中。如此一来，魏国河内地区与河东都城之间的联系被他切断，魏国一下子陷入险境之中。

吴起再一次来到黄河岸边。然而这一次，他是楚军的统帅。原本远不是魏军对手的楚军，在他的打造下，忽然成了一支势不可当的雄壮之师。

这一年，是公元前三八一年，吴起来到楚国才两年多。可是，留给吴起的时间已经不多了。就在这一年，吴起最有力的支持者，楚悼王去世了。

楚悼王重病，吴起从前线回到都城。楚悼王去世的时候，吴起就守在他的身边。

如果说墨子救治天下的药方是"兼爱"，那么吴起救治天下的药方就是"廉平"。司马迁说他"与士卒最下者同衣食。卧不设席，行不骑乘，亲裹嬴粮，与士卒分劳苦"。他的变法，极大程度上剥夺了贵族的特权，迫使他们自食其力。两千多年前的吴起，就把平等与公平，当成他治军治国的理念。然而拥有特权的是一个庞大而顽固的阶层，他们对他恨之入骨。魏国的贵族逼迫他亡命他乡，现在楚国的贵族，又将置他于死地。

他们在静静地等待着，等着楚悼王的去世。

楚悼王刚刚咽下最后一口气，他们就在宫中，在楚悼王的尸体旁边，迫不及待地向吴起下手了。

七十多人，把吴起团团围住。他们知道吴起的武艺，虽然人多势众，却没人敢靠近他，一个个在远处张弓搭箭，瞄准吴起。

吴起知道，最后的时刻到了。箭如飞蝗一般射来。他跑向楚悼王，趴在他的身上。乱箭如雨，吴起满身是箭，楚悼王的遗体上也是箭。

吴起死了，射死他的贵族们还不解恨，又把他的尸体处以车裂之刑。

在平民默默无声的时代，吴起突兀地为他们树起了平等公平的旗帜，现在，他倒在了他的旗帜之下。

得手的贵族们终于可以庆祝了。

楚悼王死后，其子熊臧继位，这是楚肃王。

依照楚国的法令，凡是伤害楚王尸体的，一律处死，并且罪及三族。楚肃王下令，搜捕所有现场射箭之人。

《史记》上记载："坐射起而夷宗死者七十余家。"吴起竟然以他的死亡方式，诛灭了所有的仇人。

在这些被连坐灭族的人当中，有一个是阳城的封主，人称阳城君。他在离开阳城的时候，把一块弯弯的玉璜分成了两半。一半交给他的好朋友孟胜，作为信符。他请孟胜为他守城，约定只有凭另一半玉，才能把城交出。楚王下令剿杀的时候，阳城君逃跑了，跑得无影无踪。楚王于是出兵攻打阳城。孟胜为了守信，不肯交城，与楚军血战。孟胜是墨子的弟子，在墨子去世后，被任命为墨家的钜子。在吴起死后不久，孟胜与一百八十多个墨家弟子，战死在楚国的阳城。这对墨家，是一个极为惨重的损失。

吴子的廉平与墨子的兼爱，原本是济世的良方，可是过了两千年，离我们却越来越远，甚至变成了枯燥乏味、玄而又玄的哲学了。人们已经不去在意，那写在竹简上的淡淡的墨迹，曾是他们心头最热的血。

第三章

商鞅

他在秦国的试验，是一个天才的构想。他精心建构了一个宏伟的框架，这个框架超越了时空。

公叔痤逼走了吴起，然后，又埋没了商鞅。

从魏武侯到魏惠王，几十年来，公叔痤牢牢抓着魏国的相位，一丝一毫都不肯放手。这两个人，对于他的相位都是大威胁。

魏武侯没有嫡子，不过有两个庶子，一个是公子䓨（yīng），一个是公仲缓。也许是对他们都不满意，魏武侯一直没有立太子。公元前三七〇年，魏武侯去世，两个庶子为了争夺国君之位，大打出手，魏国大乱。公仲缓跑到邯郸，搬来赵国的军队。韩国看到有机可乘，也派出兵马，与赵军合军一处，向魏国进攻。魏军不是两国的对手，在浊泽被打得大败。韩、赵联军把公子䓨团团围住。只差最后一击，魏国就灭亡了。

赵成侯与韩懿侯商量怎么处置魏国。

赵成侯说："把公子䓨杀了，立公仲缓为国君，割让魏国的土地之后，我们再退兵。"

韩懿侯说："不行。杀死魏国国君，诸侯一定会谴责我们暴虐。割占他们的土地，诸侯会说我们贪婪。不如把魏国一分为二。如此一来，魏国变成两个小国，就再也不能成为我们的祸患了。"

韩懿侯的这个计策阴险毒辣，十分厉害。谁知道，赵成侯不听。他要的是眼前利益。

韩懿侯很不高兴，当夜就把韩国的军队撤走了。韩军一退，赵军孤掌难鸣，被公子䓨打败。韩、赵两国的意见不合，让魏国侥幸脱离了险境。

公子䓨正式成为魏国国君，多年之后，又自立为王。人们称他为魏惠王。

不过就此之后，魏国与赵、韩两国结下仇怨。公元前三六二年，魏惠王派相国公叔痤与韩、赵联军在浍（huì）水北岸又打了一仗。魏军大胜，擒获赵将乐祚（zuò），抢占了赵国的皮牢。

公叔痤得胜而回，魏惠王亲自到郊外迎接，当场吩咐，赐给公叔痤百万田地。公叔痤赶紧推辞说："士兵们之所以勇往直前，百折不挠，这是因为当年吴起的教导。勘察地形，让将士们不迷惑，这是巴宁等人的功劳。赏罚制度得当，百姓们明白遵守，这是因为君王您的法度明确。看到敌军可以攻打，我就击鼓进军，这是我的责任。我哪有什么功绩呢？"

公叔痤的话是典型的政客辞令，把谄媚之辞说得既谦虚又动听。于是魏惠王再次加大对他的赏赐。从一百万，加到一百四十万。当然，他是完全接受的。

魏惠王、公叔痤君臣之间正在彼此恭维的时候，边疆送来急报，秦军大举进犯。于是大功臣公叔痤再次率军迎战。

魏、秦两军在西河的少梁摆下阵势。一战之下，魏军大败，主将公叔痤竟然被俘虏了。那个曾经像钉子一样钉在秦国门前的繁庞城被秦国夺了回去。四十多年前，吴起就是从这个孤城出发，如旋风一般席卷秦军，建立了壮美的西河郡。如今，繁庞一失，魏国的都城安邑，一下子暴露在秦军的兵锋之前。

魏惠王手足无措，别无他法，只有迁都。迁到哪里呢？到大梁。打不过西边的秦国，那就往东发展吧。

魏国上上下下乱成一团的时候，公叔痤回来了。秦国把他放了回来。公叔痤被俘，又气又愧，一病不起。

公叔痤躺在病床上。魏惠王来看他。

魏惠王表情沉重地说："如果先生您不幸去世，国家可怎么办啊！"

公叔痤说："我的中庶子公孙鞅，虽然年轻，却是天下奇才，希望您能把魏国交给他治理。"中庶子职位很低，只是一个侍奉他的高级随从。

魏惠王看着他，一言不发。

公叔痤大概也知道，此时的他，说什么也不会被魏惠王在意了。可这是魏国性命攸关的事，他必须说。

公叔痤挥挥手，让手下人全部退出去，然后低声跟魏惠王说："您如果不肯用公孙鞅，一定要把他杀掉，千万不能让他离开魏国国境。"

魏惠王点点头，出去了，到了外面，向左右随从叹了口气说道："悲乎！公叔痤这么贤能的人，没想到最后变得这样昏聩。他竟然让我把国政交给公孙鞅。"

等魏惠王一走，公叔痤赶紧让人把公孙鞅请来。

"我刚才向魏君推荐你为相国，看样子他不会用你。我又跟他说，如果不用你，就要杀了你。他同意了。你赶紧走。"

公孙鞅不在意地笑了笑："他不听您的建议用我，又怎么会听您的话杀我呢？"

公叔痤死了。公孙鞅给他送完葬，开始收拾行装。对于魏国，他已经无所期待。听说秦国新继位的秦孝公，刚刚发了招贤令。那就到秦国去看看吧。

魏惠王果然忘掉了公孙鞅这个人。他对公叔痤的评价，只有"悲乎"两个字是正确的。为了保住相位，公叔痤设计逼走了吴起。吴起一走，魏国上升的国势中道而止。多年之后，公叔痤率领的部队，还是吴起的武卒。可是此时的武卒失去了名将的操练，已经是强弩之末了。本来还有一个振作的良机，就是公叔痤发现了公孙鞅。可是他一直没有举荐，直到奄奄一息了，才向魏王推出这个新人。魏惠王对于公孙鞅一无所知，怎么会因他一句话，就把国政交给一个随从呢？

公叔痤其实不想早早让魏惠王知道公孙鞅。如果过早推荐，公孙鞅得到重用，他的相位就又保不住了。

为了自己的权贵，他是可以牺牲任何人的。只要相位在手，他说几句早已死去的吴起的好话，再对资历浅薄的公孙鞅表示一番赏识，都是可以的。而正因为他这种心态，让魏国失去了两位奇才，未来也被断送了。

公孙鞅与吴起都是卫国人。吴起是平民，公孙鞅的出身是贵族。他是国君的孙子，所以叫"公孙"。又因为他是卫国人，又叫"卫鞅"。他是庶子，与王室的关系比较远，已经没有特权，是个穷困的没落贵族。公孙鞅年轻时就投奔到魏国相国的门下，希望寻个出路。没想到，虽然公叔痤看到了他的才华，还是压制着他，让他一直没有出头之日。公叔痤一死，他连依靠也没有了，只好离开。

去哪里呢？

秦国新即位的秦孝公向天下发出了招贤令："宾客群臣有能出奇计强秦者，吾且尊官，与之分土。"

那就去秦国看看吧。

秦国的历史，可以上溯到黄帝。黄帝的孙子颛顼，有一个后代叫女修。有一天，女修正在织布，飞来一只燕子，留下了一只蛋。女修不小心吃了，后来生了一个儿子，名为大业。这里面有着浓烈的神话色彩。不过后来秦真的把燕子作为自己的图腾了。

大业的儿子叫大费，就是帮助大禹治水的伯益。夏朝末年，伯益的后代费昌做了商汤的"御"，帮助他打败了夏桀。费昌的后代蜚廉善于奔跑。蜚廉的儿子恶来是个大力士。这两人都是商纣王的宠臣。恶来在周武王伐纣时被杀死了。

恶来有个后人叫非子，住在犬丘，因为善于养马，周孝王让他在这里修筑了秦邑。这才有了一个小小的秦国。周平王东迁时，秦襄公曾派兵护送。周平王封他为诸侯，同时把岐山西边已经被戎狄占领的土地，当作有名无实的人情赠送给他。于是秦国就一直与戎狄作战，几乎与中原诸侯断绝了联系。过了一百多年，到了秦穆公即位，秦国迅速崛起，向东与诸侯争雄，向西横扫戎狄，拓地千里，才成为一个大国。

可是后来两百多年间，秦国又变得默默无闻，偶尔与中原诸侯争锋，也是败多胜少。一直到秦献公，秦国才重又有了起色。

秦献公初即位，就废除了野蛮的殉葬制度。后来两次大败魏国，引起天下诸侯的震动。周天子甚至送来帝王穿的礼服黼黻（fǔ fú）以表祝贺。

公元前三六一年，试图振兴秦国的秦献公去世，二十一岁的秦孝公即位。年轻的秦孝公，将是秦国命运的转折点，也是天下诸侯命运的转折点。而这个转折点上最为关键的人物，就是公孙鞅。此刻，他正走在通往秦国的路上。

他已经来到秦国。可是，他见不到秦孝公。

公孙鞅不想再像在魏国那样，投靠一个德高望重的君子，耐心地等待举荐。这一次，他直接去见了景监。《史记》上说景监是秦孝公的宠臣。景监不是一个人的名字，而是人们对他的称呼，一个含着贬义的称呼。景是姓，表明他来自楚国。监，是宦官。他是秦孝公的男宠。后来，有人讥笑公孙鞅，说他为了出人头地，竟然投身于一个男宠的门下，真是不顾名誉。然而就是这位景监，竭尽全力帮助了公孙鞅。

公孙鞅终于见到了秦孝公。

公孙鞅在魏国的这些年，虽然没有得到重用，可是在学问上却是大有收获。自从魏文侯礼贤养贤之后，魏国学者云集，数十年来，成为天下人才汇集之地。如今盛况不再，可是余热尚存。特别是李悝的法学与吴起的兵学，在魏国的影响极大。公孙鞅钻研李悝的《法经》，熟读吴起的兵法，并且进行实地考察，他对于法家与兵家，已经极有心得。然后，他还拜了一位老师。这就是杂家的代表人物尸佼。

有人说尸佼是鲁国人，有人说是魏国人。他晚年住在蜀地，留下了一部《尸子》，里面二十篇文章，其中十九篇讲道德仁义，一篇介绍九州的河流山川，颇似儒学。可是刘向说："尸子非先王之法，不循孔氏之术。"又说他是反儒家的。钱穆先生认为这本书散佚很多，已经不是《尸子》的原貌。事实上尸佼的学问兼有儒家、墨家、法家、道家、名家等，而又与各家不同，所以把他归为杂家。公孙鞅年轻时就跟从他学习，后来两人又一起来到秦国。直到公孙鞅被害，他都是以尸佼为师。公孙鞅从尸佼那里学了满腹经纶，对诸子学派无所不知，可秦孝公认可的治国之策是什么呢？

公孙鞅不知道。他要试探。

公孙鞅滔滔不绝地向秦孝公推销理念。秦孝公越听越困倦，竟然打起了瞌睡。等公孙鞅一走，秦孝公召来景监，狠狠一顿训斥："你推荐了一个什么人？大言炎炎，只会空谈，什么用也没有。"

景监回到家，责怪公孙鞅。公孙鞅点点头说："我向君主推行的是帝道，他不开悟。请您再帮我安排一次见面吧。"

过了五天，秦孝公再次召见公孙鞅。

这一次，两人谈话的情况稍好一点，秦孝公总算没有打瞌睡，可是对公孙鞅的话，依然提不起兴趣。

回来之后，景监埋怨公孙鞅说，为了你，主君又把我责怪了一番。公孙鞅说："我这次跟他说的是王道，他又没听进去。请您再安排一次见面。"

事情到了这个地步，如果就此作罢，也会影响君主对自己的信任。景监又硬着头皮，请求秦孝公给予接见。

公孙鞅再次见到秦孝公。秦孝公听他说完了，点点头，让他回去。

景监回到家，对公孙鞅说："君主这次对你的评价不错。可是他与你谈谈还可以，任用还不行。"

公孙鞅说："这一次，我跟他谈的是霸道，他已经有了兴趣。现在我知道他要什么了，请您再帮我求见。"

一而再，再而三得到秦孝公的接见，也许，只有景监才能做到。这一次，刚听了公孙鞅几句话，秦孝公就精神大振，听着听着，他情不自禁地膝行靠近公孙鞅。两人一连谈了好几天，秦孝公又欢喜、又兴奋，决定重用公孙鞅。

"帝道"，是五帝治国的理念，又称"黄帝之学"，是道家推崇的学说。它讲究顺其自然，与民休养，不劳民，不扰民，理想是打造一个"鸡犬之声相闻，老死不相往来"的"小国寡民"社会。显然，这种学说，秦孝公一个字也不想听。

"王道"，是夏、商、周的三王之道，也是儒家推崇的治国之道。以仁德治国，君臣百姓，上下有序，各居其位，各行其事。在礼乐之下，人人彬彬有礼，过着一种恬静美好的小康生活。

"霸道"，则是春秋之时霸主的政治手段，也是法家主张的治国之道。其核心是通过种种管控手段，发展自身的力量。在强大之后，以武力与诸侯争霸，仁德只是辅助手段。

实行霸道几乎是秦孝公想要的了。他的梦想就是恢复秦穆公称霸的荣光。这个荣光，已经离秦国很远了。所以，听公孙鞅说到霸道时，他的眼睛一亮。公孙鞅也就明白了他的心思。

公孙鞅知道，要真正打动他，还要走得更远。于是他提出了"强国之术"，其实就是"兵精粮足"。为了达到这一目的，必须放弃仁德，突破所有人性的底线。这只是一个术，已经不能称之为道了。帝道、王道、霸道，都要花上数十、上百年，才能名显天下，成为荣耀的帝王，时间虽然长，却会让国家保持长远，泽及子孙后代。可是秦孝公等不得，他要在有生之年就能看到成果。想要得到重用，就要投其所好。现在，只能实行急进之策了。公孙鞅感慨道："然亦难以比德于殷周矣。"他即将打造出来的秦国，那就比不上商朝和周朝了。可是秦国发展的方向，是秦孝公希望的方向，公孙鞅只是把自己绑上了这驾战车而已。

秦孝公的选择，决定了公孙鞅的命运，也决定了秦国的命运。

战车启动了。

公元前三五六年，秦孝公任命公孙鞅为左庶长。公孙鞅开始了第一次变法。

变法的目的就是一个：兵精粮足。

粮足，就需要更多的农民去耕种。于是制定法律，让商人、佣人、寄生于大家庭中的贵族和富家子弟，一律转业为农。家里有两个男丁的，要分家，把劳动力最大限度地挖掘出来。如此一来，农民的数量就多了。秦国地广人稀，农民多没关系，土地有的是，努力去开垦就行了。

农民不愿意努力劳动怎么办？

不努力劳动的，就把妻子子女罚为官府的奴婢。努力劳动的，可以免除徭役，让他更加努力地生产粮食。另外还进行市场管制，不准私自贩卖粮食。农民本人更不得购买粮食，必须自食其力。所以，不耕种，就饿死。如果想逃跑，也不行。公孙鞅的《垦令》上明白记载：推行户口登记，"使民无得擅徙"，把农民都像钉子一样钉在土地上。

农民不服从怎么办？

《史记》上记载："令民为什伍，而相牧司连坐。"把百姓五家一伍、十家一什地编排起来，互相监督。一家有罪，九家连坐。告密的人重赏。知情不报的腰斩。藏匿罪人的，后果就更严重了，不仅是本人问斩，全部家产也充公。这个网一织，大家裹挟其中，人人是惊弓之鸟，个个动弹不得。

仅仅这样还不行，还要让他们打心眼里就不要产生反抗意识。首先，要隔绝他们与外界的交流，"无得居游于百县，则农民无所闻变见方"。没有见闻，还要无知无识，所以还不能让他们读书。《韩非子》上说，公孙鞅把书烧掉，"燔（fán）《诗》《书》而明法令"。这样一来，百姓就成为"愚农"，也就安安心心地在土地上耕种了。

那么百姓是不是除了当农民就没出路呢？有，去打仗。

部队之中，五个人设一个屯长，一百人设一个将。一场仗打下来，如果屯长和将没有获得敌人的首级，就斩首。

在战斗中取得敌人首级的，就重赏，赐爵、赐田、赐宅。如果将官死在战斗中，他手下的兵卒就要受到处罚。那些牺牲者，按照他们的爵位，在墓上植树。爵位越高，植的树越多。

可是，如果仍然有人不肯服从呢？既不想种地，也不愿意上战场，想过游手好闲、自由自在的日子怎么办？

逃无可逃，甚至没有旅馆可以住。所有住店的客人，都要出示官府给的凭证。逃跑被抓回来要处"黥（qíng）刑"，在脸上刺字，再涂上黑墨。

公孙鞅主张轻罪重罚，认为这样可以迫使百姓轻罪不敢犯，重罪更不敢犯。他说，这叫"以刑去刑"。

百姓如果把燃烧后的灰烬倒在道路上，要处以黥刑。盗窃牛马的，处死刑。甚至偷采别人的桑叶，不满一钱，也要罚处徭役三十天。

那么对公孙鞅的变法，百姓的意见怎样呢？《史记》上说："秦民初言令不便者，有来言令便者。卫鞅曰：'此皆乱化之民也。'尽迁之于边城。其后民莫敢议令。"你觉得好和不好，都不能说，不许议论。谁议论，就发配边疆。

据记载，变法之初，犯法的人数不胜数，公孙鞅某一天在渭河边上一下杀了七百余人，"渭河水赤，号哭之声动于天地"。在他的铁腕镇压下，"道不拾遗，山无盗贼"。这本是对太平美好景象的描绘，实际上却是一幅被恐怖笼罩的画图。对于这画图，秦孝公是满意的，因为他终于实现了兵精粮足。他很高兴没有看错公孙鞅这个人才，把他从左庶长提升为大良造。

左庶长是秦国第十等的爵位，大良造是第十六等。大良造相当于别国的相国，公孙鞅终于登上了他人生的顶峰。有了这个好位置，他更要放手一搏了。于是，公孙鞅开始了第二场变法。

公孙鞅第一场变法，是暴虐百姓而独利秦君，使得后世之人对他充满非议，甚至进行了猛烈攻击。而第二场变法，则显示出公孙鞅世所罕见的高瞻远瞩。他进行的已经不只秦国一国国运的改革，而是关乎整个中国未来的走向。他为一个泱泱大国，建立了框架。他的目光已经越过秦国，甚至越过了当时，望向千年之后的未来。人们也因此把他当成法家最著名的代表，称他为变法第一人。

公孙鞅首先破除了实行了几百年的井田制，"开阡陌封疆"。阡陌是每亩田间的小田界，封疆是百亩田间的大田界。把这些田界废除，重新划分土地。百姓可以自由买卖土地，土地也成为个人神圣不可侵犯的财产。私自移动田界的人，就是盗，要判处"耐刑"。所谓"耐刑"就是剃去鬓发。如此一来，劳动力终于得到充分的释放，当然，官府的税收也大幅增加了。土地私有，将点燃千百年来农民对土地的强烈渴求。而土地，也成为引起社会动荡的最大根源。

其次是推行县制。公孙鞅把许多乡、邑聚合并为县，建置了四十一个县。每个县设立县令、县丞和县尉。县令是一县之长，统管全局。县丞管民政，县尉管军事。他们都是朝廷管理天下的工具，朝廷给以俸禄，随时可以撤换。如此一来，全国的政权与兵权，就集中掌握到朝廷手中。中央集权就此形成。这个国家框架，将被后来的政权一代代保存。其后的国家形式，几乎都是建立在此基础之上，只是有所发展，有所丰富。可以说，是公孙鞅架构起后来延续了两千年的国家格局。

三是迁都咸阳。公孙鞅把秦国的都城从栎（yuè）阳迁到了咸阳。咸阳南临渭水，身处秦岭怀抱；沿渭水而下，直达黄河，俯视中原诸侯。"据天下之上游，制天下之命者也"。自此之后，咸阳成为秦国征讨天下的发动机。后来秦兵就是由此横扫六合，一统天下。而公孙鞅选择建都的这片土地，后来又一次次催生出庞大的中华帝国。

四是统一度量衡。公孙鞅为秦国立法，"平斗桶、权衡、丈尺"。斗桶是计算容积的，权衡是计算重量的，丈尺是计算长度的。商鞅把这些都制定了统一的标准。作为度量衡统一的物证，二百零二点一五立方厘米的"商鞅方升"，如今还完好地收藏在上海博物馆。除此而外，据《战国策》记载，公孙鞅还给货币制定了标准。这些变革，都是为了打造一个统一、完整、有序的国家。正因为有了公孙鞅的制度，后来才有了秦始皇的"车同轨，书同文，行同伦"，才有了后来中国大一统的向心力。

除此之外，还有诸如革除残留的戎狄风俗、禁止私斗、镇压盗贼、按人口征收军赋等。这些措施，都是希望把一个野蛮落后的国家文明化、现代化。经过第二次变法，秦国这才真正地走到了其他国家的前头。

公孙鞅的心中有一幅蓝图，他一步步把它变为现实。现在这个国家已经初具雏形，他要试一试这个新型国家的能量。经过这么多年的努力，他就像在打造一乘雄伟的战车，而检验它的最好方法，是让它到战场上去驰骋。

战车第一个冲击的，就是一直高悬在秦国头顶的那支利剑——魏国。

公元前三五四年，秦军攻取了西河重镇少梁。

公元前三五二年，公孙鞅率军再次大败魏军，一举攻克魏国的旧都安邑。第二年，又攻下固阳，收复了一大片当年被吴起占领的西河之地。

公元前三四一年，齐国以田忌为将，孙膑为军师，在马陵大败魏军，俘虏了魏太子申，射死了魏国大将庞涓。魏国从此一蹶不振，从一流国家一下子跌到了二流国家。

公孙鞅又乘机向虚弱的魏国发动攻击。

战争发生在公元前三四〇年。魏国已经没有能统兵的大将，魏惠王让他的儿子公子卬（áng）率军迎战。公孙鞅在魏国时，与公子卬颇有交情。公孙鞅就派人给公子卬送了一封信，信上说："我之所以出游并想得到显贵，都是为了您的缘故。现在我为秦将，您为魏将，难道忍心互相进攻吗？请您向您的君主报告，我向我的君主报告，两家罢兵吧。"此时魏国被齐、赵、秦三国打得毫无还手之力，罢兵正是求之不得。公子卬当然同意。于是双方准备回师。这时候，公孙鞅又送来一封信："这一分别，恐怕再无相见之日。希望能与公子您见一见再离别。"

公子卬同意了。他手下的将官劝他不要去，公子卬想到公孙鞅待他一片深情厚谊，执意要去。

两人相见，奏乐饮酒，相互叙说当年往事。公子卬很快就醉意蒙眬。忽然伏兵四起，把公子卬捆绑起来。公孙鞅击鼓传令，全军出击。魏军毫无准备，主将又被擒捉，群龙无首，乱成一团。这几乎不是一场战争，而是一面倒的屠杀。魏军一败涂地。魏惠王只得割让西河的土地向秦国求和。

公孙鞅得胜而回。秦孝公论功行赏，把有十五个邑的商地封给了公孙鞅。自此之后，公孙鞅成为商君，又称商鞅。

商鞅的变法，得罪的人太多了，连太子都与他对抗。商鞅毫不手软。不可以对储君下手，于是命令把太子的老师公孙贾处以黥刑，另一个老师公子虔处以割鼻的劓（yì）刑。公子虔羞愤之下，整整八年没有迈出家门一步。

这一天，突然有一个人来拜访商鞅。来人名叫赵良，是来劝说商鞅归还封地，退隐田园的。

他说："从前五羖（gǔ）大夫百里奚在秦国为相，教化秦国，施德诸侯，戎狄来服。他谦恭自省，累了也不在车上坐着，天气再热也不在车上张伞。在国中行车的时候，后面没有护从，也不用士兵警卫。而他去世之后，秦国男男女女都痛哭流涕，孩子都满怀悲伤而不唱歌谣，舂米的人都不喊号子，他的德行被后代一直传颂。而您呢？杀人无数，积怨深重。您出行的时候，后面都要跟着十多辆满是兵甲的车，身旁站着强壮的卫士，两旁还要有拿着矛和戟的人护卫着。我看您已经像早晨的露水那样危险了。如果秦君一死，你的灭亡也就'翘足而待'了。"

为自己的梦已经奋斗二十多年的商鞅，哪会因听他一番话就放弃呢。司马迁写道："商君弗从。"

五个月后，秦孝公死了。太子驷继位，为秦惠文君，后来惠文君称王，于是又称秦惠文王。

到了这时候，商鞅才看出情形不对，于是向惠文王告老退休。可是怀恨已久的惠文王就要对他下手了。他已经退无可退。

此时，惠文王原先的老师公子虔终于走出了家门。他对惠文王说："今秦妇人婴儿皆言商君之法，莫言大王之法，是商君反为主，大王更为臣也。且夫商君，大王之仇雠（chóu）也，愿大王图之。"

这番话，没有什么实际内容。商君之法，不就是秦国之法吗？里面只有一句话是事实：商鞅是惠文王的仇敌。

秦惠文王希望商鞅死，要证据太容易了。立即就有人告发商鞅谋反，其中一个证据居然是他在与魏国公子卬交战时曾有密谋。

商鞅闻讯，带着母亲往东逃命，一路仓仓皇皇，终于来到边关。他想找一家旅舍歇宿，可是没有一家肯收留，因为他没有官府发放的文书。这个法，是他亲自立的。商鞅仰面长叹："嗟乎，为法之敝，一至此哉！"这时候，他才发现严苛法律的可怕之处。

商鞅继续逃亡，终于来到魏国的邺。邺的守令是襄疵。商鞅用欺诈的手段打败魏军。魏人对他既不屑，又恨之入骨。襄疵指着商鞅说："你对公子卬这样的知心好友都能欺骗，我无法理解你。"他挥一挥手，命令士兵把商鞅驱逐出去。

商鞅万般无奈，只好回到他的封地商邑，聚集士兵，进行反抗。小小商邑怎是秦兵的对手？商鞅在郑地的渑（miǎn）池被秦兵擒获，然后，被送到咸阳，处以车裂之刑。商鞅死了，全族被灭。

这一年，是公元前三三八年。秦孝公为君二十四年，也是商鞅从布衣到卿相，活得轰轰烈烈的最好时光。可是没有了秦孝公，他将一无所有。他只是孝公的一个影子。

商鞅是个大才士，胸怀多家治国之道。秦孝公要的是专制，于是商鞅就给他量身定做了一件利器，一件只属于他个人的利器。这件利器锋利无比，甚至伤及太子。太子继位后，处死了商鞅。可是他并没有废掉商鞅的法。因为这个利器，现在成了他的利器。后来的君主们知道它的厉害，也喜欢它的称手，而天下百姓都将在这利器之下战战兢兢。

对于天下的病症，墨子的诊断是"不爱"，所以要"兼爱"。吴起的诊断是"不公"，所以要"廉平"。商鞅的诊断是"不强"，所以发明了"强国之术"。为了强大，他不择手段，铁血无情。所以，对商鞅的死，《战国策》上说"惠王车裂之，而秦人不怜"。没有人可怜他。《盐铁论》上说，商鞅"无恩于百姓，无信于诸侯"。司马迁说："商君，其天资刻薄人也。"也许，商鞅并不是天资如此。他只是在用强国之术改变秦国的同时，也改变了自己。商鞅的变革，在让秦国变得强大的同时，又向其中注入了一种凶残暴虐之气。损天下之人成就一人，必然会造就独夫民贼。因为用重刑作为立国的根基，所以到秦二世秦国就灭亡了。

商鞅在秦国变法之前，李悝在魏国变法，公仲连在赵国变法，吴起在楚国变法。在商鞅变法的同时，申不害在韩国变法，邹忌在齐国变法。战国七雄，除了偏处北方的燕国，家家变法，个个图新。所有这些变法，商鞅之变最为猛烈，其下场也最为悲惨。商鞅铺下了秦国崛起的基石，却被秦国灭族。而这只是秦国杀害功臣的开始。在此之后，穰侯忧惧而死，白起被逼自杀，吕不韦服毒而亡，李斯被腰斩于咸阳。而他们每一个，都是秦国攀登帝国巅峰过程中不可缺失的台阶。

到底是秦国造就了商鞅，还是商鞅造就了秦国？如果当时秦孝公选择的是"帝道""王道"或者"霸道"，那么，商鞅会不会是另一个结局？历史会不会又是另外一种走向？中国的今天，又会是怎样一个形态？虽然历史不可假设，可是历史的意义，就在于以其不可假设给后人种种提示。

如果换一个角度，我们又会看到商鞅变法雄壮有力的另一面。他改变了传统的家庭结构，改变了社会关系，改变了国家的运转方式，改变了政权体系。把目光从秦国身上离开，从历史的上空俯瞰商鞅，我们就能看到，他是一个巨人。对于人类的未来而言，他在秦国的试验是一个天才的构想。他精心构建了一个宏伟的框架，这个框架超越了时空，充满着巨大的能量。他希望以此牢牢守护起一片广阔的土地，支撑起一个能够经历风雨的庞大国家。如果剥去层层的修缮和装饰，我们会看到，直到今天，这个框架依然有力地矗立着。

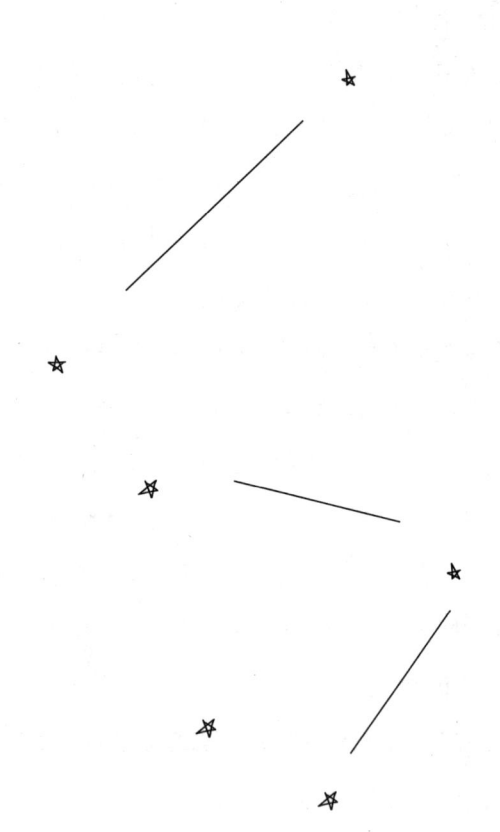

第四章 孙膑

真正的兵家，不在于百战百胜，而在于从肉体和精神的桎梏中，杀出一条血路。

我们一直不知道他的名字。孙是姓，膑是他受到的刑罚。孙膑只是后人给他起的一个代号。甚至有很长一段时间，人们认为他并不存在。从六朝之后，《史记》上所说传世的《孙膑兵法》就失踪了。直到一九七二年，人们在山东银雀山汉墓中发现了将近五千枚竹简，失传了一千四百多年的《孙膑兵法》才重现人间。也是从这时起，人们才真正相信，这位战国时期的军神不是传说，而是真实的存在。

孙膑是军事家孙武的后代，家住齐国的东阿与鄄（juàn）城附近。他与一个名叫庞涓的人，一起学兵法。庞涓学成后投奔魏惠王，被任命为将军。

庞涓知道自己不如孙膑，总担心有一天孙膑会得到重用，抢了他的风头，甚至成为他的对手。嫉妒让人发狂。庞涓思来想去，决定把孙膑废掉。他给孙膑写了一封热情的信，请他来魏国。

孙膑就这样满怀着美好的憧憬出山了。

此时的天下，正酝酿着一场大变革。

公元前三六四年，魏军在石门被秦军大败。两年后，公叔痤又被秦军大败，西河的繁庞也被秦军占领。魏国面临秦、赵、韩三面夹攻的不利局势。公元前三六一年，魏惠王把都城从安邑迁到了大梁。也是在这一年，不被魏惠王理睬的商鞅，长途跋涉投奔了秦国。

天下形势开始了剧烈的动荡。诸侯们一边频繁相会，积极争取盟友，一边在国内紧张变法，强国强军。一场巨大的风暴，正在中原大地的上空酝酿。

公元前三五七年，邹忌在齐国变法。公元前三五六年，商鞅在秦国变法。公元前三五五年，申不害在韩国变法。而魏国，早在几十年前就开始了变法，虽然此时势头大减，可是实力尚在。公元前三五六年，鲁、宋、卫、韩四国的国君还到魏国来朝见魏惠王。魏国还是一个气势逼人的强国。魏惠王也在想方设法，希望重新振作。

于是庞涓来了。然后，在庞涓的邀请下，孙膑也来了。

谁知道，孙膑刚刚来到大梁就被捕了，随后被处以膑刑。所谓膑刑，在商朝时是挖去膝盖骨，到了周朝，已经改为刖（yuè），也就是砍断两足。孙膑双足被砍，脸上也被施了黥刑，成了一个废人。庞涓之所以留他一条性命，是想逼问他胸中的兵法。

满怀激情与抱负的孙膑，一下子被打入人间地狱。他痛苦地挣扎在死亡的边缘。如果就此死去，他将在耻辱中消失，就像从来不曾存在。不，不能死。

孙膑疯了。

庞涓冷冷一笑，不再管他。

齐国的一位使者来到魏国。他原先的使命是什么已经毫不重要，孙膑找到了他。这个没有留下名字的使者，也许是有着一双慧眼，也许只是对这个受到无妄之灾的人产生了同情。他把孙膑藏了起来，悄悄带到了齐国。

这是齐、魏两国命运的转折点，也是战国史上的一个重要节点。

孙膑没能见到齐国国君，不过受到了齐国将军田忌的善待。田忌慷慨大度，精通兵法，很受国君的信任。他有个爱好，也是当时公卿贵族们流行的游戏——赛马。田忌的马与对手们相比，没有太多优势，总是败多胜少。孙膑看了看他们的比赛规则，轻轻一笑："您尽管下注。"

比赛开始了。孙膑说，您用下等的马对他们的上等马，用上等马对他们的中等马，再以中等马对他们的下等马。

虽然输了一场，却赢了两场，田忌得了赌注一千金。他既惊且喜，很快就把孙膑推荐给了齐威王。

此时的齐国已经不是原先的齐国。

齐国本是姜子牙的封国，国君姓姜，所以又称姜齐。齐桓公的时候，有个叫陈完的人逃到齐国。他是陈厉公的太子，陈厉公被侄儿杀了，所以他没能继承君位，后来受到威胁，就从陈国逃到了齐国。齐桓公让他做了管理工匠的"工正"。为了表示与陈国一刀两断，他把氏改为"田"，所以他又叫田完。

到了齐景公时，田完的一个后代田乞，管理齐国的赋税钱粮。他用小斗收税，借粮出去的时候却用大斗。老百姓得了实惠，都拥戴他。司马迁说他"行阴德于民"，"由此田氏得齐众心"。齐景公去世，田乞杀了齐景公的太子，另立新君齐悼公，从此掌握了齐国的政权。田乞的儿子田常，又杀了齐悼公的继任者齐简公，立他的弟弟齐平公为君。当时，孔子曾经愤怒上书鲁国国君，请求讨伐齐国，不过没得到响应。这也是孔子最后一次过问政事。

田常为了壮大自己的家族，做出一件令人不可思议的事。他选了上百个容貌美丽、身材修长的女子做姬妾，同时让宾客手下随意进出自己的宫室，生下的孩子，都算是田氏的后代。到田常去世，竟然留下了七十多个儿子。

田常的重孙田和把齐康公迁到了大海之滨，然后请魏武侯代向周天子说情，封他为齐侯。这一年是公元前三八六年。

田和兵不血刃就占有了齐国，后人称之为齐太公。他的儿子田午称齐桓公，与那位春秋时的霸主同号。公元前三七六年，田午去世，田因齐继位，史称齐威王。自春秋初年齐桓公称霸之后，齐国已经沉寂了三百多年，现在，换了主人的齐国，又将再次从东方崛起。

齐威王即位之后，所有政事都委托给卿大夫处理，自己纵情声色，通宵达旦饮酒作乐。这样一连荒唐了九年，国内政治混乱，国外诸侯征伐，齐国危在旦夕，却没人敢进谏。

有个叫淳于髡（kūn）的人，出身贫苦，身材矮小，相貌十分丑陋，然而幽默滑稽，能言善辩。齐威王经常与他猜谜玩耍。有一次，齐威王请他喝酒，问他说："你喝多少会醉？"

淳于髡说："我有时候喝一斗就醉，有时候喝一石才醉。"

齐威王笑起来："喝一斗就醉，哪还能喝一石呢？"

淳于髡说："如果是大王您赐我的酒，有人拿着兵器，虎视眈眈地在旁边站着，后面还有御史监督，我心里恐惧，头也不敢抬，俯伏着身子喝酒，这样喝一斗就醉了。"

"那怎样才能喝一石呢？"

淳于髡放下酒盏，缓缓说道："日暮酒阑，合尊促坐，男女同席，履舄（xì）交错，杯盘狼藉，堂上烛灭，主人留髡而送客，罗襦襟解，微闻芗（xiāng）泽，当此之时，髡心最欢，能饮一石。"

这个场面真是香艳、颓废、荒唐无礼，齐威王仔细地琢磨着他的话意。淳于髡接着说："酒极则乱，乐极则悲，万事都是这样啊。"

齐威王呆了半晌，猛然放下酒樽说道："好！"

齐威王就此停止了长夜之饮，开始亲自管理政事。他在殿中央放了一只大鼎，让人召来各地的官员。大大小小七十二人，整齐地立在大殿之中。

齐威王对即墨大夫说："自从派你去管理即墨，关于你的坏话就不断传来。我让人去即墨巡视，那里开荒种粮，井然有序，百姓富足，没有积压不办的事，地方一派和平安宁。你没有贿赂我身边的人，所以他们就总是说你的坏话。现在，我封你为万户侯。"

他又指一指阿大夫说："自从你去管理阿地，我就不断地听身旁人说你的好话。可是派人到阿一看，田野荒芜，百姓贫苦。敌国几次攻打你的县邑，你就当没发生一样。你却花重金，不断收买我身旁之人，让他们说你的好话。处以烹刑。"

齐威王令人把阿大夫和那些说他好话的人，全部扔进了大鼎。齐威王的举动虽然野蛮血腥，却震惊了整个齐国。自此之后，再没人敢投机取巧，用谎言掩饰恶行了。官员们开始各负其责，踏踏实实做事。齐国的治理很快步入正轨,渐渐露出兴盛的势头。齐威王也仿佛换了一个人，变得求贤若渴、从谏如流。

正是在此时，田忌向他举荐了孙膑。

"先生和我谈谈兵法吧。"齐威王已经听过田忌的介绍，知道孙膑精通兵法，可是才学到底怎样，还要当面测试。

孙膑说："用兵之道，没有永恒不变的模式。取得战争的胜利，就可以避免亡国；不能取胜，就会割让土地，以致国破家亡。用兵不可以不谨慎。轻率用兵会遭到失败，贪图胜利会受到屈辱。如果储备不足而守卫，没有正义而征战，都不能取得胜利。五帝以及夏、商、周三王，都是以武力平定天下。现在却有人说，不用武力，要以仁义礼乐来制止争夺。这种办法根本行不通，只有用战争才能制止战争。"

齐威王一听，连连点头。两人你问我答，一连谈了数天。齐威王对孙膑敬服不已，于是尊孙膑为师。

一天，赵国突然派来使者，求见齐威王。魏军已经进攻到都城附近，赵国危在旦夕，恳求齐国救援。

战争其实是赵国引起的。赵国为了扩张势力，进攻卫国。卫国一直朝见魏国，魏国当然不能袖手不管，于是联合宋国，发兵进攻赵国。战争早在去年就发生了，赵国现在支撑不住了，才向齐国求援。齐威王召集群臣，紧急磋商。

相国田忌说："不如不救。"

大臣段干朋说："不救不义，也不利。不如派兵守在赵国的要害之处，这样可以保全赵国，而且可以趁魏军疲惫打败他们。"

齐威王决定救援赵国。他想让孙膑担任主将，孙膑说，我是受过刑的人，不宜为将。于是齐威王令田忌为将，孙膑为军师。

孙膑随军出发，坐在辎车之中，为田忌出谋划策。

这是公元前三五三年。魏将庞涓率领八万大军，已经打到了赵国的茬（chí）丘，很快就要围攻邯郸。田忌率领的齐军也是八万人，照原先的计划，是直奔赵国，相机解救。

孙膑说："我们不去赵国。我们进军魏国的平陵。平陵是个战略要地，城池不大，兵力却很强，很难攻克。它的南面是宋国，北面是卫国，进军平陵要经过魏国的市丘，运粮通道很容易被切断。我们要故意装作不知道这种危险。"

田忌挥军向平陵进发。在接近平陵时，田忌问孙膑："先生，怎么攻打？"

孙膑问："哪两个大夫不懂打仗？"

田忌说："齐城大夫和高唐大夫。"

孙膑说："好，派他们各带薄弱的部队去进攻，要从环涂经过。那里是魏军精锐屯驻之地。"

齐城、高唐两支兵马还没有到平陵，就被环涂的魏军截断了后路，魏兵前后夹击，齐军大败而逃。魏军趁机追击，反而攻下了齐城和高唐。

田忌闻报大惊失色。

孙膑说："现在我们派出轻装战车，往西直捣魏都大梁。"

庞涓听说齐军进攻平陵失败，竟然又冒险进攻魏国都城，完全不通兵法。可是魏国的重兵都调往了赵国前线，都城空虚，齐军的进攻迅速而猛烈，都城不可不救。庞涓于是丢掉辎重，昼夜兼程，率军回救。孙膑派出少量的兵力去抵挡庞涓，结果一触即溃。庞涓紧追不舍。

攻打平陵、奔袭大梁、迎战庞涓，都是孙膑的骄敌疑兵之计，而齐国的重兵，此刻正悄悄埋伏在桂陵。

桂陵南距大梁一百余里，北距邯郸三百五十多里，庞涓带着人马一路狂奔，气喘吁吁一头扎进孙膑的口袋。齐军以逸待劳，杀了庞涓个措手不及。庞涓甚至都没来得及反应，就被生擒活捉了。

这一战，孙膑避实击虚，攻其必救，大败魏军。这就是著名的"围魏救赵"。

魏国虽然大败一场，损失并不巨大。而且由于魏文侯、魏武侯两代经营，国力仍然要比齐国强大。桂陵之战的第二年，魏国又与齐国在襄陵进行了一场大战。齐国这次没有用田忌为将，孙膑也没有参与，结果齐国大败。齐国只好请楚国大将景舍出面，向魏国求和。就在这一次讲和的时候，齐国把庞涓放回了魏国。

就在魏国与齐国全力争战的时候，商鞅向魏国的西部发动了猛烈进攻。魏国无力抵抗，故都安邑很快落入秦国手中。

魏惠王放走了两个人才。一个是孙膑，一个是商鞅。商鞅从西边进攻，孙膑从东边进攻。魏国就在这两面夹击之下，走向了衰落。到了这时候，魏惠王才认识到，他丝毫不在意的那个公孙鞅，的确是个人才。现在，这个人才又来到了魏国。

公元前三四四年，公孙鞅奉秦王的命令出使魏国。这是公孙鞅自己的主意。为什么来？因为魏惠王受了秦国的暗算，打算拼尽全力，与秦国决一死战了。此时的魏国，"拥土千里，带甲三十六万"，魏王联合十二家诸侯朝见周天子，打算合力讨伐秦国。此时秦国虽然已经开始变法，可是还没有真正变得强大。如果中原诸侯们真的联合起来进攻，秦国绝不是对手。

公孙鞅说，我去对付他。公孙鞅来到魏国。

此时的魏惠王仍是侯爵，还没有称王。公孙鞅就是去劝说他称王的。他说："你带领十二家诸侯，哪有自己称王好呢？现在宋、卫、邹、鲁等小国都已经听从您了，您再向北争取燕国，向西争取到秦国，先称王，然后征服齐、楚，天下就完全是您的了。"虚荣而愚蠢的魏惠王，听公孙鞅一说，心头狂喜，连声称好，连忙派人建造宫室，赶制丹衣，召集宋、卫、邹、鲁等国国君在大梁北边的逢泽会盟。秦国也派来公子少官参加他的称王典礼。魏惠王得意扬扬，"乘夏车，称夏王，朝为天子"。这个举动，让原先跟从他的诸侯们，一下子离心离德。齐、楚两国更是怒气勃发，发誓与他势不两立。回到秦国的公孙鞅，遥看着魏惠王的滑稽表演，与秦孝公相视一笑。秦国不只是躲过了一场祸事，反而把祸水引到了魏国身上。魏国危险了。

给魏国致命一击的，是孙膑。

魏惠王称王后两年，也就是公元前三四二年，又向韩国进攻。战争进行了一年，韩国五战五败，危急关头向齐国求救。齐威王以田忌、田婴为将，孙膑为军师，出兵救韩。田婴后来做了齐国的相国，他的儿子就是后来有名的孟尝君。

这一次，孙膑让部队迅速前进，直捣大梁。魏军听说齐国奔袭大梁的消息，立即撤围，回师都城。

魏惠王打算与齐国进行一场大决战。于是从国中选出十万精锐，让太子申为统帅，庞涓为大将。

大军未出，魏国就有人预测太子申会打败仗。《战国策》上记载说太子年少，不习用兵。"战必不胜，不胜必禽"。而魏国派出的大将庞涓，又是孙膑的手下败将。

庞涓这一次改变了战法。他没有迎头阻挡齐军，而是绕到齐军的后面，切断了齐军的归路。如此一来，齐军立即陷入慌乱之中。

孙膑毫不在意，他对田忌说："魏军悍勇，齐军胆怯。善战者因势而利导之。"

孙膑的计策是"减灶"。三天之内，齐军把十万人吃饭的灶，先是减到五万人，再减到三万人，向魏军示弱。追在后面的庞涓大略数了数灶台，心中大喜："我就知道齐军怯战。才三天，就逃亡了一大半的士兵。"于是带着轻锐兵骑，连夜追击。

再往前，就是马陵了。这个地方山高林密，道路狭窄，地势十分险要。孙膑在《孙膑兵法·陈忌问垒》中详细介绍了这次伏兵的布置：先在阵地前面铺满蒺藜，它们起着壕沟的作用。再在蒺藜的后面部署弓弩兵。用战车当作壁垒，用盾牌当作矮墙。后面部署长兵器的部队，以在战况紧急时进行救援。长兵器部队后面部署使用小矛的部队，在敌军被困时，切断他们的后路。

孙膑在路边选了一棵又高又粗的大树，让人用刀斧把一面砍削平整，在上面写了八个大字："庞涓死于此树之下"。

巨树直直地立在路旁，十分显眼。

这片广阔的树林之中，仅弓弩兵就埋伏了一万多人。可是偌大一个地方，却鸦雀无声。猛烈的山风，簌簌地吹动着树叶。一股浓烈的杀气，悄然弥漫着。

孙膑对弓弩手们命令道："暮见火举而俱发。"

魏军狂奔而至，人越拥越多，终于完全扎进了这个可怕的伏击圈。此时，天刚刚黑下来，庞涓驱马来到这棵奇怪的树下，让人点起火把。一行字还没有读完，突然箭如飞蝗，铺天盖地射过来。魏军在绝望之中反扑着。可是孙膑严密的部署，让他们根本没有反抗的余地。他们的退路，也被死死地堵住。

魏军垂死的惨叫响彻山谷。庞涓身旁的士兵们，还在拼命保护着自己的主将。庞涓已经束手无策，他恨恨说道："遂成竖子之名！"拔出佩剑，在脖子上一横，自刎于树下。

比不过孙膑，这是他一直以来最担心，也是最不能接受的。可终于还是落到了这个地步。

这一仗，魏军十万精锐，全军覆没，主帅太子申也被生擒活捉。

马陵之战发生在公元前三四一年。这是一次致命的打击，魏国从此一蹶不振，从横行了将近百年的一流强国，败落成了可怜的二流小国。魏惠王原本还想孤注一掷，倾全国之力，与齐国再一次拼命，被相国惠施劝住了。

惠施说："您如果想报复齐国，不如脱下王者的服饰，卑躬屈膝地去臣服齐国。楚王一定会生气。您再派人促使他们争斗。这是用楚国来毁掉齐国。"

魏惠王点点头。他也知道，自己已经没有能力再战。

高傲的魏惠王改变了服饰，低三下四，去朝见齐国国君，恭敬地尊他为王。齐威王笑纳了，同时大度地承认了魏惠王的王号。这就是"会徐州相王"。

齐国就此强力崛起。

而成就这一切的两位功臣，却身陷险境。

田忌、孙膑在得胜归来的途中，听到一个可怕的消息。

田忌是齐国的将军，邹忌是齐国的相国，两人不和。事实上，将相两个都是齐国不可多得的人才。

邹忌在历史上的出场很有戏剧性。

齐威王正在弹琴，邹忌推门而入，赞叹说："弹得真好啊！"

齐威王一听，勃然大怒，推开琴，手按腰间的剑说："你只看到我弹琴的样子,还没有认真品味我弹奏的曲子,怎么就知道我弹得好?"

邹忌说:"您大弦的声音浑厚温和,如同君主的宽和气度。您小弦的声音清脆悦耳,如同臣子的清廉干练。您扣弦时手指紧张而有力,拨弦时舒缓而悠然,这就像国家的政令张弛有道。您的琴声曲折却和谐动听,就如同分明的四季运转不息。"

齐威王松开手中的剑柄说:"你是个善于谈论音乐的人。"

邹忌说:"我何止能谈音乐,治理国家和安抚百姓的道理也在其中啊。"

齐威王的脸色又沉下来:"你懂得弹琴,又怎么会懂得治国安民?琴音之中有什么治国的道理?"

邹忌说:"反复演奏而不扰乱,就能使政治昌明。乐音连贯流畅,就能让危亡的局面得到稳定。懂得琴音的协调,就懂得治理天下的道理。"

齐威王本来就喜欢音乐,听他用音乐来讲治国之理,觉得很新鲜,就与邹忌进行了深入的谈话。三个月后,齐威王任命邹忌为相国。

邹忌善于听取各方的意见,据说他对齐国的许多改革措施,就是听从了淳于髡的建议。他担任相国之后,立即去除奸吏,选拔人才,亲近百姓,奖励有功之人。他甚至鼓励官吏百姓,让他们直接指出齐威王的过失。

这件事记录在《战国策·齐策一》中，十分生动有趣。邹忌是个美男子。他一边照镜子，一边问妻子："我与城北徐公，哪个更美？"妻子说："你比他美多了，徐公哪能跟你比？"问小妾，小妾也这样说。有客人来，客人也这样说。结果邹忌见到徐公，发现自己比徐公差远了。他突然悟到了一个道理，于是立即求见齐威王。

他对齐威王说："我深知不如徐公美。我的妻子偏爱我，我的小妾害怕我，我的客人有求于我，所以都说我比徐公美。如今齐国方圆千里，光城邑就有一百二十座。宫中之人没有不偏爱您的，朝廷之臣没有不畏惧您的，四海之人，没有不有求于您的。由此看来，大王您受到的蒙蔽要远远超过我啊。"

也许，这只是邹忌进谏齐威王时编的一个故事。齐威王一听哈哈大笑，下令说："群臣吏民能当面指出我的过错的，受上赏；上书进谏我的，受中赏；在市井之中对我进行批评指责，能传到我耳中的，受下赏。"

命令刚下，群臣争相进谏，齐威王的王宫门庭若市。几个月后，偶尔有人进言。一年之后，就几乎没有什么好进谏的了。

这个故事或许有所夸张，可是邹忌能让齐威王如此虚心纳谏，齐威王本人肯如此从善如流，千年之下，依然让人十分感佩。由此可见，齐国的崛起，绝不是偶然。

可是这样一位有为的相国，对田忌却有着忌惮之心。因为嫉妒，因为对权贵的贪恋，魏国的庞涓加害了孙膑。如今，邹忌也要对田忌下手了。

邹忌派人拿了两百多两黄金去找人占卜，说："我是田忌的人。田忌三战三胜，威震天下，现在欲为大事，请问吉还是不吉。"所谓欲为大事，就是取代齐威王，自立为君了。

此事一出，临淄城议论纷纷。消息很快就传到正准备撤军回国的田忌耳中。田忌呆住了。

这是灭族的大罪，可是现在百口莫辩，怎么办？

孙膑看看他，沉声问道："将军可以为大事乎？"

既然邹忌说你要为大事，那么，你可以做吗？

田忌说："怎么做？"

孙膑说："将军进入齐国时，不要解除武装，让老弱部队守在主。主这个地方地势险要，只能行一辆兵车，一夫当关，万夫莫开。你背靠太山，左边是济水，右边是天唐，辎重直达高宛，然后派轻车锐骑猛冲都城的雍门。这样，齐君将由你控制，邹忌就只能逃走。否则，你就回不到齐国了。"

田忌低头想了一想，没有听孙膑的话。齐国是不能回去了，那就走吧。掉过头，去楚国。田忌是孙膑的知己和倚靠。田忌出走，孙膑也只得随他而去。

楚王听到田忌、孙膑奔逃而来，赶忙让人迎接。可是他也不想与齐国闹翻。邹忌听说田忌逃到楚国，赶忙派使者过来，建议楚王把田忌封在江南。楚王听从了。田忌有了封地，就不会回齐国了，邹忌的相位也就稳妥了。

田忌一直待在楚国。直到多年之后，齐威王和邹忌去世了，齐宣王即位，知道了邹忌的诡计，这才让人把田忌请了回去。

田忌终于回到了齐国。然而孙膑没有随他回来。人们失去了孙膑的消息。

孙膑找了个偏僻地方隐居起来，专心写他的传世之作。据《汉书·艺文志》记载，《孙膑兵法》共有八十九篇，还有四卷图谱。如此一部皇皇巨著，竟然在东汉之后的乱世之中失传了。直到一九七二年，这本书的残简才在银雀山西汉古墓中被发现，可是只有三十篇。许多竹简上的字已经斑驳不清。不过，即便这样一部残损的兵书，依然可以从中看出孙膑的不同凡响。

他虽是兵家，却是以兵来论道。他更像一个"布道者"。

《奇正》篇中，一开始就讲天地之理，他说："天地之理是物极必反，盛极必衰。天下兴替，如同四季变换。阴阳五行，相生相克。世间万物，有生有死，有能有不能。形势有的有余，有的不足。所以圣人会以万物的长处去制胜万物，这才能不断取胜。"明白了天地间的道理，才会明白战争的道理。而战争，只是制止暴虐的手段。如果战争不正义，用兵不节制，就会失败，"穷兵者亡"。强兵最重要途径就是富民。孙膑说："然则为民赇（qiú）也，吾所以为赇也，此兵之久也。"赇本是行贿受贿的意思，这里是说让百姓积累财富。藏富于民，才能保证长时间的作战。

而带兵作战的将者，"不可以不义""不可以不仁""不可以无德""不可以不信""不可以不智胜"。总而言之，孙膑想打造的是一支仁义之师。这支军队的目的，是维护正义，使百姓安居。所谓道，就是顺乎民心，合乎民意。

司马迁给孙武、孙膑和吴起三位兵家大师立传的目的，也是为了传达这一信息。他说："一个人如果不懂得信义、廉洁、仁爱和勇敢，就不能传授兵法剑术。兵法剑术是与道相符的，内可以修身，外可以应变，君子用它来修行自己的品德。"

孙膑的兵法，与他的修身之道是合而为一的。

他惨遭膑刑，却不肯屈服于命运，在九死之中寻找着一线生机。他在齐、魏大战中，不因为个人的仇恨而偏激暴虐，而是从容儒雅，收放自如。他在功成之后，不得意忘形，而是急流勇退，悄然隐居。他在隐居之时，不是碌碌无为，而是专心著述，让一生的智慧得以薪火相传。真正的兵家，不在于百战百胜，而在于从肉体和精神的桎梏中，杀出一条血路。

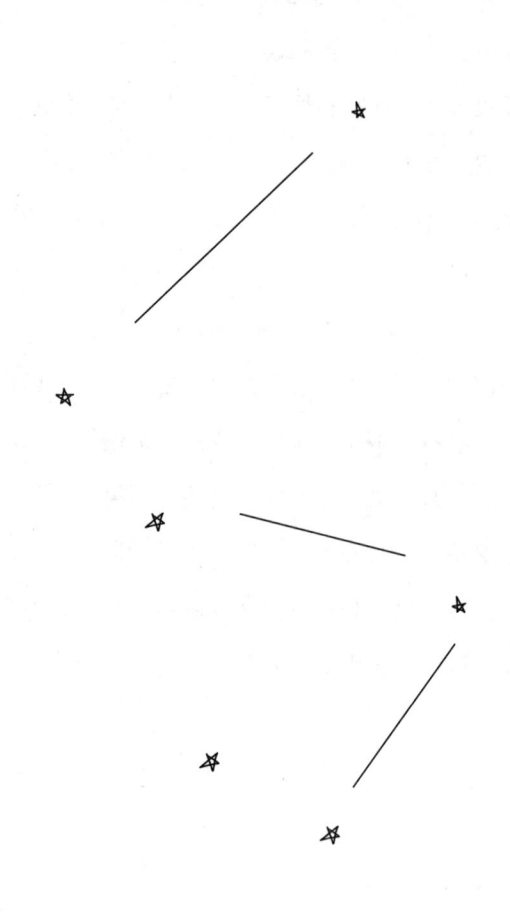

第五章

孟轲

> 孟子的浩然之气，如荒原上的野火，燃烧在每一个平凡之人、不甘沉沦之人的胸膛之中。

孟子接到母亲去世的消息，匆忙从齐国赶了回去。

孟子在齐国好些年了，住在临淄西门的稷下学宫。学宫里的先生们来自五湖四海，有道家、墨家、阴阳家、纵横家、法家等，有名的有七十多人。齐威王对他们都很尊重，安排了高大的房屋，给予丰厚的薪水，让他们自由自在地讲学。没有政事杂务要他们处理，不过有什么意见，可以提，随便批评。

稷下的先生们，都看不上相国邹忌。为首的淳于髡曾带了些人当面去为难他，邹忌因为反应敏捷，态度又谦恭，稍微改变了人们对他的看法。不过后来他耍弄诡计逼走田忌和孙膑，终于还是让大家对他十分鄙视。淳于髡洁身自好，才学又高，不单是对邹忌，他对什么人都看不上眼。孟子也是一个心高气傲的人，两个人常有争执。

淳于髡有次讥讽孟子说:"男女授受不亲,是礼吧?"

孟子说:"是礼。"

"如果嫂嫂掉到水里,可以用手拉她上来吗?"

"不救嫂嫂,是豺狼野兽。虽然于礼不合,但这种情况下,要权宜行事。"

淳于髡于是责问道:"现在天下就如同淹在水里一样,您却不肯伸手救援,这是为什么呢?"

孟子说:"天下溺于水,要用道德来救。嫂嫂溺于水,用手来救。你要用手来救天下吗?"

孟子其实是一心想救天下的,可是在齐国一等多年,一个机会也没有,甚至没能跟齐威王说上一句话。人微言轻,根本不受重视,已经四十多岁了,一腔抱负,无处施展。他除了与一个名叫匡章的人往来之外,在齐国待得很郁闷。而这个唯一的好友,在齐国的日子也不好过。因为他得罪了父亲,两人不来往,一国都说他不孝。匡章的母亲得罪了丈夫,被丈夫杀死了,埋在马栈底下。匡章以善劝父亲,结果与父亲闹翻了。只有孟子力排众议支持他。孟子说,懒惰不养父母的,是不孝。赌博喝酒不养父母的,是不孝。贪财、偏心妻儿而不养父母的,是不孝。好勇斗狠危及父母的,是不孝。这几样,匡章一个也没有,怎么能说他不孝呢?

匡章的苦衷只有孟子理解,而孟子对他的支持也很重要。

匡章是继孙膑之后，齐国最重要的良将，不久之后，他就将名扬天下。有人说，正是因为孟子的全力辩护，改变了舆论，才使得匡章终于被齐威王所用。

在齐国一事无成的孟子，突然接到母亲去世的消息。

母亲对他来说太重要了。

孟子姓孟，名轲，家在邹国。邹国就是邾（zhū）国。颛顼的孙子是祝融，祝融的弟弟叫吴回，吴回的儿子叫陆终。吴回与陆终都继承了祝融的火神之位，父子两人合称"回陆"，后来慢慢被写成了"回禄"，所以火灾又叫"回禄之灾"。陆终的第五子叫晏安，建立了邾国。邾国很小，靠近鲁国，孟子就出生在这里。所以孟子说他"近圣人居"，靠近孔子的家乡。

孟子的祖上是鲁国的国君。鲁桓公有四个儿子，长子做了国君，是鲁庄公。次子叫庆父，子孙后来成为鲁国"三桓"之一的"孟孙氏"。孟子就是庆父的后代。后来孟孙氏衰败了，子孙流散，一支流落到隔壁的邾国。孟子父亲早逝，随着母亲艰难生活。起先他们住在一个墓园边上，小孟轲天天在墓旁边玩耍，学着挖坑埋人。孟母就把家迁走了，搬到集市的旁边。集市热闹，小孟轲很快就学会了商贩的叫卖。孟母也觉得不好，又搬家。这次搬到了一个学堂边上。小孟轲守在旁边看，天天学他们揖让行礼。孟母就把家安在了这里。孟母对他的教育抓得很紧，流传下好几个故事。《韩诗外传》里有"断机""杀豚"等记载。

孟子长大后，又跟从子思的门人学习。子思是孔子的孙子。孟子由此一步步成长为继孔子之后最伟大的儒学大师。

在孟子的成长过程中，母亲是关键。母亲去世了，孟子悲痛欲绝，匆匆赶回来，很隆重地把母亲安葬在鲁国的祖坟。然后就是守孝，一守三年。

孟子守孝的时候，张仪担任了秦国的相国，并且协助秦惠文君在秦国称王。此时，距那位为秦称王打下坚实地基的商鞅被车裂已经十多年。而另一位为齐称王立下赫赫战功的孙膑，则被迫远离尘世，隐居写兵书。

孟子服丧完毕，再次来到齐国。此时的齐国，经过孙膑指挥的两场大胜仗，已经崛起为一流的强国。魏国、韩国以及周边的小国，完全屈从于它。处于强盛光耀之下的齐威王只相信武力，对孟子所谓的仁义之道毫无兴趣。不过他对学者们很尊重，虽然不重用孟子，也还给了他上大夫的待遇。因为齐国的宽容，文人学者们纷至沓来，齐国的稷下学宫成了继魏国"西河学派"之后的文化中心。齐王给各门学派充分的自由，彼此可以辩驳争论，甚至可以干涉朝廷的政事。这个自由繁荣的争论，持续了一百多年，直到齐国灭亡。正因为这种宽容的学术氛围，才让孟子在齐国待了这些年。现在，齐威王渐渐老了，罢了推行改革的邹忌相国之位，改用贵族田婴为相。田婴是孟尝君田文的父亲。这个人营私舞弊，"私家富累万金"，使得齐国政坛变得乌烟瘴气。齐国开始走下坡路了，孟子也变得心灰意冷。显然，这里实现不了自己的理想。

此时，魏国、齐国和秦国已经称王。大国在称王图霸的时候，小小的宋国也不甘心，不久前，国君偃也称王，并且打算行"王政"。所谓"王政"，就是"王道仁政"。放眼天下，诸侯各国此时积极推行的都是穷兵黩武的霸道，没有人相信以德为本的王道。这个消息对于一心要推行仁政的孟子是个大喜讯。他决定去宋国。

孟子收拾好行装，与稷下学宫的先生们一一告辞。齐威王也派人送来一百镒黄金为他饯行，这是一种尊贤的姿态。孟子谢绝了。

学生万章问他："宋是一个小国家，现在要行仁政。齐国和楚国如果厌恶它，派兵来攻打怎么办？"

孟子说，商汤当年也是小国，因为行仁政，从而拥有了天下。如果宋王行王政，四海之内的百姓都会举头仰望他，盼着他成为自己的君主。齐、楚虽大，有什么可怕的呢？

刚到宋国，孟子对行仁政充满了信心，可是不久，热情就冷了下来。他发现，宋王偃身边整天围绕的都是小人。在这种状况下，推行仁政只是一句空话。他找到主持政事的大臣戴不胜，试图改变这个状况。

戴不胜，字盈之，是宋国的王族。钱穆先生推测他是宋王偃的庶兄。为了使宋王为善，他推荐了贤人薛居州做宋王偃的老师。孟子认为宋王身旁奸邪小人太多，一个薛居州根本改变不了局势，想让戴不胜清理。宋王如果被坏人包围，别说行仁政，国家也会不保。

戴不胜算是一位贤臣，可是没有雷厉风行的气魄。孟子曾希望他在宋国行"什一税"，十分收入里抽一分税，完全免除关卡和市集的税收，减轻百姓的负担，这也是行仁政的实实在在的措施。可戴不胜却一再推辞说："什一税暂时还实行不起来，关市的征税也不能立即取消，等明年再说吧。"

孟子嘲讽道："有个人每天偷邻居一只鸡。别人跟他说，这不是君子之道啊。他回答说，这样吧，我每个月偷一只，到明年再不偷吧。如果知道这是不义的，应该赶快停止，为什么还要等到明年呢？"

戴不胜不理会，也许是他做不到。

孟子知道在宋国已经无所作为，只得另作打算。正在这时，滕国世子出使楚国从宋国经过，特意来拜访孟子。孟子跟他谈起人性本善的思想。孟子的话，对滕世子的震动很大，整个出访的路上，他一直在思考着。回来的时候，他又来拜访孟子。他心中还有许多疑惑。

孟子看了他一眼，劈头问道："你是怀疑我的话吧？"

孟子说："天下的道理，只有一个，就是性善。颜渊说：'舜是什么样的人，我是什么样的人，我也可以做到像舜那样。'曾子的弟子公明仪说：'周公说文王是导师，周公会欺骗我吗？周公学文王，成了圣人。我学文王，也可成为圣人。'现在滕国虽然只是方圆五十里的小国，可是只要愿意去做，仍然可以成为一个推行王政的国家。"

性善论，是孟子思想的根基。性善是心善，人天生有良心，有道德之心，有仁义礼智的心性。不能从善，是因为自暴自弃，丢了良心。有德之人，就是"不失其赤子之心"的人。这个心不能丢，丢了也要找回来。所谓学问，就是找回良心。按照良心去做，人人都可以成为尧舜。经孟子这一说，滕世子的心里立即敞亮了。他满怀欢喜，告辞而去。

滕世子一走，孟子也离开了宋国。他知道，宋国不仅推行不了仁政，而且将会大乱。果然，这位宋偃王，很快就变得暴虐无比。也正由于他一系列的疯狂举动，最终导致了宋国的灭亡。他将是宋国最后一任君主。

孟子回到了邹国。

邹国与鲁国刚刚发生了一场冲突。邹穆公气狠狠地对孟子说："这场冲突下来，我的官员死了三十三个，可是百姓却没有一个肯为长官效死的。杀了他们吧，人太多，不能杀尽。不杀吧，又可恨。他们眼睁睁地看着自己的长官去死，却不肯出手相救，该拿他们怎么办呢？"

孟子对邹穆公的话很不以为然。他说："饥荒的年岁，年迈体弱的老百姓饿死在荒山沟里，壮年人四处逃亡。可是您的粮仓里堆满了粮食，库房里全是财物。这些情况官吏们没有如实报告。对上，他们是怠慢国君；对下，他们是残害百姓。曾子说：'出乎尔者，反乎尔者也。'你做出的事，后果会反加到你身上。百姓们就是这样对他们长官的，不应该怪罪他们。如果您能施行仁政，百姓自然就会亲近他们的长官，并且能够为长官牺牲了。"

孟子的这段话很重要。可是许多后世的君主读过了，也不在意。于是大难来临时，老百姓袖手旁观的事就屡屡发生。孟子的逆耳忠言，邹穆公这样的人当然听不进去。孟子也不多说，多说无用。这是《孟子》一书中，唯一记载的他与自己国家君主的对话。

孟子回到邹国没多久，就听到鲁国决定任用他的学生乐正克主持政事的事，他高兴得夜不能寐。

乐正克对教育很在行，曾经写了一本《学记》，单独开创了儒家一个门派，人们尊称他为乐正子。浩生不害曾经问孟子乐正克是怎样一个人，孟子说："善人也，信人也。"

什么是善，什么是信呢？

孟子解释说："追求正确的叫作善，自己有善叫作信，身上充满了善叫作美，充满并且发出光辉叫作大，光大并且能感化天下的人叫作圣，圣而高深莫测了叫作神。乐正克的人品，在善与信之间,在美、大、圣、神四者之下。"

这样一个评价,不算高。所以看他这么高兴,另一个学生公孙丑也来问他:"乐正克能力强吗?"

孟子摇摇头:"不。"

"他有智慧和远见吗?"

孟子说:"不。"

公孙丑又问:"他见闻广博吗?"

孟子说:"不。"

"那您为什么会为他高兴得夜不能寐呢?"

孟子说:"因为乐正克为人好善。"

"好善就够了吗?"

孟子说:"好善已经足够治理整个天下了,何况鲁国呢?如果他好善,人们就会从千里之外赶来告诉他善言善行。如果他不好善,人们就会学着他的样子说:'嗯嗯,我知道了。'然后他这种轻慢的声音和表情,就会拒人于千里之外。正直的人士止步于千里之外,阿谀奉承的人就来了。和那些谄媚之人混在一起,而想把国家治理好,可能吗?"

孟子的高兴还不只如此,因为他知道,鲁君重用乐正克,必然会请他过去,那么,他也就有机会推行仁政了。

果然,时隔不久,鲁君就派了使者来请孟子。

孟子来到鲁国,和一众弟子安顿下来,等鲁平公接见。这是公元前三二二年。

鲁平公出行的车辆已经准备好。一个名叫臧仓的小臣来请示说:"您平日出行,都预先告知管事的人要去哪里,今天车驾都准备好了,他们还不知道去的地方,我来请问一下。"

鲁平公说:"我去见孟子。"

这个臧仓是鲁平公宠幸的小臣,看自己的国君如此恭敬隆重地去拜访孟子,很不乐意,就说:"国君您不尊重自己的身份,去拜访这个普通人,为什么呢?是因为他是一个贤人吗?贤人是应该懂礼义的。可是孟子给他母亲办丧事,排场远远大于给他父亲办丧事,这算贤人吗?我看您还是不要去吧。"

鲁平公说:"好吧。"

鲁平公之所以请孟子过来,是由于乐正克的推荐。虽说答应见了,可也不是太在意。身边的小臣一进谗言,他就算了。

孟子一直在等,鲁平公一直没来。乐正克坐不住了,到宫中求见鲁平公。

"请问君上,您为什么不见孟子呢?"

鲁平公说:"有人跟我说,孟子给母亲办丧事的排场超过给父亲办丧事的排场,所以我就没去见他。"

乐正克说:"是因为他给父亲送葬时用三只鼎盛祭品,后来用五只鼎为母亲盛祭品吗?"

父亲去世时,孟子是士的身份,所以只能以三只鼎为祭器。

后来他在齐国，有了上大夫的身份，于是以五鼎为母亲的祭器。这是合乎礼的。经乐正克这么一说，鲁平公知道错怪了孟子，可是他依然为自己找借口。

他说："不是为祭器的事，是因为棺椁衣衾之美。"

乐正克说："孟子父亲去世时，家里贫困。现在家里富裕一些了，才用贵重一点的棺椁衣物，这不违礼啊。"

可是事已至此，说什么已经没有意义。乐正克气愤地回报孟子说："鲁君已经准备好车来见您了，被那个叫臧仓的小人阻止了。"

孟子叹了口气说："一个人干一件事，是因为有一种力量在指使他。干不成一件事，也是有一种力量在阻止他。干与不干，不是单凭人力能够做到的。我不能与鲁君相见，天也。臧家那个小子，他怎么能阻止呢？"

天也，是天意、天命的意思。孟子认为，对内，照着良心去做，这是可以自己控制和掌握的。对外呢，万物有自己的规律，并不由人决定，这是天命。这就是所谓的"安身立命"。安己之身，听天之命，只要努力了，人生也就可以过得从容了。

孟子没见到鲁平公，不只是在鲁国实行仁政的理想落空，鲁国甚至走向了与他期待相反的方向。

鲁国打算任命慎子为将军。

慎子字到，赵国人，也是齐国稷下学宫的先生，与孟子原是相识的。慎到的学问传自老子的道家，而后又偏向法家，在军事上也有一些手段。鲁平公要请他来做将军，统兵与齐国作战。孟子说："不教育民众却让他们打仗，这是殃民。殃民者，在尧舜时代是不能容纳的。即使一仗就打败齐国，并且能把他们的南阳夺过来，这样也不可以。"

慎到听到孟子的话很生气，厌烦道："真不知道他在说什么。"

孟子回话说："不用兵力而白白地取得一个国家的土地给另一个国家，仁德的人尚且不干，何况杀人来抢夺呢？君子服务于君王，只是专心一意地引他上正路，有志于仁道罢了。"

两人志趣相距甚远，自然话不投机。不过经过这样一吵嚷，慎到的将军终于没做成，依旧待在稷下学宫做他的先生。

当然，孟子在鲁国也是极不愉快，必须尽快离开。可是去哪里呢？

滕世子与孟子在宋国分别，刚回邹国不久，滕国国君就去世了。滕世子即位为君，这就是滕文公。滕文公派人向孟子请教如何办理父亲的葬礼，孟子悉心给予了指导。于是这位太子在丧庐中住了五个月，官员和族人都说他知礼。在举行葬礼的时候，四面八方的人都来观礼。太子悲戚的样子和哀痛的哭泣，让吊丧的人们都很满意。滕国离鲁国不远，滕文公对孟子也很尊崇，不断派使者向他问候，那就去滕国吧。

孟子一到滕国，滕文公就向他请教治国之道。因为此时的滕国，受到周边几个大国的威胁，正处在生死存亡的关头。孟子是他的救命稻草。

孟子说："有恒产者有恒心，无恒产者无恒心。没有道德之心，就会胡作非为。等他们犯了罪，再加以刑罚，这是陷害百姓。哪有仁爱的君主会做陷害百姓的事呢？所以贤明的君主一定认真办事，节省费用，礼贤下士，节制税收。只有兴办学校，教化民众，让大家都明白了人与人的道德关系和行为准则，百姓才会亲近团结。如果有圣王兴起，就一定会来学习仿效，您也就能成为王者之师了。您如果努力来做，就一定能使您的国家气象一新。"

对于滕国的困境，孟子其实无可奈何。一个小国，在这样的乱世，夹在虎视眈眈的大国之间，只能听天由命。孟子说："把护城河挖深，把城墙筑牢，同百姓一起来守护它。如果老百姓能够战死也不离去，那还有办法。"滕文公叹了口气，再问了些行仁政的具体措施，譬如如何实行井田之制，如何收什一之税，如何开办庠序学校等，都勉力去做。

虽然孟子解决不了滕国的危机，可是滕文公对他依然尊重与信任，安排了舒适堂皇的上宫让他和弟子们居住，粮食俸禄也极其优厚。孟子也就安心地住了下来。这一住就是两年。

这两年做什么？主要还是教弟子。偶尔与别的学派进行一些辩论。

由于滕文公行仁政，不少文人学者陆续来到滕国。其中有个人叫许行。

许行名犯字行，师从禽滑釐。禽滑釐是墨子的得意弟子。许行听到滕文公行仁政，带着几十个弟子从楚国来到滕国，向滕君要了一块地，盖了一批简陋的草屋，安顿下来。

许行和弟子们都穿着粗麻的衣服，打草鞋、织席子，自己种庄稼，过着墨子要求的简朴生活。不过许行比墨家又前进了一步。墨子宣称他继承的是夏禹的学说，而许行说他的传承来得更古远，他所遵从的是神农氏。所以人们称他们这一派为农家。许行到滕国时，已经上了年岁，还是亲自耕种，自食其力。他说："滕君确实是个贤明的君主，可是他还不懂得真正的道啊。贤明的人要与老百姓一道耕种，才能吃饭，还要替百姓办事。可是滕国却有着高大的粮仓与府库，这是损害百姓来奉养自己啊，怎么能叫作贤明呢？"

一个叫陈相的人和他的弟弟陈辛也来到滕国。他们原本是楚国儒者陈良的学生。到了滕国之后，他们立即被许行的学说吸引了，于是抛下儒家学说，扛着农具跟许行下地干活。

有一天，陈相见到了孟子。孟子早就对农家这一派看不顺眼。他问陈相："许子一定是自己种庄稼而后才吃饭吗？"

陈相说："是的。"

"许子一定是自己织布然后才穿衣吗？"

"不。许子只穿粗麻织成的衣服。"

"许子戴帽子吗?"

"戴。"

"戴什么帽子?"

"白绸做的。"

"是他自己织的吗?"

"不,是用谷米换的。"

"许子为什么不自己织呢?"

"因为妨碍干庄稼活。"

"许子也用锅甑(zèng)做饭,用铁器耕田吗?"

"是的。"

"是自己做的吗?"

"是用谷米换的。"

"家里用的那些东西,许子为什么不亲自制作,却一件件与工匠交换呢?"

陈相说:"各种工匠的工作,本来就不是能与耕种同时兼干的啊。"

"那么,管理国家难道就能与耕种同时兼干吗?有官吏的工作,有小民的工作。或劳心,或劳力。劳心者治人,劳力者治于人。这是天下通义。"

陈相说:"如果听从许子的学说,市场上的物价就会一致,人人没有欺诈。就是打发小孩去市场买东西，也没有人欺骗他。"

孟子说："货物的品种、质量不一样，这是常情。你不分精粗优劣，完全使它们的价格一样，这只会扰乱天下罢了。许子的学说，是率领大家走向虚伪，哪能用来治国呢？"

事实上，两个人白白争论一场。

许行的农家，推行的只是自食其力的平等主义。因为此时，不劳而获已经成为时尚，人人想着投机取巧，不肯脚踏实地做事。许行希望不劳动者不得食，人人自力更生。只有人人努力了，天下才会太平而富足。可是孟子却把他的思想引向荒诞。从后来孟子的思想看，他也是极力提倡平等的。可是他的平等与许行的平等不一样。许行要求的是平等的生存权。而孟子要求的，是精神上的平等。

这两种平等的要求，都注定得不到回应。

孟子批评许行是"伪者"，没想到自己也受到同样一击。

事情是这样的。孟子住在上宫，开课授徒，教他们仁义道德，治国平天下。有一天，一个人把一双还没织好的草鞋放在窗户上，再回来时，鞋子不见了。他就来问孟子："是不是跟随您的人把鞋子藏起来了？"

孟子一听，气得脸都红了，责问道："你以为他们到这里来是偷草鞋的吗？"

这人回他说："应该不是的。可是您在这里教学，往者不追，来者不拒。只要他们想来学，您就接受，恐怕良莠不齐啊。"

孟子无言以对。讲习仁义，志在平定天下，却被人怀疑偷盗，这是多大的郁闷和耻辱。加上滕文公的弟弟滕更来向他学习，又是态度傲慢，无知狂妄。这都让他心情很不痛快。在滕国已经待了两年，仁政也没能真正推行，再耽搁下去，意义也不大。正在此时，一败再败、痛定思痛的魏惠王，"卑礼厚币以招贤者"。魏国虽然败落了，还是大国。如果能在魏国实现仁政，自己的理想就有着落了。

孟子决定去魏国试一试。

这是公元前三二〇年，孟子年过五十，名声已经彰显于天下，离开滕国之时，"后车数十乘，从者数百人"，浩浩荡荡，直奔魏都大梁。

孟子见梁惠王。王曰："叟！不远千里而来，亦将有利于吾国乎？"

梁惠王就是魏惠王。公叔痤推荐商鞅给他，他不用，说公叔痤真是老病得昏聩了。结果商鞅在秦国变法，把魏国打得一败涂地，连都城安邑都丢掉了，现在把国都迁到了大梁，人们也就把魏国称作梁国。后来孙膑来到魏国，魏惠王又听了庞涓的谗言，不仅没有重用，反而以膑刑对待他。孙膑逃到了齐国，两战就把魏国从强国的宝座上拉了下来，连他们的太子也俘虏了。国君还要低三下四跑到齐国，恭维齐威王，看他的脸色。

原本强大无比的魏国，竟落到这个田地，魏惠王的心里有着太多的不甘。他想复仇,想再次强大。于是一见面,他就问孟子"亦将有利于吾国乎"，这个利，是指让国家强大的措施。

孟子却说："王何必曰利？亦有仁义而已矣。国君说，怎么才能有利于我国？大夫们说，怎么有利于我家？老百姓说，怎么有利于我个人？大家都在争利，国家就危险了。大国小国的国君被杀，就因为他们不施仁义啊。王亦曰仁义而已矣，何必曰利？"

魏惠王虽然年事已高，可仍然一心要富国强兵，于是不断向孟子询问。如果说服魏惠王行仁政，孟子奔波半生的理想说不定就能实现了，于是孟子也诚心细致地向他解释。

魏惠王说："我对于国家真是费尽心力了。河西遭饥荒，我把那里的百姓迁到河东，又把河东的粮食运到河西。河东如果遭了饥荒，我也这样办。邻国呢，并没有国君像我这样替百姓考虑的。可是那些国家的百姓并没有减少,我的百姓也没有增加，这是为什么呢？"

孟子笑着说："您这是五十步笑百步。如果农民在耕种收获的时节，你不征兵派工去妨碍他们，那粮食就吃不完。如果不用细密的渔网到大池沼里捕鱼，那鱼鳖也吃不完。如果砍伐树木依照时令，木材也会用不完。如此一来，百姓对于生养死葬就没有不满，这就是王道的开端了。"

孟子接着又进行了详细的描述,这番话充满了诗意与仁爱,他说:"五亩之宅,树之以桑,五十者可以衣帛矣。鸡豚狗彘(zhì)之畜,无失其时,七十者可以食肉矣。百亩之田,勿夺其时,数口之家可以无饥矣。谨庠序之教,申之以孝悌之义,颁白者不负戴于道路矣。七十者衣帛食肉,黎民不饥不寒,然而不王者,未之有也。"

魏惠王渐渐被孟子说服,放下君主的姿态,虚心向孟子请教:"寡人愿安承教。"

孟子说:"用木棒打死人和用刀子杀死人,有什么不同吗?"

魏惠王说:"没有不同。"

"用刀子杀人与以行政害人,有什么不同吗?"

魏惠王说:"没有不同。"

孟子正色道:"庖有肥肉,厩有肥马,民有饥色,野有饿莩,此率兽而食人也。禽兽自相残杀,人尚且厌恶。百姓的父母之官,主持政事,却免不了率兽而食人,他又怎能做百姓的父母之官呢?孔子说,始作俑者,其无后乎。对此孔子为什么这样痛恨呢?因为土偶像人被用来殉葬,这种人的用心就很丑恶。用像人的土偶殉葬尚且不可,又怎能让百姓活活饿死呢?"

魏惠王对孟子说:"您是知道的,我们魏国曾经无比强大。可这些年来,一败再败,土地被大片抢走,我的大儿子也战死了,真是奇耻大辱啊,我现在时刻想的就是报仇雪恨。"

孟子开出的药方,还是行仁政,而且说得更加具体了。他说:"方圆百里的小国,行仁政都可以使天下归服,何况魏国这样一个大国呢?您如果行仁政,减免刑罚,减轻赋税,让百姓深耕细作,使年轻人忠诚守信、孝顺父母、敬重长者,如此,就是凭着手中的木棒也能打败拥有坚甲利兵的秦、楚了。为什么?秦、楚两国抢夺百姓的生产时间,让他们妻离子散,父母受冻挨饿。他们的百姓陷在痛苦的深渊之中,您去讨伐他们,谁能敌得过您呢?"

孟子斩钉截铁地说道:"仁者无敌,王请勿疑!"

孟子的雄辩与正气,让魏惠王大为折服。魏惠王已经有了实行仁政的意思,可就在此时,他忽然得了重病,死了。

魏惠王去世的时候,天降大雪,积得都高达牛眼了,城郭受不住雪的重压,也垮塌了。因为定好了下葬的日子,他的儿子魏襄王不顾恶劣的天气,坚持修栈道也要把他安葬。满朝大臣谁也劝阻不了。此时,被魏惠王赶走的名家大师惠施,从宋国过来。有人请他出面劝说。惠施是位雄辩大师,在宋国的这几年,几乎天天与庄子在辩论,现在更是老练而智慧。他见到魏襄王,三言两语,魏襄王果然被说服,当即答应更改魏惠王的下葬日期。

孟子对于这位魏国的继承人,印象相当不好。他见过魏襄王之后,出来就跟别人说:"远远望去,就不像一个君主的样子。

走近了,也不让人觉得有什么敬畏。突然就冒了一句:'天下怎么才能安定?'我说:'天下归于一统,就会安定。'他又问:'谁能统一天下呢?'我说:'不好杀人的国君就能统一天下。'他接着又问:'那谁会跟从他啊?'"

这是孟子最后一次在魏国表达自己的仁者之道,他的话慷慨而悲壮。孟子说:"您知道禾苗吗?七月八月,大旱之时,禾苗枯槁。天上忽然起了乌云,大雨沛然而下,禾苗立即盎然生长。如此这般,谁能阻挡?如今天下君主,没有不好杀人的。如果有一位不好杀人的,天下百姓都会引颈而望,期待他的解救。百姓跟随他,就如同水往下奔流一般,谁能阻挡?"

对于孟子的话,魏襄王根本无动于衷。孟子在魏国行仁政的理想算是彻底落空。他知道,又到要离开的时候了。

就在魏惠王去世前不久,齐威王也去世了,其子齐宣王即位。新王新气象。对于齐国,孟子是熟悉的,甚至颇有感情,毕竟在那里待了多年。好友匡章现在是齐国最得力的大将,对他行仁政也会大有帮助。那就去齐国吧。

孟子带着弟子们,又往齐国而去。到了齐国的边邑平陆,齐国相国储子派人送来了礼物。从平陆到临淄还有六百里,孟子也不急,走走停停,一路察看齐国地方上的政事。

到了临淄,孟子安顿下来之后,并不去拜见送了厚礼给自己的相国。学生屋庐子很不解,就来问他。孟子说:"《尚书》上说过，献礼贵在礼仪。如果礼仪不够，礼物虽多，也不算献礼，因为献礼之人的心意不在上面。"屋庐子这才明白，孟子不在意礼物，只在意送礼人的诚心。储子没有亲自前来送礼，他不高兴。

孟子没有去拜访储子，储子却来拜访他了。储子知道齐宣王对孟子期待已久，甚至迫不及待要见到他。他问孟子："齐王竟然派人私下观察您，您真的与众不同吗？"

孟子淡淡一笑说："我跟别人哪有什么不同，尧舜同一般人也是一样啊。"

孟子的大名，早已传遍临淄。齐宣王很快就召见了孟子。

孟子见到齐宣王，把路上的见闻跟他说了。他说："大王您的地方长官，我见过五位，明白自己罪过的，只有孔距心一人。"

孟子经过平陆时，问地方长官孔距心："你这里的百姓，老弱死在沟壑的，青壮逃往四方的，已经有几千人了。"

孔距心说："这不是我力所能及的。"

孟子说："现在有一个人，接收别人的牛羊替人家放牧，如果牧场和草料都找不到，是退还原主，还是站在那里看牛羊一只只死去呢？"

孔距心愣了半晌，回答说："这就是我的罪过了。"

孟子把这段话说给齐宣王听。齐宣王惭愧地说："这也是我的罪过啊。"

这次对话，是个好的开端，孟子很满意，也就愿意继续跟齐宣王谈下去。齐宣王也很高兴，于是聘请孟子为卿。这个卿是客卿，不是什么实职，不过可以随时对政事提出建议与看法。

有一天，孟子与齐宣王聊天。孟子说："听说啊，有人牵着一头牛从您面前走过。您问牵到哪里去？那人说是杀了祭钟。您让他把牛放了，说是不忍心看牛哆哆嗦嗦的样子，让用羊来代替。有这个事吗？"

齐宣王说："有的。"

孟子说："以此之心，可以称王于天下了。"

齐宣王很高兴，问道："此心怎么就合于王道呢？"

孟子说："您的恩德能够给予禽兽，却不能施予百姓，这是为什么呢？老百姓得不到安宁，是因为您不肯施恩。您不行仁政以统一天下，只是您不愿做，不是您不能做。"

齐宣王问："不愿做与不能做有什么不同呢？"

孟子说："挟太山以超北海，语人曰：'我不能。'是诚不能也。为长者折枝，语人曰：'我不能。'是不为也，非不能也。老吾老，以及人之老；幼吾幼，以及人之幼，天下可运于掌。故推恩足以保四海，不推恩无以保妻子。王请度之。"

这番话气势雄浑，铿锵有力，如长江之水，让人心潮澎湃。孟子从齐宣王不忍杀牛说起，说到人皆有不忍之心。而这不忍之心，就是人的良心。孟子认为人天生就有恻隐之心、羞恶之心、辞让之心、是非之心，这也是人的本性。人的本性是善的。如果把这本性的善发扬出来，人人都可以成为尧舜一样的圣人。

这个本心就是仁。可是守护住这个本心很不容易。把这个本心发扬开来，行仁政，就更难了。齐宣王就很直率地对孟子说："寡人有疾。"他有什么毛病呢？他说，他好乐、好勇、好货。孟子说，有这些欲望有什么关系呢？能不能把自己的欲望发散开来，也考虑到别人的欲望，并且去满足大多数人的欲望？如果这样做了，就是行仁政。

孟子说："独乐乐，与人乐乐，孰乐？"

齐宣王说："不如与别人一起。"

孟子说："与民同乐，您就可以成为天下王者了。"

孟子又说："您手按宝剑瞪着眼睛说：'你敢抵挡我吗！'这是匹夫之勇，只能对付一个人。您如果能像周文王、周武王那样一怒而能安天下之民，这才是大勇。老百姓还唯恐您不好勇呢。"

对于齐宣王喜欢财物的毛病，孟子劝说道："您如果喜欢钱财，就应该跟百姓一起拥有。让留在家中的人仓库里有积谷，行走在外的人有干粮，再率领他们向前，也能称王于天下。"

齐宣王说："寡人有疾，寡人好色。"

孟子笑着说："古代的周太王也喜欢美女。可他那个时候，内无怨女，外无旷夫。您好色，如果百姓也都能找到称心的对象，这也能称王。"

可人是自私的，只肯尽量满足自己的欲望。为了满足一己之私，不惜背离人性的美好，失去良心，甚至成为"禽兽"。孟子说，人和禽兽不同的地方只有那么一点点——是否由着仁义之道而行。

孟子的循循善诱，并没有在齐宣王身上发生效用。孟子开始变得很不高兴。

又一天，他们又坐到了一起。孟子对齐宣王说："有个人要到楚国去，走之前，把妻子儿女托付给了一个朋友。等他回来，发现妻子儿女都在挨饿。对待这样的朋友该怎么办呢？"

齐宣王说："绝交。"

"司法官不能管理他的下级怎么办？"

齐宣王说："撤职。"

孟子说："如果一个国家治理得很糟，又该怎么办？"

王顾左右而言他。

孟子与齐宣王两人开始变得话不投机。孟子已经不太直接跟他谈仁政。齐宣王不爱听。这一次，他们谈到了君臣的关系。

孟子说："君主如果把臣子看作手足，臣子就会把君主看作腹心。君主如果把臣子当犬马，臣子也就把君主当普通人了。如果君主视臣子如土芥，那么，臣子就把君主当仇敌了。"

齐宣王对他的说法很不满意，而孟子关于君主与百姓关系的看法，那就让他更不高兴了。

孟子的看法是："民为贵，社稷次之，君为轻。"有民才有国家，有国家了，才有君主。这三者之中，君主要摆在最后。这对于习惯居高临下、发号施令的人来说，太不能接受了。事实上，孟子的这个看法，对后世颇有影响。唐太宗李世民曾说："君，舟也；人，水也；水能载舟，亦能覆舟。"跟孟子所说，是一个意思。

对于孟子的敲打，齐宣王听不进去。孟子的言语变得猛烈而更有挑战性了。

有一次，齐宣王和孟子谈到公卿的事。孟子问他："你是问王族的公卿，还是非王族的公卿？"

齐宣王说："王族的公卿。"

孟子说："君王如果有了重大错误，公卿就要劝阻。如果反复劝阻了还不听从，就把君主废掉，改立别人。"

齐宣王勃然变色，过了好一会儿脸色才恢复正常，平了平气接着问道："那非王族的公卿呢？"

孟子说："君王如果有错误，就要劝阻。如果反复劝阻了还不听从，自己就要离职。"

齐宣王看了看孟子，没有说话。

这一天，两个人谈到了夏商周三朝的历史。齐宣王问孟子："商汤流放夏桀，周武王讨伐殷纣王，真有这回事吗？"

孟子说："史籍上有这样的记载。"

齐宣王说："做臣子的杀掉他的君主，这样可以吗？"

孟子说:"破坏仁爱叫作'贼',破坏道义叫作'残'。这样的人叫'独夫'。我只听说周武王杀死一个独夫民贼,没听说什么以臣弑君。"

孟子的语言如刀一样锋利,不只是刺激了齐宣王,千百年来,一直刺激着那些独裁暴虐的君主。明太祖朱元璋,因为厌恶孟子的言论,竟然不让孟子配享孔庙,并且下诏:"凡有谏者,以大不敬论。"

到了这时,孟子与齐宣王的关系算是基本破裂了。

两个人已经好久不见。齐宣王派了一个使者来,对孟子说:"我本该来看您,但是得了寒疾,不能吹风。您如果来朝见,我就上朝办公。"然后很委婉地问:"不识可使寡人得见乎?"不知道能不能让我见一见您啊。

孟子说:"不幸得很,我也生病了,不能去朝见。"

孟子去东郭大夫家吊丧。学生公孙丑说:"您昨天托病谢绝了齐王的召见,今天又出门吊丧,这不好吧?"

孟子说:"昨天生病,今天好了。"

谁知道,孟子刚出门,齐宣王竟然派了医生来探病。孟子的学生赶紧应付说:"先生得了小病,今天刚好一点,已经上朝去了。"然后让人去找孟子,让他不要回家,一定要去上朝。孟子回不来,只好躲到齐国一个名叫景丑的大夫家去歇宿。

景丑批评孟子:"我看齐王对您很尊敬,可是却没看到您对齐王怎么恭敬啊。您不听齐王的召见，这于礼不合吧。"

孟子说："天下公认尊贵的东西有三样：一是爵位，一是年龄，一是道德。在朝廷中先论爵位。在乡里，先论年龄。至于辅助君主治理天下，自然以道德为最重要。他哪能凭爵位来轻视我的年龄和道德呢？大有作为的君主，一定有他不受召唤的臣子，有什么事要商量，就亲自到臣子那里去。"

最后，因为齐、燕之间的一场战争，孟子与齐宣王彻底决裂了。

燕王哙（kuài）宠信相国子之，后来竟然把国君之位禅让给他。三年之后，燕国大乱，将军市被与燕太子平率兵攻打子之。战乱持续了几个月，死伤数万人，市被战败被杀。燕国百姓奔逃，官员惶恐不安。齐宣王趁燕国战乱，以匡章为将，率军进攻。

燕国以为齐国是来帮忙平定祸患的，士兵们不战而退，城门也不关闭。仅仅五十天，匡章就攻下了燕国的都城。燕王哙被杀死，子之也被擒捉后处死了。这是公元前三一四年。

喜讯传回齐国，齐宣王召集众人商量。

"有人劝我吞并燕国，有人劝我不要吞并。以万乘之国伐万乘之国，五十天就攻克了，这不是人力能做到的，是天意啊。吞并它，怎么样？"

孟子说："如果吞并它，老百姓高兴，那就吞并它。如果吞并它，老百姓不高兴，就不要吞并它。齐国攻打燕国，燕国百姓箪食壶浆，以迎王师，难道有别的意思吗？只是想逃避水深火热的苦难罢了。如果他们的苦难更为深重了，那也只不过是统治之人由燕国改为齐国罢了。"

狂喜之下，齐宣王哪里听得进孟子的话。他果断把燕国吞并了。

诸侯们一看齐国灭了燕国，相互派出使者，商量组成联军进攻齐国。齐宣王害怕起来，再次召集大臣们商量。

孟子又说："燕国的百姓，本来以为您是去拯救他们的。谁知道您却杀掉他们的父兄，掳掠他们的子弟，毁坏他们的宗庙，搬走他们的宝器。天下诸侯本来就担心齐国的强大，现在齐国不仅土地扩大一倍，而且还这般暴虐无道，他们当然要来攻打齐国。您赶快发布命令，遣返俘虏，停止搬运燕国的宝器，再和燕人协商，选立一位燕王，然后撤军。这样做，才能停止各国对齐的讨伐。"

齐宣王还是不听。诸侯军队还没有出发，燕国之人已经合力发起了反抗。齐军大败而回。燕国民众拥立燕昭王为君，齐宣王的野心瞬间化为泡影。不只如此，正因为他的贪心，还为齐国招来了灭国之祸。这个可怕的后果，将由他的儿子去承担了。

自觉惭愧的齐宣王，无颜见孟子。孟子早就想离开齐国，可是因为这段时间齐国正处在战争当中，他作为卿士，不好一走了之。现在战争结束了，孟子立即辞了职位，收拾行装，准备回邹国老家。

齐宣王赶来见孟子,客气地挽留。回去之后,又让人带信,说是要在临淄给他建一座房屋,赐万钟之粟养他的门徒。孟子谢绝了。他说,我不能做贱丈夫之事。什么是贱丈夫?就是贪图钱财,恨不得把天下好处都一网打尽的人。齐宣王不听孟子、不用孟子、不行孟子的仁政,却要用钱供养着他,这是孟子不能接受的。孟子出仕的目的在于治国平天下,"穷则独善其身,达则兼善天下"。现在仁道推行不了,他难道要做一个贪图富贵的小人吗?孟子认为,生而为人,理应做一个大丈夫。何谓大丈夫?"富贵不能淫,贫贱不能移,威武不能屈,此之谓大丈夫。"

大丈夫只是一个形,还不能深刻体现孟子的境界。这个境界,在他与学生公孙丑的几次问答之后,才变得清晰起来。

公孙丑曾经问他:"您若是做了齐国卿相,能够实行自己的主张,小则可以成霸业,大则可以成王业。如此,您会动心吗?"

"动心"就会畏难。行大道,任重道远,你就不担心、不害怕、不恐惧吗?

孟子说:"我四十岁就不动心了。"

真正做到不动心,才是大勇。

公孙丑问:"不动心有方法吗?"

孟子说:"有。北宫黝培养勇气的方法是:肌肤被刺,丝毫不颤动;眼睛被戳,也不眨一下;受一点小挫折,就像是在大庭广众之下受到鞭打。他既不能忍受卑贱之人的侮辱,也不能忍受万乘之君的侮辱,把刺杀大国君主看成刺杀卑贱之人一样。孟施舍培养勇气的方法与他不同。孟施舍说:'我对待不能战胜的敌人和对能够战胜的敌人一样。如果先估量一下敌人的力量才前进,先考虑胜败才交锋,若是碰到人数众多的军队,一定会害怕。我哪能一定打胜仗呢?能无惧而已矣。'曾子曾经对子襄说:'你喜好勇武吗?我曾从孔子那里听到过大勇之说:反躬自问,正义不在我,对方纵是卑贱之人,我不去恐吓他。反躬自问,正义在我,虽千万人,吾往矣。'孟施舍培养勇气只是保持一股一往无前的锐气,而曾子以义理曲直为标准,所以孟施舍不如曾子的方法简易可行。"

北宫黝是鲁莽蛮干,孟施舍是强求着内心不害怕,而曾子依仁行事。王阳明说,心原本是不动的,遇到事,只要按内心的仁去做,就可以毫不畏惧。真正的勇,是仁。

公孙丑又问:"请问先生您长于哪一方面呢?"

公孙丑这一问,问出了千百年来中国人的一个至高境界。

孟子说:"我知言,我善养吾浩然之气。"

"知言"是掌握知识。浩然之气,说的是人的道德,是人活着的意义,是人的勇气与力量。"浩然之气"四个字一出口,一个顶天立地的大丈夫形象,自此矗立在中国文化的长河之中,怎样的惊涛骇浪也不能使之动摇一分。

公孙丑继续问道："那什么叫浩然之气呢？"

孟子说："其为气也，至大至刚，以直养而无害，塞于天地之间。其为气也，配义与道；无是，馁也。是集义所生者，非义袭而取之也。行有不慊（qiè）之心，则馁矣。"

所谓浩然之气，是最伟大最刚强的。用正当的方法去培养它，一点不加伤害，它就会充溢于天地之间，无所不在。这种气，必须与正义和道德相配合，缺乏它们，就没有力量了。这种气，是聚集了长久的正义行为而产生的，不是偶然一个正义行为能取得的。只要做一件于心有愧的事，这种气就会萎缩消散。

浩然之气，一如《易经·乾卦》上所说"天行健，君子以自强不息"的那种精神力量，它发自于人的内心，与天地正气融为一体，充盈于宇宙之中，达到了天人合一的至高境界。这是孟子对中国人格的想象与描摹，也成了后来仁人志士们的精神图腾。

孟子离开了齐国，打算回邹国的老家。

走到石丘，孟子遇到了宋牼。宋牼也是稷下学宫的先生，与孟子本是熟识的，因为他擅长用寓言来表达自己的思想，《汉书·艺文志》里以他为"小说家"的代表。

"先生您要去哪里啊？"孟子问他。

宋牼说："我听说秦、楚两国要动兵打仗，我去见楚王，请他停止战争。如果他不听，我就去见秦王。两人中总有一个我能说动。"

宋钘兼学儒墨道三家，并且努力调和这三家之思想。年轻时的荀况，也曾尊他为师，向他虚心求教。他试图以包容、寡欲和柔和之心来化解诸侯间的矛盾，奔走呼号，希望用自己的智慧来平息战乱，解救百姓。战国之时，这样肩负天下、心怀悲悯的智者贤者，比比皆是。

"请问先生打算怎么劝说他们呢？"孟子问宋钘。

宋钘说："我将言其不利也。"

孟子说："先生您的志向是大的，可是您这个说法却不行。"

孟子认为，若是言利，秦、楚罢兵也只是因为喜欢利。这样一来，人人喜欢利，人人为利而做事，最后一定会国破家亡。如果因为仁义而罢兵，那么人与人之间将会以仁爱相处，天下才能得到真正的太平。

在这里，孟子表达了一个重要思想。停止战争是仁义之事，可是为利而行仁义，为利或者其他任何目的，就是把仁义当成工具，就会走到仁义的反面。仁义应该是一种纯粹的理想。他已经预见到，后世必有人以仁义之名，行不仁之事。

孟子回家了。

从齐国、宋国到鲁国，从滕国、魏国再到齐国，在外奔波了二十年，现在，他终于回到了邹国老家。他知道，他的理想在这个现实世界已经完全破灭。这是个不能实现的理想。他要让老百姓丰衣足食，人有恒产。七十岁以上的长者可以"衣帛食肉"，头发花白的人能够不要挑着重担在外奔波。他要让治国的大臣们，对下要关心民众的疾苦，对上要指出君主的过错，并使之改正，如果做不到，就辞职。他要君主们以爱民为己任，与民同乐，倾听百姓的声音。"国人皆曰贤，然后察之；见贤焉，然后用之。""国人皆曰可杀，然后察之，见可杀焉，然后杀之。"他希望能换掉不尽职的君主，甚至可以诛杀残暴的独夫民贼。这是他的理想，也是他开给这乱世的药方。

诸侯们要的不是一味苦药，他们要的是血与火中拼得的强权。孟子叹息着说："由今之道，无变今之俗，虽与之天下，不能一朝居也。"采用残暴血腥的方法，即便占有了整个天下，他的统治也不长久。果然，秦始皇得到了天下，很快就又失去。孟子目光如炬。

孟子的理想，实则是为万民请命，是想从掌权者的手中，争得百姓的生存权和精神上的平等权，同时也是为万世开太平。这个理想被残酷的现实击得粉碎，可是孟子不甘心，他决心把他的济世良方写下来，藏于名山，传之后世。《史记》上说，孟轲"退与万章之徒序《诗》《书》，述仲尼之意，作《孟子》七篇"。

奔波了二十年，退而讲学二十年，孟子已经老了。他在《孟子》的最后一篇中说道，自孔子至今，一百多年了，离开圣人的年代是这样近，距离圣人的家乡也是这样近，已经没有亲见圣人之道的人了，日后恐怕耳闻圣人之道的人也没有了。他在担心仁道的传承。

公元前二八九年，八十四岁的孟子在邹国去世。

孟子说："天将降大任于斯人也，必先苦其心志，劳其筋骨，饿其体肤，空乏其身，行拂乱其所为，所以动心忍性，曾益其所不能……"对世人的悲悯，让他永不能放弃奋斗。他更希望后来的人们能够心怀理想，不绝望、不屈服。

"天将降大任于斯人也"，就这一句，只要轻轻读一声，就能让人重新拾取信心，重新燃烧起激情，重获新生。这是孟子至大至刚、充满仁爱的浩然之气，它如荒原上的野火，燃烧在每一个平凡之人、渺小之人、不甘沉沦之人的胸膛之中。

"生，亦我所欲也，义，亦我所欲也，二者不可得兼，舍生而取义者也。"这是两千三百多年前，一个中国知识分子的担当，也是所有愿意肩负起天下重任者的担当。

第六章 庄周

每年都有春天，每个春天都有蝴蝶，每只蝴蝶的飞舞，都是庄周的一次翩然而过。

"吓！"庄周对惠施说。

惠施是宋国人，在魏国做相国。因为他也是一位学富五车的名士，庄周打算到魏国来拜访他。两个人不熟，不过惠施对这个比自己小十几岁的庄周早有耳闻，知道他是一个极有学问的天才。有人跟他说，庄周这次来，恐怕是要与你争夺相位啊。惠施很担心，立即派人到城里城外四处搜索。

惠施的担心是有道理的。

马陵之战后，原本强大的魏国一蹶不振。齐、秦、赵三面围攻，魏国一败再败，惶惶不可终日。在这最为艰难的时刻，魏惠王聘请惠施为相国。惠施向魏王献上"变服折节而朝齐"的计策。公元前三三四年，魏惠王带着韩昭侯和几个小国的国君，脱下王服，降低身份，到徐州朝见齐国国君，谦恭地尊他为王。这个王,就是齐威王。这就是有名的"会徐州相王"。惠施声称魏、齐两国联合,一起来对付楚国。消息传到楚国,楚威王勃然大怒,亲自率兵进攻徐州。此时,齐国的军神孙膑已经被迫隐居,齐将申缚根本不是楚军的对手,一战之下,被打得溃不成军。魏国成功挑起了楚、齐两国的战争,算是给自己暂时赢得一个喘息之机。

魏惠王愚蠢地错过了商鞅和孙膑两位栋梁之材,并且在他们的打击之下,弄得国破家亡。现在他终于醒悟过来,知道了人才的重要。用了一个惠施,就让国家转危为安,如果见到才学更胜一筹的庄周,恐怕更要喜不自禁了。惠施当然不想让他见到庄周。要知道,相位之争,争的不只是权位,弄不好还有性命之忧。

惠施的人马搜捕了三天三夜,一直没发现庄周的踪迹。门外突然有人来报:"庄周求见。"

"南方有一种叫鹓鶵(yuān chú)的大鸟,您听说过吗?"庄周见面就问。

惠施不知道庄周的用意,没有接他的话。

庄周说:"鹓鶵从南海出发,飞往北海。一路之上,不是梧桐树它不肯停栖,不是竹实它不食用,不是甘美的泉水它不饮。有一只猫头鹰,得到了一只腐烂的老鼠,一抬头,正好看到鹓鶵飞过,大喊一声'吓',来威胁它。现在,你也想用你的相位来'吓'我吗?"

惠施被庄周说得面红耳赤,不过一颗心倒也放了下来。他请庄周入座,打算和他好好攀谈一番。庄周一拂袖,扬长而去。

庄周懊恼地返回宋国。有人听说他在魏国见到了大名士惠施,纷纷过来打探情况。"我本以为会见到一只凤凰,谁知道遇到的却是燕雀。"庄周笑道。

这位瞧不上一个大国相国的庄周是个什么样的人呢?

是个穷困潦倒的隐士。

庄周本是贵族出身,到他这一代,家道早已败落,不过还有条件读书。他博览群书,又才识超群,曾写了一篇《天下》,对老子、关尹、孔子、墨子、宋钘、尹文、惠施等人的学说一一评点,每一句,都直指要害。司马迁说"其学无所不窥"。

天才也要生活。据说庄周曾做过"漆园小吏"。战国之时,漆器已经很普遍,家具、容器、乐器甚至兵器都要用到漆。经营漆园是一件十分有利可图的事。除了老百姓们自己种植漆树外,各国政府也开垦了广阔的漆园。庄子就是宋国蒙地管理漆园的一个小吏。这个职务算不上什么官,是个做具体事务的执事,跟孔子当年所做的"委吏乘田"差不多。孔子说:"吾少也贱,故多能鄙事。"在常人眼中,庄子这个小吏所做的,是卑下的鄙事。即便这样一个小吏,对庄子而言,仍算是"误入红尘",他也不肯做了。不是嫌粗鄙、卑小,而是觉得不自由。他找了一个偏僻的陋巷，悄悄住下来，以编草鞋、钓鱼为生。这样的生活当然是清贫困苦，然而庄周觉得快活自在。

庄周家的附近有一个大泽，叫孟渚，他常常到那里钓鱼。这一天，庄周手气特别好，一连钓了好几条。忽然一阵喧闹，一百多乘人马簇拥着一个大人物，耀武扬威地从湖边上驰骋而过。庄周回头一看，车上端坐着的，正是惠施。《淮南子》上说："庄子见之，弃其余鱼。"对于惠施的这种排场，庄周鄙夷之至。他把篓子拎起来一看，今天钓到的鱼太多了，吃不掉。于是把多余的几条鱼重又投到水中。他鄙视对身外之物过多的迷恋和占有——像惠施那样。

孟渚这个地方离家近，可是离宋国的都城商丘也近。湖边上人来人往，不得清静。于是庄周一路往西，越跑越远，一直走到濮水边上。濮水原本是陈国的一条大河，陈国早被楚国灭了，成了楚国的一个县。庄周钓鱼钓到了楚国。

此时，楚国的国君是楚威王。楚国虽然刚刚小胜了齐国一仗，可是楚威王心中明白，他的大敌是秦国。他曾经对来访的纵横家苏秦说："秦是虎狼之国，不可亲近，韩、魏两国也不能信任。面对秦国的进攻，楚国没有胜算。可是朝廷之中又没有可用之臣。我每天卧不安席，食不甘味，心就像悬挂在空中的旗子，飘飘荡荡没有着落。"对于人才，他也是求之若渴，听说庄周在濮水钓鱼，立即派了两位大夫，携带千金，来聘请他做楚国的相国。

两位大夫果然在濮水边找到庄周。庄周正在专心致志地钓鱼,两人就在一旁守着。等了很久,庄周仍然举着渔竿一动不动。大夫终于忍不住,低声说道:"先生,我们大王知道您是贤能之人,希望能把国事委托给您。"

庄周的手稳稳握着钓竿,头也没回,缓缓说道:"我听说楚国有一只死了三千年的神龟啊。"

两位大夫点点头,说:"是。"

庄周说:"楚王把它的甲骨装在竹箱里,蒙上罩巾,珍藏在太庙明堂上。对于这只大龟,它是愿意死了之后留下甲骨而显得尊贵呢?还是宁愿活着,在污泥里拖着尾巴爬行呢?"

两位大夫赔着笑说:"当然是宁愿活着,在泥里拖着尾巴爬行了。"

"先生们请回吧,我也宁愿拖着尾巴在泥里爬行。"庄周的钓竿轻轻动了一动,水面上泛起细微的波纹,很快又恢复了平静。

庄周仍然是被打搅了,心里有一丝不快。这不快在见惠施时,曾经有过。那时他用鹓鶵做比喻,嘲弄惠施,只是想尽快摆脱他。鹓鶵是凤凰的一种,虽然高洁自爱,可还不是他心目中自己的形象。这只拖着尾巴在污泥里爬行的乌龟,当然也不是他的形象,他自认为的形象是鲲鹏。他在《逍遥游》中说:"北冥有鱼,其名为鲲。鲲之大,不知其几千里也。化而为鸟,其名为鹏。鹏之背,不知其几千里也,怒而飞,其翼若垂天之云。"这只由鲲转化而成的大鹏鸟，从北极的大海飞往南极的大洋，翅膀拍打水面，击起三千里的波涛，借着盘旋的大风一冲而上九万里的高空，飞上六个月才停下来。这是何等的自在，何等的逍遥，他怎么肯为一个小小的相国，把自己捆缚住呢？魏国的相国、楚国的相国，在他看来，真是比猫头鹰得到的死老鼠还不如。别说请他做相国，让他做尧舜，他也不愿意。尧又怎么样？他把天下让给许由，许由都不肯要。尧可算是明智的人了，他知道天子之位，实在是个大累赘。跟许由这样自由自在的隐士相比，他就如同一支爝（jué）火，小小的火把，在黑夜里只能照到眼前一小片的光亮。而许由呢，简直如同光明的太阳和月亮。自由才是大光明。

庄周看不上官爵，不只是觉得累赘，让他不得自由，而是他认为天下根本无须治理。他在《在宥（yòu）》中说，让天下人固守他们的本性就行了。夏、商、周三代以来的王侯将相，都在用赏罚的手段治国。可是尽天下之力用于奖赏，也不足以劝善；尽天下之力用于惩罚，也不足以止恶。遵从天道，让人们保持他们的天性就好了。他在《应帝王》中举例说，南海之帝为倏，北海之帝为忽，中央之帝为浑沌。倏与忽经常在浑沌的地方见面，浑沌待他们很好。两人想报答浑沌。人们都有七窍来看、听、吃喝、呼吸，可是浑沌没有。他们就帮他凿出七窍。一天凿一窍，到了第七天，浑沌死了。真是多此一举。这就是用人道来代替天道，用自以为是的手段来改变自然天性的后果。

可是一天到晚忙着治理国家的官员们，还自鸣得意。才智胜任一官之职，品德投合一国之君的人，他们的得意，就如同在草丛中跳跃的小雀啊。对于这样的人，宋钘瞧不上。就算天下之人都赞美自己，宋钘也不会更加努力；就算天下之人都批评自己，宋钘也不觉得沮丧。即使这样，也还有宋钘不能达到的境界。有位叫列御寇的人，他能御风而行，行走了十五天而后才回来。他从来不去汲汲追求所谓的幸福。不过，他虽然能够乘风而行，还是有所凭借的。如果能因循自然万物的本性，顺应阴阳风雨等六气的变化，这样遨游于无边无际的宇宙，他就不需要什么凭借了。所以，至人无己，神人无功，圣人无名。

忘掉自己、不建功业、无视名望，只有这般无欲无求，才能得大自由。没有了这些庸俗的欲望，自然就不用依赖什么，也就没有了羁绊。庄周要做的，就是这样逍遥于天地之间，有着绝对自由的神人。

做一个逍遥人当然快活自在，可生存却是一个问题。靠编鞋、钓鱼、做点零碎的短工，很难养活一家人。老子说："吾所以有大患者，为吾有身，及吾无身，吾有何患？"有身体就要过庸常的生活。现在，庄周的家里又断粮了，他只好硬着头皮向管理河道的监河侯去借粮。

监河侯听庄周说了来意，慷慨地说道："没问题，等我收到田赋,我就借给你三百金。"

庄周愤然作色,生气地说道:"我昨天来的路上,忽然听到有人喊我。我回头一看,在车辙的泥沟里有一条鲫鱼。我就问它:'鲫鱼啊,你在这里做什么?'鲫鱼说:'我是被波浪冲上来的东海水族的小臣,您能不能用一斗水救活我啊?'我说:'行。等我说服吴越两国的国君,请他们把西江水引来迎接你,可以吗?'鲫鱼说:'只要斗升之水就能救我,您却说这样的话,还不如早点到干鱼市场去找我。'"

庄周发了这通牢骚后,监河侯借粮给他了没有?不知道,庄周没有说。又一次,庄周去见魏惠王,大概也是去找他借粮。然而两人一见面就谈崩了。如果是借粮,恐怕又失败了。这次不愉快的见面记载在《山木》中。

庄周穿着打补丁的粗布衣裳,扎好腰带,系上鞋子去见魏惠王。鞋子必须要系好,因为已经磨得很破了。魏惠王一见他的样子,失声说道:"何先生之惫邪?"——先生您怎么困顿成这样啊?

庄周说:"我这不是困顿,我只是贫穷。衣裳破了,鞋子磨穿了,这是贫穷。什么是困顿呢?猿猴在高大树林之中,牵扯着树枝藤蔓,显得悠然自得,从容自在;可是到了荆棘丛生的灌木之中,就变得畏惧战栗。它处在不利的形势之中,本领施展不出来,心中惶恐,这才叫困顿。当今天下,君主昏庸,相国乱政，处于其中的人，才叫困顿。"

惫是什么？疲乏、困顿。猿猴如果在深山密林中，自由自在，想怎么样就怎么样，当然不会困顿。可是落到低矮又满是荆棘的树丛中就痛苦了。庄周宁可穷，而不愿惫。人如果生活在被束缚的困顿之中，那真是生不如死。这也是庄周不肯做人臣子的原因。

在马陵之战后，孟子曾经指责魏惠王说："不仁哉梁惠王也。"梁惠王就是魏惠王。孟子认为仁者把恩德从所爱之人身上推及到他所不爱的人，而不仁者是把祸害从不爱的人那里引向他所爱之人。为了掠夺土地，魏惠王驱使他所爱的子弟去送死，连太子都被杀死了。这就是把祸害从不爱的人那里引向他所爱的人。孟子说他不仁，而庄子更认为他这样活着会很痛苦，见面也就加以劝说。魏惠王自然是不肯听的。庄周多说无益，就算了。

在惠施眼中，庄周穷成这样，还大言炎炎，真是一个可怜人。于是对他进行了一番冷嘲热讽。

惠施对庄周说："魏王送我一粒大葫芦的种子。我把它种下去，等它长大了，结出的果实竟然能放下五石粮食。我打算用它来盛水，可是很不坚固，用不起来。我又把它剖开来做成瓢，它的底又平又浅，放不了什么东西。这个葫芦不是不大，可是什么用处也没有，我就把它砸碎了。"

庄周看了惠施一眼，说道："原来你不懂得怎么使用大东西啊。你有这么大的葫芦，为什么不把它做成船，拴在腰间，然后在江湖上漂浮而行呢？你竟然嫌它大而无用，可见你的心窍是被蓬草堵塞了。"

惠施又说："我有一棵大树，名叫樗（chū）。樗的树干上长着凹凸不平的大疙瘩，没法打墨线。它的小枝又都弯弯曲曲，不合木匠的规矩。长在路边上，木匠看都不看它一眼。你说的那些言论，都是大而无用的，所以大家才弃你而去。"

此时的惠施，身为魏国相国，正是志得意满、权势熏天之时。可是庄周在这耀眼的光芒背后，却看到了潜伏的危机。

庄周说："你有没有看到那野猫与黄鼠狼？它们把身子伏得低低的，专心捕捉来来往往的小动物，东西跳跃，不避高低，一不小心踩中了机关，死在罗网之中。"

说到这里，庄周停了一下。惠施琢磨着他的话，一言不发。

庄周说："你为什么不把这棵大树栽到什么也没有的乌有之乡的无边旷野里呢？你可以无所事事地在它的旁边徘徊，也可以逍遥自在地睡卧在大树之下。在那里，没有斧头的砍伐使它夭折，也没有任何物体能将它伤害。它无所可用，又怎么会有什么困苦呢？"

惠施认为天下万物都要有用，而庄周认为有用就意味着危险、不自由。想做有用的人，就会被奴役，甚至被杀害。所以要拒绝"有用"，也就是拒绝被人使用和利用。只有这样，才能保持自我。人生天地中，自由最重要，自由才是无用之大用。躺在巨大广阔的樗树之下，听任旷野里的凉风从身上吹过，天地人浑然一体，这是何等快活逍遥。可是惠施这样的人不想要，他们要的是权势和富贵。

惠施不知道，像野猫与黄鼠狼那样的命运，已经在前面等着他。

公元前三二二年，秦国攻取了魏国的曲沃、平周。而上一年，楚国在襄陵把魏国打得大败，夺走了八个邑。如此一来，魏惠王对惠施就有了怨言。因为照惠施的合纵之策，魏联合齐、楚两国，一同对抗秦国，以保证魏国的安全。而现在秦国进攻，楚国也进攻，魏国毫无还手之力。惠施的这套办法显然行不通。就在此时，张仪从秦国来到了魏国。

张仪是秦国的相国，也是赫赫有名的纵横家。他一见魏惠王，就提出魏国与秦、韩两国连横，一同进攻齐国与楚国的方略。魏惠王召集大臣们商讨。几乎所有的人都赞同张仪。惠施无力地争辩了几句，魏惠王理也不理。被宠信了三十多年的相国，被当场罢免，魏王任命张仪为相国。

惠施毕竟算是聪明人。他知道，危险已经迫在眉睫。回到家，他赶紧更换衣帽，乔装打扮成普通百姓，连夜逃出大梁城。刚走，后面就来了追兵。新相国张仪为了断绝后顾之忧，要置他于死地。幸亏惠施逃得快，一口气逃到了楚国。

楚王先是热情接待，不久又把他送走了。此时楚威王已死，继位的是他的儿子楚怀王。有个名叫冯郝的楚国人对楚怀王说："惠施是张仪的对头，您如果接纳他，就是跟张仪作对，这对国家没好处，不如把他送到宋国。惠施是受排挤的落魄之人，您帮助他回宋国，他会感激您。您再派人跟张仪说，因为他，才把惠施送走的。这样张仪也会感激您。"

楚怀王一听，有理。于是把惠施送到宋国。楚怀王是个糊涂之人，他讨好的那个张仪，将是他命运的转折点，也是楚国由盛转衰的关键人物。他根本不知道，张仪对楚国怀着怎样的仇恨。

惠施只好悽悽惶惶来到宋国。

此时，宋国的公子偃早从哥哥剔成手里抢得了国君之位，也称了王，为了赢得人心，进行了一些改革，说要实现仁政。行仁政的说法，把孟轲从齐国引了过来。可是孟轲一来之后，发现是一句空话，又走了。他先回了邹国，又去了鲁国，一心要推行他的仁政，没想到受到鲁平公的冷遇，见也没见他。在惠施仓皇逃命之时，孟子也气愤地离开了鲁国，继续奔波。大闲人庄周呢，这时候正优哉游哉地在家里编草鞋。

庄周对孟子所谓的仁政，是大不以为然的。宋国的太宰荡曾向庄周请教"仁"。太宰是辅佐国君治理国事的重臣，庄周耐着性子向他做了一番解释。庄周说，虎狼也有仁心。所谓仁德，实际是对人的奴役，并不值得称道。能够舍弃国家给予的官爵，才最为显贵。能够舍弃一国的财富，才最富有。能舍弃名誉，愿望才算圆满。仁义只是骗人的鬼话。庄周在《胠箧(qū qiè)》中说，齐以圣人之法，把国家治理得富庶繁华，可是田氏把齐国国君杀了，盗走了他的国家，对此"小国不敢非，大国不敢诛"，谁也不能拿他怎么样。所以说"窃钩者诛，窃国者为诸侯"。而盗国的诸侯还继续讲仁义，这不是把仁义一起盗窃了吗？不只是盗走了，还成了他们欺骗和束缚别人的工具。"圣人不死，大盗不止。"这个仁义，索性还是不要的好。

不仅仅对推崇仁义的儒家，对墨家、名家以及稷下学宫的诸子，庄周都进行了无情的嘲弄。嘲弄的目的，是为了打破人们精神上的枷锁。相对于身体的不自由，精神的不自由更可怕。当然，庄周的这种思想，太宰是不能接受的，宋王也不能接受。若是听了庄周，天下不就大乱了？谁不想用仁义道德或者诸如此类的种种学说，来伪饰自己，控制他人呢？

庄周微微一笑，好吧，苦果你们自己尝去吧。他已经知道宋国将面临怎样的危机。这个预感，记录在《列御寇》中。

有人得到了国君赏赐的十辆车子，得意扬扬地跑来向庄周炫耀。庄周说："你就像从睡着的黑龙那里偷盗了一粒珍珠啊。现在宋国的危机，比九重深渊还要重。而宋王的凶猛，就像那深渊里的骊龙。等骊龙一样的宋王睡醒了，恐怕你就要粉身碎骨了。"

不只是这个人要粉身碎骨，宋国也将在这条"骊龙"的折腾下走向灭亡了。《史记》上说，宋王偃"东败齐，取五城；南败楚，取地三百里；西败魏军，乃与齐、魏为敌国"。他想得到天下，没想到最后连自己的国家也丢掉了。贪婪和暴虐，让他成了宋国最后一任君主。

庄周有悲悯之心，更多的是超脱之心。他管不了，也不想管宋国的事。他扛了钓竿，拎了渔篓，又去钓鱼了。这一次，不往西边的濮水了，改往东南，来到了濠水之边。

惠施回到宋国，一下子从人生的顶峰，跌落到谷底。此时，他已经是年过六十的老人了。他收起了治国平天下的雄心，开始专注于学问。恰恰是他所抱怨的命运的转折，让他名列诸子，成了名家的代表。名家又叫"辩者"，辩要有对手，最好的对手当然是庄周。

惠施在濠水边找到了庄周。庄周对于落魄的惠施是乐于接待的。两人边走边聊，走到一座桥上。庄周停下脚步，望着桥下悠然自得的游鱼入神了。

"鲦(tiáo)鱼出游从容，是鱼之乐也。"

惠施问道："子非鱼，安知鱼之乐？"

庄周笑着说："子非我，安知我不知鱼之乐？"

惠施说："我不是你，本来就不知道你之所想。你不是鱼，所以你也不会知道鱼的快乐啊。"

庄周说:"让我们从争论的起点说吧。你问我怎么知道鱼的快乐,你是已经知道我知道鱼之乐才问我的。我是在濠水桥上知道鱼之乐的!"

从逻辑上来说,庄周辩输了。惠施是雄辩家,充满着理性的思考。他不会把自己的快乐转移到鱼儿身上,他也感觉不到鱼儿的快乐,当然,他也就看不透人生的祸福生死。而庄周呢,他以自己对万物的理解作为万物的状况,他把自己的快乐投射到了游鱼的身上。他从鱼的从容,想到人的从容;从鱼的快乐,想到自由的美好。此时,他就是鱼,鱼就是他。这是从心里自然流淌出来的情感与快乐。可是惠施不懂,或者就是故意与他为难。所以庄周说这个没情趣的人,"能胜人之口,不能服人之心"。

事实上,惠施学识渊博、思维敏捷,辩论起来口若悬河。他代表的是一板一眼的现实世界,这正是可以照见庄周浪漫不羁的一面镜子。两人相伴出游,随时随地斗嘴争锋,也是乐在其中。于是惠施在庄周的文章中不断出现。从《逍遥游》《齐物论》《德充符》到《至乐》《秋水》《徐无鬼》《寓言》《天下》等等,如果没有他,庄周还真不知道如何下笔呢。

诸侯国之间的战争绵延不断,庄周置身事外。时光慢慢流逝着,庄周的生活一如既往地清贫。他收了几个学生,空闲时教他们一些学问，有时也跟他们谈谈自己正在写的文章；偶尔会去探访惠施；惠施也常常过来看他。惠施已经很老了，庄周也老了。

这一天，庄周的妻子死了。

惠施闻信，赶过来吊丧。一进门，看到庄周盘腿坐在地上，正"鼓盆而歌"。

惠施生气地说："她和你生活了这么多年，孩子长大了，她也老了，现在死了，你不哭也就罢了，怎么还敲着瓦盆唱呢？你这样也太过分了吧！"

庄周说："不是这样啊。她刚死的时候，我难道不悲痛吗？可是推究到最初，她本来就没有生命。不只是没有生命，而且没有形体。不只是没有形体，而且没有气。在恍兮惚兮、亦真亦幻之中，从无到有，变化而有气，气变而有形，形变而后有了生命，现在又由生变成了死，这就像春、夏、秋、冬四时运转一样，只是自然的变化而已。现在有人安详熟睡在天地之间，我却在一旁嗷（jiào）嗷大哭，这样做是不通达于天命啊。所以我就停止了。"

在这里，庄周谈到了他的生死观。"人生天地之间，若白驹之过隙，忽然而已。"有什么可悲哀的呢？更何况，人就是一股气而已。他在《知北游》中说："人之生，气之聚也；聚则为生，散则为死。""臭腐复化为神奇，神奇复化为臭腐，故曰通天下一气耳。"人是气的聚合，气散了人就死亡。贯通天下万物的，就是一种气。

那么，是谁在吹动这个气呢？也就是说，到底是谁创造了天地万物？

是道。道的观念，是庄周从老子那里拿来的。老子说："有物混成，先天地生。寂兮寥兮，独立而不改，周行而不殆，可以为天地母。吾不知其名，字之曰道。"道是一切开始的开始，然后"道生一，一生二，二生三，三生万物"。那么，这个创造了宇宙世界的道又是什么呢？庄周说："道不可闻，闻而非也；道不可见，见而非也；道不可言，言而非也。"真不可知吗？庄周在《齐物论》里终于说出了真相："天地与我并生，而万物与我为一。"道就是我，我就是道。道与我合而为一，这就是所谓的天人合一。到了这里，才知道，庄周终于得到了完全的自由。因为没有造物主，自己就是自己的造物主。如此一来，也就没有任何人、任何神有权力来奴役自己了。人天生就是自由的。

那么人为什么不自由呢？因为有欲望、有爱、有牵挂、有把控这个世界的幻想。可是世界如此之大，又是如此之小，人根本就不可能了解，更不可能把控。人只有知道"不可知"，才会放手。庄周写了一篇恣肆汪洋、气势宏大的《秋水》，来讲这个"不可知"。

"秋水时至，百川灌河，泾流之大，两涘（sì）渚崖之间，不辩牛马。"秋天的大水按时而至,百川之水直奔黄河,河水暴涨。黄河之神河伯以为这样的情景应该是天下最为壮美的了,不禁"欣然而喜"。可是等他沿着黄河一路向东,走到一望无际的大海边时,才发现自己何等渺小。大海之神对河伯说,不可以对井底之蛙谈论大海,不可以同夏天的小虫谈论冬天的冰。空间没有穷尽,时间没有始终,万物变化无常,一切皆不可知。只有做到顺时安命,天人合一,才能悟透其中的大道。只有知道了自己的无知,才能达到由内而外的自由。对于这样的道理,惠施始终不明白。他穷尽心思,滔滔不绝地对万物进行解析,"是穷响以声,形与影竞走也",他这是用声音来追逐回响,以形体与影子竞走。庄周说,惠施,你真可悲啊。

公元前三一九年,魏惠王死了,魏襄王继位。惠施急急忙忙赶往魏国,期望还能有所作为。此时的张仪已经被冷落,魏国用田需为相。惠施到了魏国之后,遇到天降大雪,积雪厚重,道路不通,可是魏襄王执意要如期安葬魏惠王,谁劝都没有用。大家最后请惠施出面。惠施三言两语,说动了魏襄王,终于答应改期,免除了一个劳民伤财的大工程。此时,孟子正在魏国。孟子不喜欢魏襄王,说他一看就不像做君主的样子。惠施与孟轲都是当时有名的学者,同在大梁城,彼此应该打过交道,只是没有确切的记载。

惠施除了给过田需一些政治上的忠告,为魏襄王出使了楚国、赵国两趟外，再没有什么作为。公元前三一〇年，奔波不息、辩论不止的惠施死了。惠施的死，极大地影响了庄周。《淮南子》上说，钟子期死了，伯牙绝弦破琴。惠施死了，庄周就此停止了谈说。可悲的惠施，却是庄周最好的知音。

庄周给人送葬，路过惠施的墓地。他对身旁的人说："楚国郢都有个人，在自己的鼻尖上涂了一点白灰，薄得像苍蝇翅膀那样。他让石匠把白灰砍掉。石匠运斤如风，白灰被斧头削尽，鼻子一丝一毫都没有受到伤害。宋元君听到这件事，召来石匠，让他试着砍一次。石匠说：'我以前是砍过。可是，我的搭档已经死了很久了。'唉，自从惠施先生去世之后，我就没了辩论的对手。我再也没人可以交谈了。"

"死生，命也。"庄周在《大宗师》中说道，"泉涸，鱼相与处于陆，相呴（xǔ）以湿，相濡以沫，不如相忘于江湖。"

还是忘了吧。不管是妻子，还是好友。

死生都是命定的，就如同黑夜与白天的轮替变化，这是自然的规律。鱼困在陆地上，相互用嘴吹气，吐着唾沫相互沾湿，倒不如游荡在江湖之中，彼此相忘。大自然给我们形体，用生使我们操劳，用老给我们清闲，用死让我们安息，所以我们要称善生命，同样也要称善死亡。死才是大自由啊，就像困守在陆地上的鱼儿，终于回到了无边浩渺的江湖之中。

庄周过着孤独岁月的时候，既没有人相濡以沫，也没有知音可以对谈。那就忘了吧。

与庄周内心的平静形成反差的，是战国风云的剧烈震荡。

燕国国王唸学古人禅让，把国君之位让给相国子之，结果使得燕国大乱。齐国趁机发兵攻打，差点灭了燕国。继位的燕昭王，正默默地等待机会，要给齐国致命一击。齐国的目光正盯着自大得几乎发狂的宋国。短短数年中，宋王偃灭了滕国，败了齐国，夺了楚国的淮北之地，狂妄暴虐，丝毫不知道灭国之祸就在眼前。在北方，赵武灵王实行"胡服骑射"，一战收编了林胡和楼烦的军队，再战灭了强大的中山国，已经悄悄崛起成与齐、秦并列的军事强国。而南方的楚怀王，受到张仪和秦王的欺骗，先是丧师失地，接着又糊里糊涂地在盟会中被秦国扣押，最后惨死在咸阳。孟尝君组成齐、魏、韩三国联军，一直打进秦国的函谷关，竟然逼得残暴无信的秦国割地求和。而一时隐忍的秦国，将掀起更为猛烈的血雨腥风。

这一切，庄周都熟视无睹。现在，他要抛下这个乱糟糟的世界飘然而去了。他已经重病在床。学生们聚在他的床前，来跟他做最后的告别。他们低声商量着，如何给老师办一个体面的葬礼。

庄周听到他们的谈话，回过头说："我把天地当作棺椁，把太阳和月亮当作连璧，把星星当作珍珠，把万物当陪葬品。我的葬品还有什么不齐备的呢？还有什么比这样更好呢？"

弟子们说：“我们害怕乌鸦和老鹰吃掉您啊。”

庄周的脸上露出笑容：“天葬让乌鸦和老鹰吃，土葬让蝼蛄和蚂蚁吃。从乌鸦、老鹰那里夺过来给蝼蛄、蚂蚁，为什么这样偏心呢？”

公元前二八六年，八十三岁的庄周离开了人世。就在他去世的这一年，齐国灭了宋国。这已经跟他无关了，他乘云气，御飞龙，走了，到四海之外遨游去了。

不过庄周可能不认为自己是死了，他只是物化了。

"昔者庄周梦为蝴蝶，栩栩然蝴蝶也，自喻适志与，不知周也。俄然觉，则蘧（qú）蘧然周也。不知周之梦为蝴蝶与，蝴蝶之梦为周与？周与蝴蝶，则必有分矣。此之谓物化。"

庄周变成了蝴蝶，栩栩然飞来飞去，很快活。他不知道这是做梦，以为自己就是蝴蝶，忽然一惊，梦醒了，又变成了庄周。那么，到底是庄周在梦里变成了蝴蝶呢？还是蝴蝶在梦里变成了庄周？庄周与蝴蝶当然有区别，可是在一瞬间，这种区别消失了，万物与我融为一体，天人合一了，这叫"物化"。

不要去问庄周是蝴蝶，还是蝴蝶是庄周。不要问生死，也不要问是醒还是梦。世间万物，都是由道所化。我中有你，你中有我。我就是你，你就是我。不只如此，你要忘了你，我要忘了我。要"坐忘"，忘了四肢的感觉，忘了听觉和视觉，忘了心灵和智慧，置生死于度外，置功利于身外，置天下于心外，只有这样,才能自由行走在时间与空间的永恒之中,不生不灭。

每年都有春天,每个春天都有蝴蝶,每只蝴蝶的飞舞,都是庄周的一次翩然而过。

"方生方死,方死方生。"庄周说。

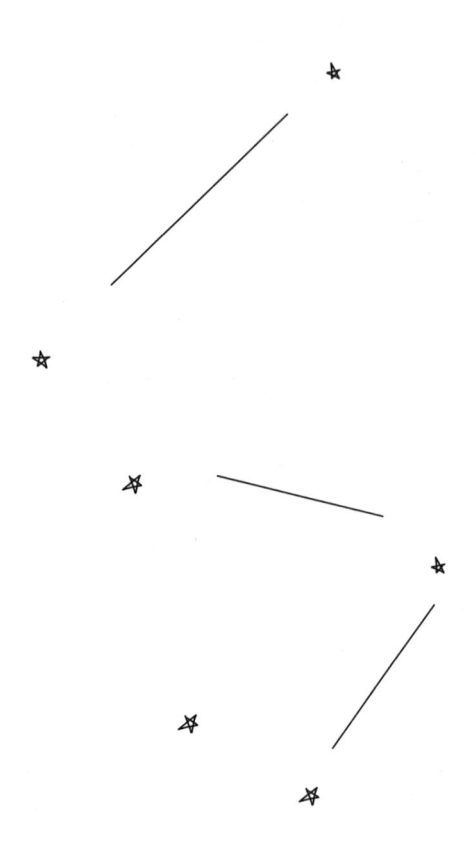

第七章 屈原

他让每个中国人都有了一颗诗心，哪怕只有一天，人们将抛开俗世，在无尽的时空中，吟一句只属于自己的诗。

屈原在绘一幅画。

屈原绘的是自己，一个真实加上想象的自己。

这幅画叫《离骚》。一个忧愁幽思的诗人，披着用江离织成的长衣，独自行走在江边上。他戴着高高的帽子，穿着荷叶与莲花做成的衣裳，系着白芷和兰草编成的飘带，"朝饮木兰之坠露兮，夕餐秋菊之落英"。这个忧郁悲伤、不食人间烟火的诗人形象，几乎包含了人们对诗人的所有想象。因为这篇《离骚》，后人索性就把诗人叫作"骚客"。

离是离别。骚是心神扰动，忧愁而彷徨。

这位忧愁的诗人，不仅行走在大地上，还能飞行于九天之外。他乘坐的是一辆由玉龙牵引的飞车。车上的华盖，是从西方神树建木上折来的树枝，枝叶茂密，绿意葱葱。长相威猛的雷神，靠近车厢，向他报告着四周的情形。五彩的鸾凰，在车子旁边飞来飞去，随时等候他的吩咐。在前面引路的，是一位姿态优雅的神人。他是月神的御者，名叫望舒。在车后守卫的，是性格暴躁的风神飞廉。手握缰绳驾驭玉龙的，更是一位了不起的大神。她是太阳的母亲，名叫羲和。她常常驾着飞车把太阳从东方的咸池送到西方的悲泉。此刻，她正把诗人的车子驱使得快如闪电。诗人从葱绿的树枝下探出身来，让她尽量保持从容的节奏，"路漫漫其修远兮，吾将上下而求索"。

诗人总是心情沉重，不论是独行在无人的江畔，还是飞行于夐（xiòng）绝的九天。他有着太多的责任和太多的梦想。

他出生在寅年寅月寅日，父亲认为这是一个吉兆，特意占卦为他起了一个好名："名余曰正则兮，字余曰灵均。"正是公平，则是法则。正则，就是"平"。灵是有着神性的美好，均是原野被开垦得整齐平坦，灵均就是"原"。平和原，正是屈原的名和字。最公平的法则是天，最宽广的原野是大地。屈原的名字中，又包含了天地的意思，的确是"嘉名"，公正、美好而宏大。

这是父亲对他的期望，也造就了他悲悯的胸怀："长太息以掩涕兮，哀民生之多艰。"他希望变法改革，在楚国实行公正廉明、利民强国的美政，给百姓带来安宁与幸福。只要能实行这个美政，"虽九死其犹未悔"。

照史学家刘师培等人的推算，屈原出生的日期是公元前三四三年正月二十一。屈原出身王族，年轻时就得到楚王的重用。《史记》上说他"博闻强志，明于治乱，娴于辞令。入则与王图议国事，以出号令；出则接遇宾客，应对诸侯。王甚任之"。他担任的官职是左徒。左徒是令尹之下的高官，受到国王的特别信任，有时甚至会担任太子的老师。屈原此时最重要的工作，是为楚王制定法令，进行变革。

楚国已经到了非变革不可的时候了。

早在公元前三八三年，吴起就曾在楚国进行变法。可惜变法才两年，楚悼王去世，不愿意削减特权的贵族们群起而攻之，在楚王的灵堂上，放箭如雨，射死了吴起。六十年过去，楚国更加老态龙钟，腐朽不堪。名将田忌、孙膑从齐国来到楚国，楚王把他们远封到江南，弃而不用。名家大师惠施从魏国前来投奔，楚王又是不用，把他送到宋国。纵横家苏秦来到楚国，等了三天才见到楚王。苏秦感叹地说道："谒者难得见如鬼，王难得见如天帝。"别说见楚王，见楚王身边通报的近侍，也难如见鬼。天下诸侯都在礼贤下士，争夺人才，楚国却是拒人于千里之外。君主亲近小人，疏离贤臣。官员穷奢极欲，奢侈荒淫。平民百姓却是食不果腹，在死亡线上苦苦挣扎。楚国外表光鲜强大，内在已经虚弱不堪。

心忧如焚的屈原，试图变法强国。变法必然要损害既得利益者的特权，他们当然不答应，对屈原既恐惧又仇恨。"众骇遽以离心兮,又何以为此伴也?"屈原叹息说,众人惊骇你的作为与你离心,你又能怎样对待这些跋扈之人?

其中一个跋扈之人,史书上没留下名字,只说是上官大夫。有一天,他突然跑来见屈原,向他索要正在起草的一项新法的内容。这是国家机密,屈原当然不给。上官大夫向楚王报告说:"大王您让屈原制定政令,这是大家都知道的。可是每次政令一出,屈原就夸耀自己的功劳。说如果不是他,什么也做不成。"这样的挑拨阴险而毒辣,昏庸的楚王果然大怒,当即罢黜了屈原,不许他再过问政事。楚王不可以依托,离开楚国又心有不舍,痛苦纠结之中,屈原挥笔写下《惜诵》。他说"背膺牉(pàn)以交痛兮,心郁结而纡轸"。膺是胸,牉是分开,纡是缠绕,轸是痛苦。背和胸如剖开一般疼痛,郁结的心被痛苦紧紧地缠绕。

屈原刚刚三十岁,雄心就化成了泡影。他痛苦地离开楚国政坛的这一年,是公元前三一三年,楚怀王十六年。就在此时,一个叫张仪的人,从千里之外匆匆而来,踏上了楚宫的台阶。没人会想到,他们两人擦肩而过的这一刻,竟是楚国命运的转折点。

事实上,多年之前张仪就曾来过郢都,那时候他落魄而潦倒。

张仪是魏国人,年轻时想在楚国谋一条出路,经常进出相国府邸,参加官场上的吃喝应酬。有一次,喝酒到高兴处,相国拿出一块玉璧让大家观赏。谁知道传来传去,传丢了。有人说,张仪这个人，人穷品行又不好，肯定是他偷的。相国让人把张仪按在地上，用竹板抽了几百下，打得鲜血淋漓。可是张仪坚决不承认。因为没有实在的证据，只好把他放了。

《史记》上说："楚相亡璧，门下意张仪。"楚相亡失的这块玉璧，据说就是和氏璧。

卞和在荆山得到一块璞玉，把它献给楚厉王。玉工一看，说是一块石头。楚厉王大怒，认为卞和有意欺骗他，让人砍了他的左脚。楚厉王死了，楚武王即位，卞和又把这块玉献给武王。武王让玉工察看，玉工仍然说是一块石头。武王又砍了卞和的右脚。武王死，楚文王即位。卞和抱着璞玉在荆山下哭了三天三夜。泪干了，眼睛里流出血来。文王很诧异，就派人过来询问。卞和说："吾非悲刖也，悲夫宝玉而题之以石，贞士而名之以诳，此吾之所以悲也。"我不是因为受了砍足之刑而悲伤，我悲伤的是宝玉被当成顽石，忠贞之人却被当成说谎的骗子啊。楚文王让人把这块璞玉剖开来一看，果然是稀世之玉，于是把这块玉命名为"和氏璧"。和氏璧代代相传，到了楚威王时，因为相国立了大功，楚王就把这块宝玉赏赐给了他。没想到，拿出来现宝，竟然弄丢了。

重要的不是一块玉璧的丢失，而是这件事，不仅让楚国失去了一个顶尖人才，并且播下了一粒仇恨的种子。这仇恨的种子，很快将长成有毒刺的大树。

张仪经过一番辗转来到秦国，到秦国的这一年，是公元前三二九年。此时，秦国的国君是秦惠文君。十年之前，刚即位的他，车裂了商鞅。不过对张仪，他倒是信任无比。这信任，一如当年秦孝公之于商鞅。张仪做了秦国的相国，就开始张罗秦惠文君称王的盛大仪式。此时，魏国称王、齐国称王，楚国更是早已称王。秦国称王之后，大小诸侯也纷纷称王。争夺天下的战争越来越频繁，越来越血腥。

张仪给楚国的相国写了一封信："始吾从若饮，我不盗而璧，若笞我。若善守汝国，我顾且盗尔城！"你冤枉我盗璧，现在你守好你的国家，看我怎么盗你的城吧。

张仪再次来到楚国。十多年过去，此时的张仪，不再是落魄潦倒的无名小卒，而是一位声名显赫的大人物。他先后在秦国和魏国担任相国，翻手为云，覆手为雨，"一怒而诸侯惧"。这一次，他来楚国做什么？他不只是要偷一两座城池，他要毁灭楚国。

此时，楚国与齐国结盟，正对秦国展开咄咄逼人的攻势。在齐国的帮助下，楚国已经攻下了秦国的曲沃，正准备进攻商於。曲沃与商於，是秦国伸向中原的两把尖刀。失去这两把尖刀，秦国将成为困兽。在此危急关头，秦国派张仪出使楚国，目的是拆散齐、楚联盟，各个击破。

张仪的手段很简单，就是投其所好。你不是要商於吗？我送给你。他对楚怀王说:"您如果断绝与齐国的关系,我就把商於六百里土地献上,秦、楚联姻,共同对付齐国。"楚怀王一听兵不血刃就能得到商於,很高兴。他不听大臣陈轸的反对,愉快地答应了张仪。楚国一边关闭与齐国交界的边城,一边派使者随张仪去秦国接受土地。

张仪回到秦国,佯装醉酒坠车,说是受伤了,一连三个月不见客。楚怀王听到汇报,拍着脑袋一想,这是张仪觉得楚国与齐国的关系断得不够决绝啊,好吧,我让你看看什么是决绝。因为楚、齐边境已经关闭,楚怀王派了一个勇士,从宋国绕道来到齐国的都城临淄。去做什么?恶毒地咒骂齐王。楚怀王的愚蠢终于得到回报,齐国与楚国断了关系,随后与秦国结交。张仪打听消息确凿,这才出门见楚国的使者,一见面,佯作惊讶地问道:"咦!你怎么不去接收送给你们的六里地啊?"使者大惊,问他:"不是说好六百里地的吗?"张仪说:"我说的是我自己方圆六里的封地,哪有什么六百里?"

楚国使者垂头丧气地回报楚怀王。楚怀王受了这样的愚弄,气得浑身发抖,立即召集大军,不顾一切地向秦国发起进攻。

这一次,谋士陈轸又当面劝说,让他不要出兵。楚怀王哪里肯听,他已经愤怒得不能自已了。而被贬的屈原,此时连进谏的资格都没有。即便有机会反对,楚王也不会听。

盛怒之下的楚怀王不知道,这是一场事关国运的大战。这场战争是张仪故意挑起的，是秦国蓄谋已久的一个大阴谋。当楚军出动之时，秦国在张仪的谋划下，已经调集了全部兵力，给楚军布下了一个巨大的口袋。

秦军兵分三路。中路由张仪的得力助手魏章统率，从蓝田出发，迎战楚军主力。东路由名将樗里疾统率，从函谷关出发，直奔商於，与中路军夹攻楚军。西路由甘茂统率，从南郑出发，突袭楚国的汉中。他们不只是要打败楚军，还要抢夺一块垂涎已久的肥肉。

秦、楚两军在丹阳相遇，楚军大败。楚军主帅屈匄（gài）、副帅逢侯丑等七十余将被俘，甲士八万人被杀。魏章乘胜挥军向西，与甘茂夹击汉中。汉中很快陷落。楚国不仅没得到六百里的商於之地，还失去了六百里的汉中之地。

汉中，是秦国窥视已久的一块宝地。夺取汉中之后，秦国的关中与巴、蜀连成了一片，完全解除了楚国从南方进攻的威胁。秦国从此进可攻，退可守，取得了虎视中原的战略优势。这一仗，也是楚国衰落、秦国崛起的分水岭。

听到全军覆没的噩耗，楚怀王又惊又怒。他下令召集更庞大的部队，再次向秦国进攻。这一次，秦国采取诱敌深入的策略，一直等楚军攻到蓝田，才开始反击。楚军补给被切断，加上秦国的盟友韩、魏两国从背后进攻，再次大败而回。楚军一退，秦军挥师东进，轻轻松松又攻取了楚国的召陵。这里正是当年齐桓公与屈完举行"召陵之盟"的地方,是楚国的一个重要门户。

短短两年,楚国就从最初的颇占上风,完全失去了对秦国的优势。秦国忽然提出,愿意以汉中郡的一半,交换楚国的黔中郡。这是秦人的诡计,汉中易攻难守,而黔中易守难攻。意气用事的楚怀王回话说:"我可以不要土地。如果你们把张仪给我,我就把黔中郡给你们。"他对张仪恨之入骨。

张仪闻讯,淡淡一笑,向秦王请命说:"我去。"

公元前三一一年,张仪再次来到楚国郢都。

张仪一到,楚怀王立即把他关押起来。

张仪成竹在胸,他早已用重金贿赂了楚怀王的近臣靳尚,并且告诉了他详细的行动方案。

靳尚找到楚王的宠姬郑袖,神情紧张地对她说:"大王要看轻夫人了。"

郑袖大惊失色。靳尚说:"秦王为了要救张仪,准备把一位绝色的美女献给大王,还要送大片的土地与许多宝物。如此一来,大王必定会以秦女为贵,以你为贱了。"

失宠是宫中女人最害怕的灾难。郑袖于是日夜纠缠着楚怀王,哭闹不休,要他放了张仪,说:"如果不放张仪,秦国一定会派兵攻打,楚国就完了。要么你现在就把我送到江南去吧,免得成为秦人刀下的鱼肉。"楚怀王哪里舍得!在她的哄劝之下,果然释放了给楚国带来深重灾祸的张仪。

张仪掸掸衣裳，上殿见楚王。这个结果，早在他的预料当中。现在，他要进行他计划中的第二步了。

楚怀王不仅不再拿他当仇敌，反而隆重款待。张仪说："您与其他诸侯联合起来对付秦国，这是驱着羊群与虎格斗，怎么可能取胜呢？我建议您还是与老虎为伴，对付羊群。如果不答应，秦军一路兵马顺江而下，另一路出武关，不要三个月，就能攻灭楚国。"

张仪是天下有名的纵横家，他洞悉人性，有着可怕的蛊惑力。在他面前，楚怀王完全失去了主见，于是从宫中取出"鸡骇之犀"和"夜光之璧"两件国宝，让使者送给秦王，诚心诚意以求两家和亲交好。而所谓和亲，正是张仪冒死来到楚国的目的。

张仪再次如愿以偿，在随从们的簇拥之下，浩浩荡荡离开郢都。

自从被楚怀王疏远之后，屈原一直赋闲在家，一个接一个的坏消息，让他满腔悲愤，又无可奈何。在这苦痛之中，他写下了《离骚》。不久，他重又受到楚王的召见。并不是因为他的这首千古绝唱打动了楚王，而是迫于情势，楚王有任务交代给他。在受到张仪欺骗之后，楚国一败再败，军兵死伤无数，大片土地被占。到了这时候，楚怀王又想与齐国联合，来一同对付可恶的秦国。派谁去呢？他想到了屈原。屈原一直主张联齐抗秦，齐王信任他。

屈原临危受命。然而就在他出使齐国，试图救楚国于水火之时，张仪又来了，而且再次骗到了楚怀王。

屈原从齐国出使回来时，张仪刚刚离开。

屈原赶紧求见楚怀王。如果上了张仪的当，再次失信于齐国，楚国的灾祸就在眼前了。屈原说："张仪欺骗了大王，我本以为大王您会把他烹杀。即使您不忍心杀他，也不应该听信他的邪说啊。"屈原力谏楚王，认为与秦国和亲，背约齐国，是自寻死路，应该追杀张仪，巩固楚、齐联盟。

楚怀王说什么？他说已经答应张仪了，放了张仪换回黔中，这是"美利"，不能反悔。

是啊，秦国把张仪送来楚国，照约定，楚国就要把黔中割给秦国。这是你楚怀王答应的。现在把张仪放了回去，黔中算是保住了。可是这场可笑的闹剧是谁造成的呢？楚怀王当然不肯承认自己的愚蠢。所以无论屈原如何慷慨陈词，他都毫不理会。楚王摆摆手，让屈原出去。屈原激烈的态度，激怒了他，他把屈原赶走了，远远赶出都城，让他到汉北去。

屈原痛心的不是放走张仪，而是楚国又改变了联齐抗秦的策略。这才是最危险的。可是楚王再也不想听他说一句话。他只得拖家带口，远赴汉水之北的丹阳。一年多前，八万多楚军战死在这里，这已是离都城九百多里的北方边境。

钱穆先生考证说，屈原到汉北，是担任"三闾（lú）大夫"

之职。三闾，又叫三户，既指屈、景、昭三家王族，又是地名，地方就在丹阳。

三闾大夫主要负责王族青年的培养与教育。汉北的丹阳，就是今天河南的南阳，是楚国的发祥之地，建有楚国先王的宗庙。从商朝末年到齐桓公称霸之前四百多年时间，楚国都是以此为都城。直到楚文王时，才把都城迁到了郢。后来郢都被伍子胥率吴兵攻破，楚昭王又把都城迁到了栽郢。栽郢便是此时楚国的郢都，地方在今天的荆州之北、纪山之南。

屈原在汉北做三闾大夫，说是培养人才，其实是楚王把他赶得远远的，眼不见为净。

闲居汉北，屈原经常彷徨在先王之庙和公卿们的祠堂之间。这些庙堂的墙壁上，画着天地山川、神灵鬼怪，以及传说中的古代圣贤。想到眼前的这一切将被夷为平地，祖先的荣耀将一扫而空，自己却无能为力，屈原既悲伤又愤懑，像落在黑暗的深渊之中。他凝望着这些神秘奇异的壁画，内心对宇宙天地产生了巨大的疑问。而这些疑问，让他从一个诗人，变成了哲人和勇士。他发出惊天的呐喊。这呐喊，是亘古未有的诘问。"遂古之初，谁传道之？上下未形，何由考之？"他从天地的起源、日月星辰的流转，问到山河大地的巨变。他从神话的神秘莫测，问到朝代更替的残酷真相。他从人间的不平，问到天道的不公。三百七十二句，一百七十多个追问，一句连着一句，都是前人所不敢言，甚至不敢想的疑问、指责与控诉。每一个问句，都像刀剑敲击出的火花，而这此起彼伏的火花，连成了划破漆黑长空的闪电。

在屈原的时代，惠施有对天地不坠、风雨雷霆之故的解释，庄周有对天地万物何以运转的探究，而屈原则以一篇《天问》，直接把人们从混沌、糊涂与麻木中震醒。史学家胡小石先生说他是"冲破人类原始误解的黑夜中的举火者"。

就在屈原问天之时，张仪死了。公元前三一〇年，张仪回到咸阳不久，秦惠文王去世。继位的秦武王厌恶张仪，张仪只好逃到魏国。魏国不用他，张仪不久抑郁而死。与商鞅相比，同样为秦立下大功的张仪是幸运的，终于得了个善终。

秦武王继位之后，野心膨胀，开始盯上周天子的宝座。他说："窥周室，死不恨矣。"而要窥视周室，必须经过韩国的重镇宜阳。于是秦武王派出大军，向韩国发起疯狂的进攻。这一仗打了将近一年，在付出极大代价后，终于攻克。秦武王耀武扬威来到周王城洛邑。他本身孔武有力，是个力士，喜欢与人角力。在洛邑，他看中了象征着周天子权威的九鼎，选了一只"龙文赤鼎"，与手下大力士孟说比赛举鼎。鼎太重，秦武王两眼出血，胫骨折断，重伤而亡。

秦武王年轻无子，他的庶弟嬴则即位，是为昭襄王。昭襄王即位时才二十岁，又不是嫡子，其他公子不服，开始争夺王位。

昭襄王在舅舅魏冉的支持下，把所有对他不利的兄弟全部杀死，秦国的局势才稳定下来。

在秦国两任君主易位、内乱不止之时，楚怀王又抛下秦国与齐国结盟。昭襄王的母亲芈（mǐ）八子是楚国人，希望与楚国和好。楚怀王经不住诱惑，又答应与昭襄王联姻，并在黄棘会盟。

楚国的反复无常，引起齐国的愤怒。齐相国孟尝君组成齐、韩、魏三国联军，向楚国发起进攻。楚怀王抵挡不住，连忙以太子横为人质，请求秦国救援。秦国出兵，三国这才退兵。

谁知道，两年之后，太子横在私斗中杀死了一个秦国大夫，逃回了楚国。这么一来，楚国与秦国的关系再次破裂。太子横的一场私斗，给楚国带来了滔天大祸。一边是齐、韩、魏三国，另一边是秦国，都向楚国展开进攻。三国联军的主帅是孟子的老友，齐国大将匡章，他在垂沙大败楚军，杀死了楚军大将唐昧，攻占了楚国北部大片土地。秦国向楚国的新城发动进攻，楚国大将景缺血战而亡。楚国多方受敌之时，庄蹻（qiāo）又在国内聚众造反，竟然攻打到郢都城下。楚国内外交困，四分五裂。楚怀王无奈，又把那个惹祸的太子横送到齐国做人质，向齐国求和。

"操吴戈兮被犀甲，车错毂兮短兵接。旌蔽日兮敌若云，矢交坠兮士争先……身既死兮神以灵，魂魄毅兮为鬼雄。"楚怀王十七年，八万楚军阵亡，大小将领七十余人被俘。怀王二十八年，一败于齐、韩、魏，大将唐昧战死；二败于秦军，两万大军阵亡。怀王二十九年，大将景缺战死，三万楚军被秦人斩杀。昏庸无能的楚怀王，使得无数将士们血染沙场，成为飘荡无依的孤魂野鬼。屈原遥望战场，既悲且痛，长歌一曲《国殇》，追悼杀敌报国、壮烈而死的楚国勇士。

《国殇》是屈原《九歌》中的一篇。而《九歌》是他所有作品中最优美的诗篇。屈原漂泊在汉北，游荡在美丽而又伤痕累累的山河大地上，爱愈深，痛愈深。在这彻骨的疼痛之中，他写出了至柔至刚的大美之诗。

"袅袅兮秋风，洞庭波兮木叶下。"他游荡在洞庭湖边，写下《湘君》和《湘夫人》，把柔美之情写到了极致。"带长剑兮挟秦弓，首身离兮心不惩。"他站在高岗之上，远眺尸横遍野的战场，放声悲歌，把慷慨激昂的壮美写到了极致。《九歌》是对天神、山神、河神、鬼雄的祭祀，更是屈原对神灵的美好想象与精神寄托。在吟诵这一首首诗歌之时，他丢弃了这个行走在尘世的肉体，让灵魂随风飞舞。在吟诵中，他的灵魂与那些他所歌颂的神灵们，渐渐合为一体。

长夜漫漫，屈原辗转难眠。"惟天地之无穷兮，哀人生之长勤。"他的灵魂再次出发，去天外"远游"。他先去请教了仙人王子乔，接着到天宫转了一圈。他拜访了东方天帝太昊，又去西天见了秋神蓐收。他在南方见过火神祝融之后，又到寒冷的北方见了北方天帝颛顼。走过四面荒凉之地，又遨游了八方广漠之境。"视倏忽而无见兮，听惝恍（chǎng huǎng）而无闻。超无为以至清兮，与泰初而为邻。"倏忽之间，什么也没有看到，恍惚之中，什么也没有听清，还是超越无为至清的境界，与天地最初的元气结伴为邻吧。《远游》一诗，标志着屈原已经抵达与天地合而为一的境界。在这远离尘世的虚空之中，他体味到了一种自由从容的愉悦。可是当他从高空望见故乡之时，又无法割断自己的思念了，连驾车的马匹也徘徊不前。"思旧故以想象兮，长太息而掩涕。"

就在屈原神游天外，彷徨不已之时，楚国又发生了一件大事。

秦昭襄王写信给楚怀王，约他在武关会盟，说要跟他联合进攻韩、魏，并把过去攻占楚国的土地全部返还。大臣昭睢（suī）劝怀王不要去，说秦是虎狼之国，不可相信。楚怀王的幼子子兰却说："奈何绝秦之欢心！"楚怀王相信小儿子的话，决定去武关会盟。

史书上记载说，屈原也曾劝谏怀王。可是此时的屈原被贬黜在汉北，他又是如何劝谏的呢？关于这件事，三闾的民间流传着一个生动的传说。

在今天河南省南阳的西峡县，有个回车镇。镇东南十里地有个高岗。楚怀王北上去武关时，这个高岗是必经之地。屈原在这里等到了楚王。屈原"叩马而谏",拉住马的缰绳,苦苦相劝,请他回车,不要赴会。楚怀王不听。屈原站在高岗之上,看着楚王消失在楚国的天边,不由得顿足长叹。后来人们就把这个高岗叫作屈原岗,把这片怀王不肯回车返程的地方叫作回车镇。

秦王根本没有来。而是派了一个将军,打着他的旗号,在武关设下埋伏。楚怀王一到,秦军立即封闭武关,把他俘虏了。

楚怀王被押送到秦国的都城咸阳。秦王说,只要割让巫郡和黔中郡,就放他回国。巫郡上接黔中,下连汉中,如果这三块地方都归了秦国,楚国也就面临灭顶之灾了。到了此时,窝囊一生的楚怀王才如梦初醒,终于显出楚人血液中的刚烈一面:割让国土,宁死不从。

楚国大臣经过商议,决定改立新君,断绝秦国的要挟。可是太子此刻还在齐国做人质呢。于是派使者去齐国,诈言说楚王已死,迎太子回国继位。

这是公元前二九九年,齐国的君主是齐湣(mǐn)王,相国是孟尝君田文。

当楚国使者来齐国接太子横时,纵横家苏秦正在齐国。他建议齐王用太子横换楚国东边的五百里土地。孟尝君认为,如果不放太子,楚国另立君主,齐国白白扣住一个人质,反倒落下不义的名声,不如让他回去算了。苏秦说,如果楚国另立新王,也可以向他索要土地。如果给土地,就把太子横杀死;不给,就联合其他国家把太子横送回国去抢他的王位。这么一来,怎么也能要到楚国的土地。苏秦这一计策,十分老辣。可是齐王思考一番,还是选择了孟尝君的建议,放公子横回国,不过也开口向他索要了五百里土地。公子横为了回国继位,一口答应下来。

公子横回到楚国继位为王,后人称他为楚顷襄王。他哪肯割地给齐国!一边派人向齐国献地,同时又派大军驻守在那里阻碍齐国接收。齐国一无所获。而此时,秦王见楚国立了新君,要挟不了,不禁恼羞成怒,从武关派出大军进攻楚国。《史记》上说秦"大败楚军,斩首五万,取析十五城而去"。

屈原被贬居的三闾,正在这析地十五城之中。屈原无处可去,只得随难民逃奔。大概就在此时,屈原重又回到郢都。而在郢都即位的楚顷襄王,竟然任用子兰为相。子兰,就是那个怂恿父亲去秦国会盟的无能公子。眼看奸佞横行,国破家亡,屈原挺身而出,愤怒指责子兰误国殃民。子兰大怒,指使与他沆瀣一气的上官大夫,再向楚王进谗言。这位顷襄王,其无能与平庸,与楚怀王相比,有过之而无不及。他不问青红皂白,又把屈原放逐去了江南。

就在楚国山河破碎之时,秦王诚恳地聘请孟尝君到秦国为相国。孟尝君竟然真去了。楚怀王还被拘禁在咸阳呢,丝毫没成为他的前车之鉴。才一年,秦王就改变了心意,一翻脸,把孟尝君拘禁起来,准备杀死。这时候,孟尝君才明白秦王是怎样一个人。他派人向秦王的一个宠姬求救。宠姬向他索要一件价值千金的狐白裘。可是这件狐白裘，他已经献给了秦王。孟尝君的门客里，有一个人"能为狗盗"，夜里到秦王宫中偷来狐白裘送给了那个宠姬。在她的说情下，秦王放出孟尝君。孟尝君知道不可久留，当即改名换姓，仓皇逃走。逃到函谷关，天还没亮，城关紧闭。这时，秦王已反应过来，派了人马在后面紧紧追赶。依照法令，只有鸡鸣之时才可以打开关门。孟尝君的门客里，有个人会学鸡叫。他一叫，所有鸡都跟着叫了起来。关门应声而开，孟尝君终于逃出秦国。这两个曾经最让人瞧不起的鸡鸣狗盗之徒，在关键时刻救了孟尝君的性命。

　　孟尝君回到齐国之后，决心复仇。他召集齐、韩、魏三国的军队，向秦国发动了一场规模宏大的进攻。大军一直攻到函谷关，在关下扎下军营，打算与秦军决一死战。

　　这场仗一打就是三年。

　　就在孟尝君大战秦军之时，楚怀王也从咸阳逃了出来。由于秦、楚两国交通中断，他只好逃往赵国。谁知赵国边将把怀王拒之门外，不让他入境。怀王只好改道逃往魏国。半路之上，追兵赶到，怀王束手就擒，又被押到咸阳。楚怀王又气又恨，一病不起，很快就死了。

　　楚怀王死的这一年，是公元前二九六年。

　　楚人本来十分怨恨糊涂误国的怀王，可是他宁可一死，也不肯捐弃故土，"楚人皆怜之，如悲亲戚"。天下诸侯，也因此对秦国充满了鄙视。齐、韩、魏三军一鼓作气，攻入函谷关，秦国大败，只得割地求和。不可一世的秦国，终于尝到了失败的苦味。

秦王没想到楚怀王如此硬朗。如今人死了，勒索不成，反倒成了一件累赘，于是吩咐把怀王的尸体送归楚国。屈原听到楚怀王客死他乡的噩耗，心如刀绞。"湛湛江水兮，上有枫。目极千里兮，伤春心。魂兮归来，哀江南！"楚怀王客死他乡，魂魄无依，必须把他的灵魂招回，让他安宁。屈原作《招魂》之诗，"外陈四方之恶"，"内崇楚国之美"，呼唤怀王魂兮归来。

曾经赏识过自己、又抛弃了自己的怀王死了，被顷襄王放逐在江南也已经三年，屈原已经四十七岁，人生何去何从？他去找太卜郑詹尹，请他对自己的未来做一个占卜。他对太卜说："世溷（hùn）浊而不清，蝉翼为重，千钧为轻；黄钟毁弃，瓦釜雷鸣；谗人高张，贤士无名。吁嗟默默兮，谁知吾之廉贞？"世道浑浊，蝉翼被认为很重，千钧之物却被认为太轻。声音洪亮的黄钟被毁弃，鄙俗的瓦釜之声却被说成雷鸣。谗佞之人趾高气扬，贤能之士反而寂寂无闻。如果永远沉默无声，谁又知道我的廉正坚贞？

太卜收起了蓍（shī）草和龟壳，叹息着对屈原说道："您还是用自己的心去思考，照您自己的意愿去行事吧。龟卜蓍占对您没有用处。"

屈原在叙说心事之时,已经表明了心迹。只有在真正迷茫之时,才要问卦占卜,他其实很清楚自己的人生。有些事,永远不会做,做不了。

形势一天坏似一天。屈原远离都城,失魂落魄地在江边游走着。他脸色憔悴,形容枯槁,只有一双眼睛还闪着原先的光亮。一位渔父正把船泊在江边,抬头看到了屈原,一眼认出了他。

"您不是三闾大夫吗?怎么成这个样子了?"

屈原说:"举世皆浊我独清,众人皆醉我独醒。因此被流放了。"

渔父说道:"圣人不呆板地对待事物,而能随世道而变。世人皆浊,何不搅混泥水扬起浊波?世人皆醉,何不吃了酒糟再畅饮美酒?何必思虑过深、自命清高,以至于落得放逐的下场?"

屈原说:"我听说,刚洗过头发一定会弹弹帽子,刚沐浴干净一定要抖抖衣衫。清白的身子,怎么能沾上污秽的外物?我宁可跳进湘江,葬身于鱼腹,怎能让晶莹的洁白,蒙上世俗的灰尘呢?"

渔父微微一笑,摇动船桨,高声唱着渔歌,飘然远去。

"沧浪之水清兮,可以濯我缨。沧浪之水浊兮,可以濯我足。"

屈原听着这旷达高远的歌谣,木立在岸边,一动不动。

这《沧浪歌》是一首极其古老的楚歌,当年孔子到楚国的时候，就曾经听过。孟子在《离娄》中也引用了这首歌谣。水清与水浊，说的是世道的清明与黑暗。濯缨与濯足，说的是进取与混世。这首楚歌，既有儒家所推崇的"穷则独善其身，达则兼济天下"思想，也有道家宣扬的"自然而然""和光同尘"的超脱精神。然而这全不是屈原所愿。他的理想世界，不在尘世，而在缥缈之中，是一个神话。他必须去追逐这个神话。现实世界越是混浊肮脏，他对那个世界的描绘就越美好真切。

就在他的精神不断飞升之时，人间大地上的战火也是越燃越猛。这战火，无时无刻不在给他一种强烈的灼痛。

公元前二八六年，齐国灭宋国。

公元前二八四年，燕国上将军乐毅攻破齐国都城。齐国濒临灭亡。

公元前二八三年，秦国开始大举进攻魏国，其后连续七次围攻大梁。

公元前二七九年，齐将田单大破燕军，齐国复国。

也就在田单复国的这一年，秦王约了赵王在渑池修好。由于一直未能灭掉魏国，秦国改变战略，想通过这次会盟，稳住中原诸侯，然后向楚国下手。

秦国大将白起，率军直抵楚国鄢城。鄢城原先是楚国的都城，春秋末期被吴国攻破，毁坏了，楚昭王只好把都城迁到现在的栽郢，把鄢城作为陪都、副都。鄢城是郢都的屏障，如果失守了，郢都也就危险了。楚军拼死固守，秦军强攻不下。白起命令士兵开挖长渠，引来西山长谷的大水灌城。汹涌的大水冲破了城墙的东北角，鄢城沦陷。这一战，楚国惨死了数十万军民，整个国家陷入了恐慌。

陪都一失，郢都直接暴露在秦军的兵锋之下。公元前二七八年春天，白起引兵南下。楚国军心涣散，已经形不成有效的抵抗，没有经过血战，壮丽的郢都就落入秦人的手中。秦军马不停蹄，随后又攻占了埋葬着楚国先王的夷陵，一把火，把这个楚人的圣地烧成了白地。

秦将白起说："是时楚王恃其国大，不恤其政。而群臣相妒以功，谄谀用事。良臣斥疏，百姓心离，城池不修。既无良臣，又无守备，故起所以得引兵深入。"他说的都是事实，而这些事实，屈原都知道，也曾大声疾呼，可是谁也不听。他眼睁睁看着一个强大之国，在短短几十年的时间里变得衰败残破，不堪一击。

听到郢都陷落的消息，屈原泪如雨下。"皇天之不纯命兮，何百姓之震愆（qiān）？民离散而相失兮，方仲春而东迁。"皇天是谁，到底做了什么？百姓又有什么罪过？现在却要妻离子散，流离失所。宗庙宫室成了荒丘，繁华的郢城长满了杂草。在《哀郢》的最后，屈原说道："曼余目以流观兮，冀一反之何时？鸟飞反故乡兮，狐死必首丘。"鸟儿都知道要飞回故乡，狐狸死的时候头也要向着它栖居的山丘，可是我呢？环顾四方，什么时候才能再回到都城？哪怕只有一次！

回不去了，谁都回不去了。楚顷襄王带着文武官员，仓皇逃到陈县。再没人能回到曾经的都城，再没人能回到祖先的宗庙。五十多年后，楚国就会灭亡。

"宁溘死而流亡兮，恐祸殃之有再。"屈原在《惜往日》中说，我宁肯立即死了，在流水中消逝。我只担心国家再受到祸灾。可是，死又能改变什么呢？什么也改变不了。

浑浑噩噩，仿佛做梦一般，屈原走到了汨罗江边。他低声吟诵道：

世浑浊莫吾知，人心不可谓兮。
知死不可让，愿勿爱兮。
明告君子，吾将以为类兮。

这是他写的最后一首诗，诗的名字叫《怀沙》。所谓怀沙，就是怀抱沙石，赴水而去。世道混浊没有人知道我，人心还有什么可说的呢？已经到了死的时候了，我没有什么可以爱惜的。有道的君子，我来了，我将加入你们的行列。

公元前二七六年五月初五，屈原抱石沉江，一去不返。

听到屈原投江的消息，无数的人划着船沿江寻觅，边找边喊，一直找到洞庭湖，也没有他的影子。人们不甘心，不愿意相信三闾大夫死了。此后每年的五月初五,越来越多的人划着船去寻找他。不只在汨罗江、洞庭湖,还在中华大地的每一条河流之上,湖水之上。

"彩旗夹岸照蛟室,罗袜凌波呈水嬉。曲终人散空愁暮,招屈亭前水东注。"唐朝诗人刘禹锡在这首《竞渡曲》自注里说,人们边划船边喊:"何在?"千年之后,他们还在召唤屈原。

屈原找不到了,不知道沉在哪片水底。人们担心大鱼小虾会吞食他的身体,就用糯米做成粽子投到水中,希望它们吃饱了,不要再伤害水底的诗人。

屈原死了。有人说他是殉国,有人说他是殉道,都不是。屈原是为自己而死的。他去追那个画中的自己去了,那个他在三十多篇楚辞中描画的自己。那是他想象中的自己,那是神话中的自己,一个至美、高洁、悲天悯人、忧愁幽思的诗人。在他投水的那一刻,现实中的屈原消失了,纯精神的屈原昂然而起。行走在江畔的屈原,与那个飞行于宇宙间的诗人合而为一了。他真正成了他所创造的那个人。

每年五月初五的端午节,成了中国人纪念屈原的日子,成了裹粽子的日子,成了划龙舟的日子,成了读《离骚》《九歌》和一切美好诗歌的日子。这位名叫屈原的诗人,让每个中国人都有了一颗诗心,哪怕只有一天,只在端午节,人们将抛开俗世,回望灵魂,在无尽的时空中,吟一句只属于自己的诗。

第八章 苏秦

他在坚守一个承诺,他将为这个承诺死去。士为知己而死,士为灵魂的永恒而死。

苏秦一锥刺在自己的大腿上,疼得身子一抖,立即从昏沉中醒了过来,又铺开竹简读下去。

漆黑的夜里,一灯如豆。四下里一片寂静,只听到几只小虫的低吟。苏秦腿上的血缓缓流下来,一直流到了脚上。他慢慢忘了这疼痛,完全沉浸到手上的书中。

书的名字叫《阴符》,据说与兵书《六韬》都出自吕尚所传的《太公》一书。春秋时的范蠡曾经钻研过此书,后来汉代的张良从黄石老人手里得到的,也是这本书,苏秦翻了数十箱书才找到。他已经在这本书上花了一年多的时间,每天都在细细揣摩,苦苦思索。

一年多前,苏秦自以为学业有成,孤身来到秦国,游说秦惠文王。据历史学家唐兰先生考证,苏秦入秦的这一年,是公元前三一二年，苏秦二十七岁。

这一年，楚怀王发兵进攻秦国，结果大败，八万楚兵被斩首，主将、副将及七十多个大夫被俘，汉中六百里土地被占。楚国由盛转衰，秦国趁势而起。欺骗楚王，诱发楚国进攻，从而使得秦国大胜的，是张仪。秦王对这位相国言听计从，宠信无比。苏秦来到秦国，向秦王献出的策略，与张仪正在实施的大同小异，并没有什么新颖之处。苏秦侃侃而谈，最后总结说："以秦土民之众，兵法之教，可以吞天下，称帝而治。"这就是一句奉承的废话，秦惠文王不想听，婉转地下了逐客令："今先生俨然不远千里而庭教之，愿以异日。"如果有缘，改日再见吧。

《史记》上关于苏秦和张仪，有一段极其精彩的描绘，说他们都是传奇人物鬼谷子的学生。苏秦游说诸侯，佩六国相印，名震天下，张仪穷困潦倒前来投奔。苏秦十分薄情寡义，"已而见之，坐之堂下，赐仆妾之食"，实在是欺人太甚，逼得张仪怒而投奔秦国。然而暗地里，苏秦却派人携重金，资助张仪得到秦王的赏识。师兄弟二人，苏秦以合纵之术，张仪以连横之策，一东一西，置天下于股掌间。然而这只是一个故事。一九七三年，湖南长沙马王堆三号汉墓，出土了一本《战国纵横家书》。多位史学家由此书推断，两人的人生没有交集，更不可能拜在同一老师门下。《史记》上关于苏秦的记载，真假混杂，次序凌乱，年代更是错误百出。原因是秦始皇焚烧了六国的史书，后来项羽又火烧阿房宫，把所剩不多的典籍也付之一炬，使得战国史料极为短缺。司马迁只能根据《战国策》等极少的材料还原史实。而《战国策》，是后来纵横家学习策略的教材，作者为了渲染某事或某个人物的传奇，不惜编造史实。所以理清苏秦的人生脉络，就成了一件艰难之事。所幸靠了后来出土的这本《战国纵横家书》，再加上史学家们对古代典籍的精心梳理，总算恢复了一些他的真实形貌。这也只是一个粗略的轮廓，就像一幅人物速写。然而这是一幅相当动人的速写。

苏秦滞留在咸阳时，那位后人传说中的他的师弟张仪，正是秦国的相国。显然，他们素不相识，他大概连张仪的面都没见着。此时的张仪正运筹帷幄，指挥着关系到秦、楚两国命运的那场大战。苏秦先后给秦王上了十次书，秦王根本不见他，没有人理他。苏秦坐吃山空，身上黑貂皮的衣服已经破旧不堪，带来的百金盘缠也所剩无几，再也不会有什么希望了，万般无奈之下，只得回家。回冰冷的家。

苏秦的家在东周国洛阳的乘轩里。

东周国是很晚才出现的一个小国。周平王把都城从镐京迁到洛阳，西周结束，春秋战国开始。王位传到周考王，他把弟弟周桓公分封在洛阳，建立了一个周国。这是周朝历史上最后一次分封。如此一来，周天子就再也没有土地了，全天下都分给了各诸侯国，连他自己也只能寄居在周国。到了周赧王时，这个小小的周国又分裂成东周国和西周国。东周国的都城设在巩，管辖巩县、洛阳、平阴、偃师四县。西周国的都城就在原先的王城，管辖王城、缑（gōu）氏、谷城三邑。周天子赧王就寄居在西周国的王城。周赧王也是周朝最后一个天子。再过几十年，周赧王一死，秦国灭了西周国、东周国，把九鼎从洛阳迁往咸阳，八百年的周朝也就完全终结了。

苏秦绑着裹腿，脚穿草鞋，背着沉重的书箱，垂头丧气地回到洛阳。苏秦的家人本就不愿意他从事什么游说之事，希望他像左右邻居那样，做个买卖人，好好挣钱养家。苏秦不听，现在回来了，"形容枯槁，面目黧黑"，失魂落魄地站在家门口。

没有人理他。妻子坐在织布机旁，头也不抬，继续织手里的布。苏秦饿得头晕眼花，问嫂子有没饭吃，嫂子只是冷冷地瞟他一眼。父母一句话都不跟他说，就像没看到他，就像他不存在。

苏秦满脸羞惭，轻轻叹了一口气。谁也怪不得。到了这个地步，他能怎么样呢？家再冷，也只有硬着头皮留下来。

他不甘心，把一箱一箱的书翻出来。他认为自己事业的不成功，是因为读书不够，智慧不够。那就从头再来。

就在苏秦以锥刺股、埋头苦读之时，楚怀王不听屈原的劝谏，受张仪蒙骗，又与齐国断绝了关系，转而亲近秦国。张仪满载着楚王赏赐的珍宝，得意扬扬回到秦国。谁知道赏识他的秦惠文王忽然死了，继位的秦武王很厌恶他。张仪没办法，只好逃到魏国，很快就抑郁而死。张仪去世之时，苏秦还只是一个默默无闻的读书人。在居家的这几年中，他也曾经投奔周天子，希望谋一条出路。可是天子周围的人都看不起他。有熟悉他的人说，苏秦么，一个不务正业的家伙，从秦国灰溜溜回来，连家人都看不起他，哪有什么本事。越是熟悉的人，越是轻视他、嘲弄他、侮辱他。苏秦每天就在亲友乡邻们鄙视的目光底下活着。

他没有垮掉，他埋头读自己的书。

现在，机遇来了。

燕昭王在都城建了一座黄金台，"卑身厚币以招贤者"。卑身，是放下王侯的架子，谦恭地对待贤人，以贤者为师。厚币，就是给极高的待遇。燕昭王之所以如此，是因为国家已经到了生死存亡的危险关头。

周武王灭纣之后，把召公封在燕国。燕国偏处北方苦寒之地，一直没有参与中原的纷争，从西周到春秋再到战国前期，一直沉默着，很少引起诸侯们的注意。到了燕王哙时，燕国发生了激烈的动荡，由此引发了战国时代的一场巨变。

燕王哙受相国子之的蛊惑，把王位禅让给他，结果导致国中大乱，数万人战死。此时孟子在齐国。齐宣王问孟子："可以攻打燕国吗？"孟子说可以，这是救民于水火。齐宣王于是令大将匡章率领军队大举进攻。燕国百姓把齐军当作救星，"士卒不战,城门不闭",仅仅五十天,齐军就攻下了燕国国都。哪知道,齐军不是救星,而是残暴的侵略者。他们贪婪地抢夺燕国的财宝,杀人放火,无恶不作。燕国百姓如梦方醒,于是奋起反抗,多个诸侯国也打算出兵干涉。齐军只好仓皇撤退。燕国人从赵国迎回公子职,立他为君主,这就是燕昭王。

燕昭王继位之时,燕国山河破碎,百姓流离失所。他请来燕国名士郭隗(wěi),恳切地对他说:"齐国趁我们内乱入侵,先王死难,国家也差点灭亡。我知道燕国国小力弱,难以报仇。希望先生您能帮我物色贤才,使燕国强大,以雪国耻。"

郭隗说:"您想得到什么样的人才呢?想称帝的人会和师长相处,想称王的人会和朋友相处,想称霸的人和臣僚相处,想亡国的人和仆役相处。国君对于贤士,如果能以师事之,那么,胜过自己百倍的人才就会到来;如果能认真思考他们的意见,那么,胜过自己十倍的人才就会到来;如能平等待人,那么,和自己能力差不多的人才就会到来;国君如果架子很大,派头十足,对别人颐指气使,随意呵斥,那么,奴性十足之人就会到来。"

燕昭王连连点头,请郭隗推荐可以为师为友的贤人。郭隗说:"古代有一个人,以千金求千里马,三年都没得到。他的一个侍从说,请让我来吧。过了三个月,这个侍从找到了千里马,可是马已经死了,他用五百金买了马骨带了回来。主人大怒道:'你怎么买了一匹死马?'侍从说:'死马您都肯花五百金买,何况活马？如此一来，天下人都知道您是真正买马的人，千里马就要来了。'果然，不到一年，就陆续有人送来了三匹千里马。现在，您如果一定要招纳贤士，那就先从我开始吧！如果像我这样的人大王都能重用，何况比我强的呢？他们一定会不远千里前来投奔。"

燕昭王在高台之上建造宫殿，拜郭隗为师。人们把这个高台，称为"招贤台"，又称"黄金台"。果然，燕昭王求贤若渴的名声很快传遍四方诸侯。

苏秦听到这个消息后，并没有立即动身，而是又埋头苦读了几年。这一次，他要有十成的把握才出山。公元前三〇八年，苏秦离开东周国，经过赵国，跨过易水，来到燕国。

燕昭王果然是位礼贤下士的君主，竟然亲自到郊外去迎接这个无名的读书人。他给苏秦这般优厚的礼遇，其实也是向天下人展示他的姿态。经过一番攀谈，燕王发现苏秦果然是一位难得的人才，于是在宗庙中举行了隆重的封拜仪式，给苏秦极为尊崇的礼遇。在此之前，苏秦一直落魄无依，别说被人赏识，连家人都瞧他不起。燕昭王的知遇之恩，让他感激涕零。苏秦向燕王请求说，让我出使齐国，我去取回被齐国占领的城邑。之前齐国攻燕，虽然退军了，可还是占领了十座城邑。苏秦打算把这十城当作献给燕王的见面礼。

苏秦见到齐宣王，"俯而庆，仰而吊"。庆是祝贺，吊是深表忧虑地悼惜。齐宣王很奇怪，问他这是为什么。苏秦说："我听说饥饿的人也不肯吃有毒的乌喙。因为饿死与中毒而死都是死。燕国虽然弱小，可燕王是秦王的女婿。大王夺取了燕国十个城邑，这是与秦国为仇啊。如今燕国领头，秦国在后，天下诸侯的精兵随之而来，齐国就像饿人吃了乌喙，恐怕有危险了。"

齐宣王有些惊惧，问苏秦说："那怎么办呢？"

苏秦说："不如把这十个城邑还给燕国。这样燕国与秦国必然都会感激齐国。这两个国家听从齐国了，齐国也就可以号令诸侯了。您这是以十城而取天下啊。"

齐王听信了苏秦的说辞，把十城还给了燕国。

苏秦立了这样一件大功，人还没回到燕国，却已经有人在燕王面前说了他的坏话。毁一个人总是很容易，燕昭王听信了谗言，等苏秦回来，态度已经变得冷冷的。

苏秦见到燕王，问他说："我知道，一定是有人以品德不好来攻击我。如果我孝如曾参，廉如伯夷，信如尾生，大王您觉得怎么样？"

燕王说："那很好啊。"

"那我就不会来做您的臣子了。"苏秦说，"孝如曾参，他不能离开父母，怎么会步行千里来燕国呢？廉如伯夷，他不肯做孤竹国的国君，不肯为周武王的臣子，不受封侯，宁可饿死在首阳山，又怎么肯做您的臣子呢？信如尾生，他与女子约在桥下相见，女子不来，水涨了，他也不肯离去，抱着桥柱淹死了。他这样的人怎么会为燕国去阻止齐国的强兵呢？所谓仁义忠信，只是为了赢得个人的道德名声，却不是建功立业的进取之道。"

苏秦毫不客气地攻击了儒家正在倡导的哲学。他认为，只为了个人的虚名，而无益于国家，是不可取的，不值得提倡。一个国家如果任用这样的人，一定无所作为。他继续道："臣进取之臣也，不事无为之主。臣愿辞而之周负笼操臿（chā），毋辱大王之廷。"笼是装土的筐，臿是铁锹。苏秦说，如果你只是一个无为的君主，就算了，我回到周国去继续做一个农夫，不再侮辱你这假装清高的朝廷。

燕昭王醒悟过来，重新恢复了他的官职，而且对他更加厚待。过了一段时日，竟然加封苏秦为"武安君"。这只是一个封号，没有实际的封地。所谓武安，就是以武安定天下。这也是苏秦的政治主张，使得天下安宁，唯有用"义兵"。后来秦国的白起、赵国的李牧，都曾被封为武安君。不过他们是真正带兵的良将，而苏秦只是一个出谋划策的文士。

没有多大的功劳，苏秦从一个小国的平民，竟然成为燕国的重臣，当然会引起旁人的谗言和中伤。此时，才显出燕昭王的与众不同。"燕王按剑而怒，食以駃騠（jué tí）"，燕王手按长剑对进谗言者大发雷霆，然后特意把贵重无比的骏马的肉赏给苏秦，表明自己对他的信任。

到了这时，苏秦对燕昭王也显出了自己的赤胆忠心，他向燕王献上一个深远而可怕的计划。这个计划，不只能打败齐国，一雪国耻，还会一举使燕国崛起为强国；不只是改变了燕、齐两国的命运，而且改变了整个战国的格局，改变了历史的走向。然而实现这个计划，却要以苏秦的性命为代价。

《史记》上说，苏秦死后，苏秦之弟苏代来到燕国，求见燕王，如此这般一番对话。而据史学家考证，此时苏秦并未死，这个所谓的苏代，其实正是苏秦本人。细细剖析《史记》上的这一段对话，一个惊天计划赫然呈现。

计划的核心是怂恿齐国吞并宋国。齐国与宋国战，即使打赢了，实力也会受到极大的损伤。在此之前，要尽力破坏齐国与秦国、赵国、魏国等大国的关系。宋国一灭，这些大国必然不会坐视不管，他们会围攻齐国。此时，燕国趁机发动进攻，必定会大败齐国。而实现这个计划的关键，就是要有人到齐国去做"死间"。

《孙子兵法》上说，运用间谍有五种：乡间、内间、反间、死间、生间。所谓"死间"，是深入到对方的内部，制造和散布虚假情报，诱使敌人上当。一旦败露，间谍难免一死。

苏秦请命，自愿担任这个"死间"。

于是，一场惨烈宏伟的大戏，拉开了帷幕。

燕昭王在封苏秦为武安君之后，又任命他为相国。如此这般，都是为了抬高苏秦的身价，引起齐国对他的重视。

苏秦与齐相韩珉商谈说，愿意送燕国贵族为人质，并且派大军协助齐国攻打宋国。之所以这样做，就是为了燕、齐两国交好，也是表达燕国的臣服之心。而苏秦，将作为这个友好关系的协调人，出使齐国。

齐国对此当然是乐意之至。苏秦带着一百五十乘车马，浩浩荡荡来到齐国都城。齐国以接待诸侯之礼相待。齐相韩珉在临淄的高间门迎接他，在接到苏秦之后，亲自替他驾车进入国都。

苏秦到达齐国的时候，秦国的相国魏冉也来到了齐国。魏冉是来向齐王送一顶"东帝"皇冠的。

此时，天下最强的是秦、齐、赵三国。秦国希望与齐国连横，共同对付赵国。用什么来诱惑齐王呢？称帝。此时，大国小国都已经先后称王，王的名号也就不那么尊贵了。帝本是天帝的称号，同时也是传说中比王更有德行的君主的称号，譬如"黄帝"。公元前二八八年，秦昭王在宜阳自立为"西帝"，把"东帝"这个称号派相国送给齐王。如果两家一西一东，呼应起来，就可以控制整个天下了。

这是一件事关国运的大事，齐湣王在章华宫南门召见苏秦，希望听听他的意见。

苏秦说："如果接受秦国送来的帝号，就会导致诸侯怨恨；如果不接受呢，又会导致秦国的怨恨。不如先接受，但是不称帝。

等一等，看看形势再说。如果秦国称帝，天下各国都服从，您也称帝。如果天下各国都反对秦国，那齐国就不称帝。这样就能进退自如了。"

称帝，正是秦国的诡计。此时赵国是东方各国合纵的盟主。秦国要向东方扩张，就要打破这个同盟，攻破赵国。而齐国，是两方争取的最重要的力量。秦国联合齐国，赵国就危险了。如果赵国被灭，齐国将会变得更为强大。而强大的齐国，将是燕国可怕的噩梦。

"东帝"这么一个至高的荣耀放在这里，齐王心痒难抓，称还是不称？联秦灭赵，还是伺机而动？他在动摇着。苏秦又来见齐王。

苏秦说："秦国与齐国都称帝，天下是以秦国为尊呢，还是以齐国为尊？"

齐王说："以秦国为尊。"

苏秦说："如果放弃帝号，那天下是亲近齐国还是亲近秦国？"

齐王说："会亲近齐国、痛恨秦国。"

苏秦又问："对于齐国来说，进攻赵国与进攻宋国，哪个更有利呢？"

齐王说："当然是进攻宋国有利。"

"东帝"只是一个虚名，而攻取宋国，却是实实在在的好处。苏秦把其中利弊一剖析，齐王如梦初醒，当即决定取消帝号，联合诸侯,攻打秦国。

联合诸侯的最佳人选,当然是苏秦。

苏秦出使诸侯国之事,《战国策》《史记》上有着极为精彩的记载。虽然在出使时间上大有出入,不过仍然显示出苏秦对于战国形势、各国状况及诸侯心态的深刻了解。他说:"夫秦,虎狼之国也,有吞天下之心。秦,天下之仇雠也。""大王之地有尽而秦之求无已,以有尽之地而逆无已之求,此所谓市怨结祸者也,不战而地已削矣。""诸侯之地五倍于秦,料度诸侯之卒十倍于秦,六国为一,并力西乡而攻秦,秦必破矣。"他以雷霆般的激情和暴风雨般的雄辩,激起了诸侯们对秦国的怒火,也鼓起他们与秦国抗争的勇气。赵、齐、楚、魏、韩、燕六国在苏秦的努力之下,终于联合在了一起。《史记》上说"苏秦为从约长,并相六国",后世的史学家们认为苏秦佩六国相印是夸大之辞,但燕、齐、赵三国先后都封苏秦为武安君,并任他为相国却是事实。从一个落魄无依的书生,苏秦终于走到了人生荣耀的顶峰。

苏秦出使归来,经过故乡洛阳。由于各诸侯国都派出大批使者和士兵护送,这铺陈的排场,惊动了周天子。周天子当然记得他曾经怎样拒绝了苏秦的求仕,很担心苏秦心怀怨恨,于是赶紧派人清扫道路,到郊外去迎接。苏秦在备受冷落的故乡,享受到了一个诸侯君主才有的荣光。

回到家，原先对他鄙夷不屑的兄弟妻嫂，"侧目不敢仰视"。苏秦笑着问嫂子说："何前倨而后恭也？"

嫂嫂说："这是因为看到你'位高而金多'啊。"

苏秦算是看透了人情的冷暖。他长长叹了一口气，"散千金以赐宗族朋友"。对于当年曾经有恩于他的人，不论大恩小惠，他都是十倍百倍地加以报答。不过还有使命在身，故乡不可久留。临要走时，忽然有一个人找上门来。

"我没有忘记你。"苏秦看了看他，"当年你和我一起去燕国，到了易水，我正是最穷困潦倒的时候，你却抛下我离开了。当你转身离开的那一刻，你知道我心里对你有多怨恨吗？不过我仍然会酬谢你，只是要把你放在最后。"

不只是对这个在艰难时刻抛弃他的人，对于那些曾经侮辱他、敌视他的人，他也不放在心上，一笑置之。苏秦在意的是感恩与回报，那才是美好的事。能在受了那么多屈辱的故乡这么扬眉吐气一下，他很高兴，很满足。不过，必须上路了。艰难、惊险甚至可怕的未来正在前面等着他。

公元前二八七年，在苏秦的奔走联络之下，六国组成了联军，浩浩荡荡向秦国进发。

燕国派出两万军队，自带粮食，随齐军出动。韩、魏两军正在会合。赵军的精锐从上党出发。楚国大军也从南方赶来。大军将在韩国的虎牢关会师。

秦国听到六国合纵进攻的消息，大惊失色，立即取消了西帝的称号，把抢夺而来的城邑，还了三座给魏国，还了两座给赵国，紧急派出使者，请求与六国讲和。

各怀私心的六国，只是临时凑合在一起，并没有真正进攻秦国的决心。齐国只是想趁这合纵攻秦的机会，攻取宋国。而赵、魏两国也对宋国垂涎欲滴，决不容许齐国独占宋国。楚国对宋国也是虎视眈眈，时刻想着收回被宋国夺去的淮北之地。燕国呢？它的目标是齐国，一直在等待齐国受伤的那一刻。秦国一边以宋国为诱饵，诱使齐国退兵，一边用武力威胁魏国，同时与赵国开始了新的密谋。六国间的钩心斗角，使得一场声势浩大的伐秦大战，还没有摆开阵势就夭折了。大军在虎牢关下滞留了一阵，偃旗息鼓，各自回国了。

六国刚刚退军，秦国就又露出了獠牙。秦军兵分两路，一路进攻魏国的安邑，一路进攻魏国的河内。魏国大败，只好把自己的旧都安邑割给秦国。

这一次，齐国不再出手相救。齐国的目光正死死盯着宋国。

此时，除了齐国，魏、赵、楚、秦，都对宋国流出了贪婪的口水。燕国也已经派出军队来到齐国，只等齐国一声令下，就随之进攻宋国。战国七雄，竟然都向宋国伸出了利爪。究其原因，竟因为一个可笑的预兆，一个宋王信以为真的预兆。

周武王灭了商纣王，把纣王的哥哥微子封在宋，让他管理原先商朝的遗民。一代代传下来，终于传到了宋王偃。

有一天，飞来一只小雀，在宋国的城墙脚下孵出了一只大鹞鸟。这事轰动了宋国。宋王偃让太史占卜。太史说，小鸟生大鸟，这是以小搏大的预兆，由此可知，宋国将会称霸天下。宋王偃相信了这个预兆，因为这正是他内心所想。于是宋王偃用皮囊盛血，悬挂起来用箭乱射，名曰"射天"，又鞭打刀砍地神、土神、谷神的牌位，说："我用威力降服天地鬼神。"诸侯于是称他为"桀宋"，说他恢复了与祖先商纣王一样的暴虐行径，"不可不诛"。后世史学家们认为，宋王偃的这一切行为，其实是商朝人遗留下来的风俗。因为他们所敬奉的神祇与周朝不一样，引起了四方诸侯的愤怒与仇视。

早先的时候，宋王偃也曾尝试行仁政，还引得当时儒家大师孟子前来投奔。然而在这个可笑的预兆的鼓励下，宋王偃的野心迅速膨胀，他号称："寡人所说（悦）者勇有力也，不说（悦）者为仁义者。"宋国开始了自不量力的扩张。

公元前三〇一年，宋往南侵占了楚国的淮北之地；公元前二九六年，灭掉了滕国，然后又攻打薛国。连续的胜利，使得宋王沾沾自喜，甚至陶醉了。他把王位传给太子，本意是想更加坚固和稳定宋国，积蓄力量称霸中原，没想到随后宋国发生内乱，太子出走，宋王偃重又登上王位，"诸善太子者皆有死心"。如此一来，表面强大的宋国，内部开始了崩塌。苏秦对齐王说："如果这时进攻宋国，宋国必定大乱。"齐湣王于是下令攻宋。

经过多年的经营，宋国已经成了一个小小的军事强国，像一只刺猬，齐国一连攻打了两次，都没有占到便宜。这一次，齐国抓住宋国内乱的时机，发出了致命一击。

公元前二八六年，齐灭宋。称霸不成，反而国破家亡的宋王偃逃到了魏国的温地，最后凄惨地死在了那里。

当齐湣王沉浸在灭宋的喜悦之中时，却不知道，齐国也到了亡国的关头。齐国虽然灭了宋国，可是在攻战之中，实力也受到极大的损伤。同时，抢得宋国这块肥肉，立即引起了诸侯国的敌忾之心。而这个后果，正是苏秦乐意看到并一手促成的。

首先出手的是秦国。秦王慷慨激昂地宣称："有齐无秦，无齐有秦，必伐之，必亡之。"秦国心中所想的，是宋国富甲天下的陶邑。陶邑自古以来，就是诸侯间的交通中枢和商品重镇，早在春秋末年，退隐江湖的范蠡，就是在这里成为富可敌国的陶朱公。

公元前二八五年，秦国派大将蒙骜（ào），越过韩、魏攻取了齐国九城。为了联合各国攻齐，秦昭王先与楚顷襄王在宛相会，其后又与赵惠文王在中阳相会，之后又约了魏昭王在宜阳相会，约了韩釐王在新城相会。看到攻打齐国的机会已到，燕昭王来到赵国会见赵惠文王，商谈出兵之事。如此一来，又一个六国联盟形成，只是这一次，进攻的对象换成了齐国。秦国担心对齐国的进攻会如上次联军进攻秦国一样，最后虎头蛇尾，不了了之，于是向赵国和燕国送去人质，以表明自己的坚定决心，并狡诈地推举赵国为盟主，自己甘愿为辅，同时派御史到魏国监督联军的动向。

最终出兵的是赵、秦、韩、魏、燕五国，五国推举身兼燕国上将军和赵国相国的乐毅为统帅。

公元前二八五年，乐毅率领五国联军从赵国的东南向齐国展开攻击，首先攻占了齐国的灵丘。灵丘是屯兵的据点，一场大规模的进攻，将在此酝酿。慌乱的齐国动用一切外交手段，试图化解危机。可是五国的大军如离弦之箭，已经无法停止。

公元前二八四年，乐毅在济西大破齐军。败兵退到齐国都城临淄西门外的秦周。乐毅率领单独一支燕军，长驱直入，眼看就要兵临城下。齐军主将达子向齐湣王请求多发赏金激励士气。齐湣王拒绝了。

齐湣王此时正在大发雷霆，他终于知道了苏秦是燕国的"死间"，正是这个人，造成了齐国现在这样的危险局面。齐湣王下令，对苏秦施以车裂之刑。

《淮南子·说林训》上说："苏秦以百诞成一诚。""百诞"是指苏秦来到齐国，采取种种手段和阴谋，终于让齐国陷入绝境。"一诚"是说苏秦对燕国的专心与忠诚。他为了这个忠诚，终于付出了自己的性命。

苏秦死后不久，乐毅率领燕军很快攻破临淄，随后又一连攻下齐国七十多城。最后齐国仅剩下即墨和莒（jǔ）两座城邑。齐湣王逃到莒城，被人杀死。一个泱泱大国就这样灭亡了，即便还有一口气，它在剩下的岁月中也只能苟延残喘，毫无振作的机会了。

苏秦不屑于曾参的"孝"，不屑于伯夷的"廉"，不屑于尾生的"信"，似乎所有的道德标准都不成为他的约束。他任性自在地行走在诸侯国之间，口若悬河，长袖善舞，处处显得游刃有余。照他的智慧，完全可以及早抽身而出，保住自己的性命。可是他却一直在坚持着、等待着，直到燕军到达了齐国的都城之外。他在坚守一个承诺，他将为这个承诺去死。而坚守这个承诺的原因，既不是家仇国恨，也不是正义良心，只是因为燕昭王是他的知己。

这种肝胆相照的情义，流淌在中国人的血液之中。它有时表现在"一诺千金"，有时表现在"桃园结义"，有时表现在"高山流水"，彼此一见倾心，便以生死相托。士为知己而死，士为灵魂的永恒而死。

第九章 乐毅

他在顺境之中，不骄不躁；在逆境之时，不怨天尤人。他以一种优雅从容的姿态，翻开了战国史上最为胶着的一页。

多年之后，一位唐朝诗人，登上一座杂草丛生、荒凉残破的废墟，吟出一首短诗：

前不见古人，后不见来者。
念天地之悠悠，独怆然而涕下。

一种无边的寂寞和刻骨的孤傲，使得千年以来无数读者为之怅然泪下。这首诗的作者叫陈子昂，诗名叫《登幽州台歌》。这座早已荒废的幽州台，就是燕昭王招贤的黄金台。燕昭王招来的最有名的让后世诗人们感慨万千的那位贤人，名叫乐毅。

乐毅的先祖是乐羊。魏文侯任命乐羊为主帅，率军攻打中山国。乐羊的儿子在中山为官，中山国君以他为人质，逼乐羊退兵。乐羊不理，中山国把他儿子做成肉羹送过来。乐羊平静地吃下一杯，然后下令强攻，一举灭了中山国。这是公元前四〇六年。乐羊虽然满腹韬略，可是因为他的冷血，"文侯赏其功而疑其心"，把他分封在灵寿。有人说，这是放逐在外，不肯重用。有人说，这是借他的军威，让他坐镇中山国。总之，乐羊以及他的后代，从此在这里安居下来。

二十多年之后，魏国与诸侯陷入混战，中山国趁机复国。新国的都城，就设在灵寿。中山国卡在赵国之中，赵如鲠在喉。两国不断相互攻战。公元前三〇一年，赵武灵王率领二十万大军终于攻破中山国的都城灵寿，中山王逃到齐国。五年之后，赵国彻底灭了中山国。

《史记》上说，因为乐毅熟读兵书，满腹经纶，赵国人举荐他入朝为官。做什么官，史书上没有明确记载，大概是赵王身边的一位谋臣。

此时的赵王，正是赫赫有名的赵武灵王。他的名字叫赵雍，父亲是赵肃侯。赵肃侯的父亲是赵成侯。赵成侯时，魏惠王进攻邯郸，齐国"围魏救赵"，大败魏国。魏国从此一蹶不振，霸主的位置被齐国抢占。赵成侯去世，赵肃侯即位后的数十年间，赵国也是不断受到齐、魏、秦的进攻，败多胜少。看到赵国软弱可欺，甚至小小的中山国也来抢夺土地。公元前三二六年，赵肃侯去世，即位的赵武灵王年幼，不能亲理朝政，秦、楚、燕、齐、魏，以参加葬礼为名，竟然各自出动精兵万人，试图瓜分赵国。所幸赵国君臣齐心合力，巧妙设计，严阵以待，才让五国知难而退。不过赵国一直处于危险的境地。

赵武灵王亲政之后，为了振兴赵国，决定"胡服骑射"。这个举措在赵国遇到极大阻力，也引起四方诸侯的耻笑，但赵武灵王锐意推行。

战国中期，战争的形式已经有了极大变化。春秋时是以贵族为主力的车战，战国初期是以农民为主力的步战，而此时，步兵遇到胡人的骑兵，根本不是对手。军事家孙膑曾总结出"骑兵十利"，说骑兵"能离能合，能散能集"，可以出其不意，攻其不备。赵武灵王看到了骑兵的威力，下决心要学习胡人的"骑射"。

为什么又要"胡服"呢？从文献记载来看，胡服不仅是穿胡人衣裳，还用貂尾做帽子的装饰，以兽皮制作皮靴，用黄金做首饰等等，这些服饰有着强烈的游牧文化特性。这就不只是为便于骑射了，而是对胡人表现出平等和友好。赵国放下礼仪上邦的倨傲姿态，使得胡人从内心感到亲近。胡服令下达后不久，林胡王献马、楼烦王致其兵，两个胡人大族归顺了赵国，赵武灵王就此设立了楼烦县。二族的归顺，使得赵国骑兵实力急剧增强，同时也大幅扩张了国土面积。

以胡服骑射的威力，赵武灵王攻灭了强横一时的中山国。至此，赵国终于从诸侯之间强力崛起，也成为秦国可怕的对手。

就在此时,赵武灵王又做出一个惊人的举动。年富力强的他,竟然把王位传给了年幼的儿子赵何,这就是赵惠文王,而他自号"主父",然后集中精力,对付必将成为赵国死敌的秦国。

公元前二九九年,秦昭王接见了一位赵国使者。此人相貌堂堂,气度不凡,秦王很是惊异。等使者告辞之后,秦王派人仔细一查问,结果让他大吃一惊,此人竟是赵国主父。秦王急忙派人追赶,赵武灵王已经绝尘而去。秦兵一直追到函谷关,没能追上。

赵武灵王知道,与秦国迟早要进行一场生死决战,他想先下手为强。他的计划很冒险——从云中、九原出兵,奇袭秦国。为了顺利进军,必须熟悉地形,于是亲自前往秦国,一是实地考察山川形势,二也想看看秦王到底是怎样一个敌手。

然而这个大胆的计划还没来得及实施,赵武灵王就死了,被家人和臣子逼死了。

赵武灵王把王位让给了小儿子,心里对大儿子赵章又心怀歉意。这种优柔寡断,导致了赵章的反叛。赵惠文王即位的第四年,赵章率兵直奔王宫,意图杀王抢位。大臣公子成和李兑闻讯,紧急调动国中的兵马前来救援,很快打败了赵章。此时,赵武灵王在沙丘自己的宫殿之中正谋划着如何进攻秦国,赵章突然狼狈不堪地奔逃过来。赵武灵王不忍看他被杀死,把他藏在宫中。

公子成和李兑率军把沙丘宫团团围住，搜出赵章，当场格杀。由于担心赵武灵王报复，他们既不敢撤军，又不便直接把他杀掉，于是就一直死死地围住沙丘宫，并对宫中的士兵仆役们说："后出者夷。"谁落在后面出宫，就灭族。宫中之人一哄而散。这一围就是三个月。赵武灵王出不了宫，又没有食物，饿得没办法，只好去掏鸟窝，吃鸟蛋，可哪有多少鸟窝可以掏呢！公元前二九五年，一代英豪，竟然活活饿死在宫中。

在军国大事上，赵武灵王深谋远略、刚强果断，可是碰到儿女家事，他又变回一个常人。"无情未必真豪杰"，在残酷的政治旋涡中，有情却可能是致命伤。由于对家国之事的处理不当，盖世英雄终于以悲剧收场。他的悲剧，与春秋霸主齐桓公的遭遇如出一辙。权力，从来都是一把可怕的双刃剑。

赵武灵王死了，赵国一片混乱。秦国也因此躲过了一场大危机。这对一直等待被雄才大略的赵武灵王重用的乐毅，也是一个打击。他不愿陷在这个乱局之中，庸庸碌碌了此一生，于是收拾行囊，来到魏国。魏国也没有重用他，过了一段时日，给了他一个使者的身份，让他出使燕国。

此时，燕昭王已经筑好了黄金台，正以虔诚谦恭的姿态，广招天下贤士。燕昭王一见乐毅，"以客礼待之"，不敢以臣子对待，把他当尊贵的客人，以示尊崇与礼遇。

燕昭王之所以如此对待乐毅，有一个渊源。据《战国策》

记载，当年燕国内乱，齐国乘机进攻，燕王哙死在战乱之中，燕国眼看就要灭亡。赵国想保存燕国。乐毅向赵武灵王献计说："如果单独进攻齐国可能达不到目的，不如用赵国的河东之地，向齐国交换燕国的河北之地。如此一来，齐国就更加强大了，诸侯国一定会嫉恨，就会联合我们去进攻齐国。"果然，很快楚国与魏国派来使者，联合赵国准备向齐国进攻。在此情况下，加上燕国百姓奋起反抗，齐国担心受到围攻，只好灰溜溜地撤军回国，燕国这才得以保全。赵武灵王随后又派人去韩国，把燕公子职护送回国即位，这就是燕昭王。所以燕昭王知道乐毅的能耐，对他也是心怀感激。既然乐毅来到燕国，他说什么也不肯让乐毅离开。

燕昭王的诚心感动了乐毅，乐毅于是辞去魏国的差使，留在了燕国。燕昭王封他为"亚卿"，这是仅次于正卿的爵位。对于寸功未立的乐毅，这算是超常待遇了。

乐毅在燕国秣马厉兵之时，燕国的死间苏秦，也在齐国稳步推行着燕国的复仇之计。

公元前二八六年，齐国吞并宋国。这是苏秦计策中最重要的一环。果然，赵、秦、韩、魏、燕五国，在震惊与嫉恨中，决定联合发兵，进攻齐国。

燕昭王拜乐毅为上将军，把全国兵马交到他手中。同时，赵惠文王任命他为赵国相国。五国联军，共同推举他为全军的统帅。

公元前二八五年，乐毅率领五国联军从赵国的东南向齐国展开进攻，很快攻下了齐国的灵丘。五国兵马，以灵丘为据点，开始酝酿一场毁灭性的大战。

齐国知道情况紧急，调集了全国的兵马，以触子为将军，率军渡过济水，在济西迎战。看到五国联军雄壮的军威，触子固守不战，等待战机。可是齐湣王心急火燎，不断催他作战，最后竟然让人羞辱并斥责触子说："如果再不开战，我就灭掉你的宗族，掘掉你的祖坟。"触子一听，怒火中烧，愤愤然擂鼓出战。

这场关系着齐国命运的决战，发生在公元前二八四年。

其实早在开战之前，齐国的命运就已经决定。先是齐湣王中了苏秦的计策，先后三次进攻战力强大的宋国，虽然最终灭了宋国，自身也元气大伤，现在已经疲弱不堪。秦、赵、韩、魏四国无法容忍齐国独大，都想从它嘴中抢出一块肥肉。秦国按捺不住，抢先出兵，越过韩、魏两国，已经攻下齐国九城。燕国与齐国有着亡国之恨，君臣日日夜夜都在等待时机复仇。苏秦冒着生命危险，营造了多年，才创造出来了最佳时刻。

中了燕国诡计的齐湣王，依然浑浑噩噩，还在努力折腾着齐国内政。

都城里有个名叫狐咺（xuān）的人，直言批评国家政事，齐湣王当街把他杀了。百姓之口被堵住，百姓之心也就失去了。

齐国宗室一位叫陈举的人，批评朝政，齐湣王在临淄城的东门把他杀了，从此宗室与他也是离心离德。齐湣王沉浸在灭宋之后虚浮的荣光之中，越发刚愎自用。在决定齐国命运的关键时刻，他又下了一着死棋，置齐国于死地的死棋。他把自己军队的统帅逼得走投无路。

那就开战吧。触子指挥齐军向五国联军发起进攻。可是两军刚一接触，他却又突然鸣金收兵。

显然，愤怒的触子，是故意让齐军陷入混乱。乐毅当然不会错失这个机会，他趁机发动猛攻。齐军一触即溃，四散逃命。主将触子独自乘了一辆马车，冷冷地看了一眼土崩瓦解的齐军，悄然离开战场。他一走了之，从此杳无音信。

齐国战败了。秦、赵、韩、魏分头去抢占宋国的土地，没有心思继续进攻齐国，他们也不想灭掉齐国。

战场上，只剩下最后一支兵马——满怀仇恨的燕军。

乐毅下令在济水上搭建浮桥，然后率军直扑齐都临淄。

齐军副将达子，收拢残兵败将，退守到临淄雍门西边的秦周。此时的齐军已疲惫不堪，兵无斗志。达子想以重赏来提高士气。有了士气，或者还能背水一战。他派人向齐湣王请求金钱赏赐。齐湣王一听，大发雷霆："若残竖子之类，恶能给若金？"你们这些残存下来的家伙，怎么还能给你们钱啊！就这样，他终于断绝了齐国和他自己的最后一线生机。

犒赏未来，燕军已经杀到。

灰心丧气的达子，只好硬着头皮迎战。这样的军队，怎是士气如虹、满怀复仇之心的燕军的对手！齐军大败，达子战死。燕军放火焚烧雍门，大火映红了古老的临淄城，城中军民百姓慌成一团。一座"连衽成帷，举袂成幕"，繁华、壮丽、古老的都城，已经无法改变陷落的命运。昏聩而慌乱的齐湣王，此时唯一能做的，就是把苏秦车裂，出一口恶气，然后仓皇出逃。

据乐毅《报遗燕惠王书》所言，燕军把齐国宗庙的祭器运回燕国，摆在燕台之上；把齐国庙堂的乐器，陈列在燕国的元英宫中；把当年被齐国抢去的宝鼎，重新夺了回来，摆放在王宫的历室；把齐王舍不得赏给齐国士兵们的金钱宝物一抢而空。

忍辱负重了几十年的燕昭王终于扬眉吐气，一雪当年的亡国之恨。不仅如此，由于打败了与秦国平起平坐、号称"东帝"的齐国，数百年来几乎悄无声息的燕国，一跃而成为威震诸侯的大国。燕王亲自赶到济水之畔犒劳前线的将士，对将军乐毅，更是重重赏赐。他把乐毅封在昌国，号为昌国君。昌国是齐国都城东南的一个城邑，刚刚被燕军占领了。燕昭王把这里封给乐毅，显然是想吞并齐国，并且永久占据。

受封完毕，乐毅继续统率大军横扫齐国。此时的齐国人心惶惶，已经毫无招架之力。燕军所到之处，齐国大小城邑，望风而降。

齐湣王夺路狂奔,一口气逃到卫国。卫国国君礼敬齐国是大国,腾出自己的宫室给齐王居住,给他备下丰盛的宴席。这位逃命的齐湣王,喘息未定,竟然又摆起"东帝"的架子,对卫国国君出言不逊。卫国人气愤难当,趁夜袭击了他的车队,齐湣王只好连夜出逃。

出了卫国,一路往东,来到鲁国。齐湣王让随从去问鲁国人,打算以什么样的礼节来接待自己。鲁国人说,用牛羊猪各十头来款待。齐王的随从很生气,斥责说:"这哪是接待天子的礼节啊?你们国君应该让出宫室,交出钥匙,提起衣襟,站在我们大王旁边,等他吃完了饭,才能出去处理政事。"鲁国人一听,把他赶了出去,然后把城门一锁。齐湣王不是架子大嘛,那就在城外待着吧。

齐湣王没办法,继续往东,来到邹国。邹国国君刚刚去世,齐湣王打算去吊唁,就派人对邹国新君说,天子来吊唁,照礼节,你们要把棺材调过方向,以便天子面朝南行吊礼。邹国人大怒,把这支可笑的队伍直接轰走了。

国破家亡、惶惶如丧家之犬的齐湣王,在逃命的时候还要摆上名不副实的"东帝"天子的排场,简直荒唐得可笑。他处处碰壁,还有哪里能去呢?

此时,乐毅已经接连攻克了齐国七十多个城邑,将它们全都改为燕国的郡县。偌大一个齐国,只剩下即墨和莒两个城邑。

即墨离邹国将近千里，莒城只有四百余里，那就去莒城吧。

齐湣王一路往东，来到莒城。此时楚国派大将淖（zhuō）齿率领一万精兵赶来救援齐国。这也是几个大的诸侯国里，唯一没有趁火打劫的国家。

莒城在齐国的长城之南，靠近楚国，如果有楚国相助，以此为根据地，说不定可以重新复国。齐湣王于是任命淖齿为相国，暂时安顿下来。

谁知道时间不长，两人就发生了矛盾。一是亡国之余的齐湣王继续摆他的臭架子，使得淖齿难以忍受。二是楚国援助齐国的主要目的是收回当初被宋国夺去的淮北之地，并不肯为齐国去与燕国死战。就这样，淖齿发作了，捉住齐湣王，斥责他不听天、地、人的警告，以至于国破家亡，是个十足的昏君。淖齿把齐湣王绑在莒城东庙的横梁上，用酷刑把他处死。

齐湣王有个随从，叫王孙贾，才十五岁，听到齐王死讯，就在城中大喊道："淖齿乱齐国，杀湣王，欲与我诛之者，袒右！"齐湣王一死，齐人对他的恨也就消了，家国之情油然而生。听到有人领头，一下子拥来四百多人，个个袒露右臂，跟随王孙贾，气势汹汹地直奔淖齿的住所。淖齿猝不及防，被当场杀死。楚军群龙无首，一哄而散。

齐湣王的儿子法章在父亲被杀之后，隐藏身份，逃到莒城太史敫（jiǎo）家为雇工，专门挑水担粪，浇灌菜园。太史敫的女儿无意间与他相遇,看他一表人才,经仔细询问,得知他的身份。两人在菜园子里私订终身。王孙贾杀死淖齿之后,齐人四处寻找太子,终于访到法章,于是立他为齐王,这便是齐襄王。这段历史被明朝人写成一部《灌园记》,搬到了戏台上,里面有着王侯将相、才子佳人,很热闹。不过对于齐国而言,这已经是一部大戏的尾声了。自此之后,齐国将让出历史舞台的中心,龟缩在角落里,一动也不敢动。

齐国没有灭亡,仅存最后两座城池。一个是法章登基的莒城,另一个是即墨城。

坚守即墨的,便是战国赫赫有名的大将田单。

田单原本是临淄城管理市场的一个小官,不被人赏识。乐毅进攻临淄时,他和族人逃难到都城东北的安平城。田单让族人把马车车轴两端长的部分锯掉,包上铁笼。时隔不久,燕军进攻安平。在城破之时,田单又带着族人逃亡。大路上逃命的车辆互相抢道,车轴相撞,很多车子毁坏在路上,大多都被燕军俘虏了。只有田单这一队,因为预先做了防护措施,车子得以保全,终于平安逃到即墨城。

很快,乐毅率领燕军冲杀到即墨城下。城中守将出城迎敌,刚一交战就被杀死了。

城中军民听说了田单用铁笼之策保全族人的事,认为他有才干,于是推举他做即墨城的守将。

田单果然厉害，乐毅攻打了几年也没有拿下这个城池，于是改用怀柔之策，围而不攻，打算不战而屈人之兵。双方暂时保持着一种脆弱的和平。

一晃五年过去，燕昭王突然病逝。

即位的是燕惠王。惠王做太子时，就与乐毅有矛盾，而这一消息，被田单打听得确实。田单派人在燕国散布流言说："乐毅并不是攻不破即墨和莒城啊，他是想留在齐国当齐王呢。齐国人最担心燕国改派其他将领来，那样即墨就完了。"

燕惠王相信了流言，改派骑劫替代乐毅，为燕军统帅。

乐毅一看形势不对，担心回燕国会被燕惠王杀害，于是带着随从，急奔赵国。他是赵国人，想想还是回归故土。赵惠文王听到乐毅回国，当然是喜出望外，把他封在赵国的观津，号为"望诸君"。望诸的意思是，赵王我盼望您已经很久啦。

乐毅一走，田单马上派人与骑劫商谈投降的事。即墨城中的富人，也偷偷向燕国的将军们送来金银贿赂，希望燕军进城之后给他们保护。城外的燕军欢欣鼓舞，只等受降。

在约好投降之日的前一天晚上，田单从城中收集到一千多头牛，每头牛身上披上红布，红布上画着五彩的龙纹。牛的双角绑上锋利的尖刀，牛尾系上沾满油的芦苇。士兵们把城墙挖开几十个大洞，牛都被赶到了洞口。牛的后面是精选出来的五千壮士，一个个画着怪脸，手拿磨得雪亮的刀枪。

田单一声令下，士兵们点燃牛尾上的芦苇。群牛既痛且惊，一下子涌出城洞，朝燕军军营疯狂冲去。

即墨城中所有的军民百姓，全都走出家门，手拿铜盆拼命地敲打，一时之间，呐喊声惊天动地。

火牛冲进燕军之中，所到之处，士兵们非死即伤。紧跟在火牛后面的齐兵，一声不吭，逢人就砍。燕军突然看到这许多怪物，一个个吓得魂飞魄散，又哭又喊，四处奔逃。燕军主将骑劫还没弄清情况，就被杀死在乱军之中。

田单"火牛阵"大破燕军的这一年，是公元前二七九年。而在数十年后的公元前二一七年，迦太基名将汉尼拔，在与罗马人的一次战斗中也用了一次火牛阵。不过他是把干柴绑在牛角上，点上火后让牛乱窜。这两次火牛阵都取得了胜利。钱锺书先生在评价这两次战斗时写道："额火与尻（kāo）火孰优，必有能言之者。"火烧牛头与牛的屁股，哪种方法好呢？可以想见，钱先生在说这话的时候，脸上一定带着狡黠的微笑。

燕军在这种恐怖的打击之下，完全崩溃，狼狈不堪地向北方逃窜。田单率领齐军在后面紧追不舍。被占城邑的齐国百姓，看到燕军战败，纷纷响应，里应外合，驱逐燕军。齐军如雪球般越滚越多，实力也是越来越强。田单一口气追到黄河边，才停下脚步。此时，被燕国占领的七十多个城邑，又全部回到齐国手中。齐国就此复国，可已经不复是以前的齐国。它衰弱不堪，只能蛰伏在东方，悄无声息地舔着自己的伤口。

黄河北岸，就是燕国了。听到燕军大败的消息，燕惠王目瞪口呆。

刚刚逼走乐毅，一夜之间，就丢掉了齐国。不只是燕昭王几十年的心血付之东流，燕国马上就将面临危险的境地。战国是弱肉强食的时代，一场惨败之后，实力不济了，说不定就面临国破家亡的绝境。

燕惠王悔恨交加，又怕乐毅怀恨在心，趁机率赵军进攻燕国，于是给乐毅写了一封信。惠王说："我从来没有忘记将军对燕国的大恩。因为我刚刚即位，所以受到左右小人的蒙蔽。其实我让骑劫替您回来，是因为您在外多年，太过辛苦，想请您回国休整并且与您商量国家大事啊。您误会了我，与我有了嫌隙，抛弃燕国去了赵国，您怎么对得起先王对您的知遇之恩呢？"

于是，就有了乐毅《报遗燕惠王书》这篇千古名篇。

这篇记录在《史记》中的回信理义明正，慷慨悲壮，动人肺腑。还是一篇言辞华美、含英咀华的美文。后世学者称这篇文章是"当世第一文字"。文中"君子交绝，不出恶声；忠臣去国，不洁其名"，"善作者不必善成，善始者不必善终"等等，成为千古名句。金圣叹甚至说这篇文章是诸葛亮《出师表》的蓝本，而且"比《出师》更自胜无数倍"。事实上，诸葛亮本人对乐毅也是推崇备至。《三国志》上说诸葛亮"身高八尺，每自比于管仲、乐毅，时人莫之许也",别人还认为他根本比不上呢。诸葛亮不只敬佩乐毅的军事谋略,还敬佩他的政治才华。在乐毅驻守齐国的五年之中,齐国毫无反抗之力,局势平稳。《资治通鉴》上说:"乐毅修整燕军,禁止侵掠,求齐之逸民,显而礼之。宽其赋敛,除其暴令,修其旧政,齐民喜悦。"如果再假以时日,也许就真正将齐国吞并了。而乐毅一走,形势立即倒转。

被燕惠王中断了一生中最辉煌的事业,乐毅并没有与燕国为敌。顾及燕昭王的知遇之恩,他做了燕、赵两国的客卿,往来于两国之间,既为两国的政治军事出谋划策,也充当两国的和平使者,算是平静地淡出了历史的舞台。然而,历史已经因他而改变。

乐毅的进攻,导致了齐国的破亡。乐毅的出走,使得燕国又现出弱国的原形。乐毅的这一进一退,成为战国形势的转折点。齐国从此衰弱,再也不能振作,秦国成了单一的超级大国。失去制衡的力量是可怕的,它可以恣意妄为,作威作福。

公元前二八四年,乐毅攻破齐国。第二年,秦国就向魏国发起疯狂的进攻,其后二十年中,先后七次围攻魏国都城大梁,多亏赵、燕两国的救援,魏国才没有被灭国。

乐毅破齐的第三年,秦国又向赵国发动进攻,一连夺取了两座城邑,第四年又攻取了赵国的两座城邑。再隔一年,秦将白起又占领了赵国的代和光狼二城,斩首三万。

公元前二七九年,乐毅被逼逃往赵国,田单恢复齐国。也就是在这一年,秦军大举进攻楚国,水淹鄢城,楚国军民死伤数十万人。第二年春天,秦军攻陷郢都,烧毁了楚国先王的陵墓和祭祀祖先的宗庙。那个放逐了屈原的楚顷襄王,仓仓皇皇把都城迁到了陈。而受此沉重打击的屈原,两年之后,抱石自沉于汨罗江。

形势推着乐毅走到历史的转折点上,他趁势而上;形势不利了,他又顺势而下。顺境之中,他不骄不躁;逆境之时,他也不怨天尤人。他以一种优雅从容的姿态,翻开了战国史上最为胶着的一页。

乐毅渐行渐远。他浑然不觉,他嗒嗒的马蹄,已然引发了接连的雪崩。这一场场雪崩将横跨六十年,每一场都排山倒海,每一场都荡气回肠。

第十章 藺相如

生死关头的抉择，才最考验人的勇气和智慧。这个时候的从容，才是真从容，这时候才能看出真正大丈夫的气概。

一场宴会，竟然改变了秦、楚、赵三个大国的命运。

举办宴会的地方在渑池，时间是公元前二七九年。

这一年齐国田单复国。不过齐国已经失掉了威力，成了一头病虎，不仅再不能与秦国相提并论，还要受周边诸侯的欺侮。一个国家，从强大到衰败，有时候只需要一个昏庸的国君，譬如齐湣王。

齐国倒下了，秦国长长舒了一口气，它成了唯一的霸主。既然失去了制衡，就可以随心所欲了。它首先向魏国亮出了獠牙。短短十多年间，秦国七次进攻魏国，其中五次打到了魏国国都。刀枪上明晃晃的锋芒，刺得大梁城君臣百姓们心惊胆战。此时魏国的相国是孟尝君。曾几何时，他靠"鸡鸣狗盗"从秦国逃回齐国，气吞山河，统率大军攻入函谷关，打得秦国俯首求和。

后来齐湣王疑心孟尝君谋反，他只得逃往魏国。出于愤恨，他积极主张魏国出兵，协助乐毅攻打自己的母国。现在齐国倒下了，魏国危在旦夕，孟尝君无计可施，只能苦苦哀求赵、燕两国出兵救援。

谁会想到，战国初期魏国曾经强大到可以任意吊打秦国呢？马陵一战，魏国大败，眨眼的工夫，就把霸主的位置让给了齐国。齐国越来越强，到了齐湣王的时候，已经号称"东帝"，在战场上也常常占据上风。没想到，燕国突然进攻，自大的齐国短短几个月就崩溃了。照理接下来崛起的应该是燕国。可是由于燕襄王自断臂膀，驱逐了上将军乐毅，导致燕军一溃千里。燕国的灿烂成了昙花一现。

乐毅本是赵人，于是回到赵国。而此时，经过"胡服骑射"彻底变革的赵国，开始显露出虎虎生气。也正由于赵国的救援，秦国始终不能灭掉魏国。有一次，赵军甚至把秦国的战神白起围困在林中，逼得秦国退兵讲和。这场败仗记录在《战国策》上，秦国讳言自己的失败，秦史没有记载。

赵国渐渐成了秦国的心腹大患。那位诱捕并逼死了楚怀王的秦昭襄王，又对赵王动起了坏心思。

此时的赵王是赵武灵王的儿子赵惠文王。他虽然没有父亲的雄才大略，可是知人善任，从谏如流，也算是一位积极有为的明君。对于秦国而言，这样的君主，更留不得。

秦昭襄王派使者约赵王见面，名义上是要与赵国修好。

久攻魏国不下，秦王想换一个目标，不过一时拿不定主意，到底先攻赵国呢，还是先攻楚国？只要见到赵王，他就知道了，就能决定了。

公元前二七九年，秦王约赵王在渑池相会。渑池原本是韩国的城邑，现在被秦国占了。因为有楚怀王的前车之鉴，赵惠文王很踌躇，不想去。大将廉颇和上大夫蔺相如劝说道，如果不去，是向秦示弱，显得我们赵国胆怯。赵国胆怯，必然会刺激秦国发动进攻。这关系到国家的生死存亡。赵王咬咬牙，去就去吧。

陪同赵王前往秦国的是蔺相如。廉颇率领大军簇拥着他们，一直送到赵国边境。军队不能过国境，廉颇对赵王说："盟会加上往返的时间，最多三个月。如果三个月您还不回来，我就立太子为王。"

赵王沉吟了一下，点点头说："好。"

廉颇的话大胆之至。这是"社稷为重，君王为轻"啊。如果赵王心胸狭窄，廉颇就危险了。好在赵王是个明白人。他知道，只有做最坏的打算，破釜沉舟，才能阻止秦国的阴谋，赵国才能保住。也因此，后人十分赞叹廉颇，说他冒死进谏，深谋远虑，不愧是战国第一流的大将。

赵王一行赶往渑池。廉颇驻扎好大军，警惕注意着盟会的动向，一有风吹草动，就准备立即冲杀过去。

秦王在渑池摆开宴席，钟鼓齐鸣，场面极为盛大。几爵酒喝下去，秦王兴致高涨，借着酒意说："我听说赵王您精通音乐，麻烦给我演奏一曲。"一摆手，让人呈上一张瑟来。

赵王无奈，俯下身子，勉强弹奏了一曲。秦王哈哈大笑。一旁掌管书籍文录的秦国御史上前一步，高声宣示说："某年月日，秦王与赵王会饮，令赵王鼓瑟。"

一个御史，哪敢当面侮辱一国之君？这显然是秦王吩咐好的。赵王面红耳赤，一言不发。

蔺相如从席中站起身，大步走到秦王面前："我们赵王听说您善为秦声，请奏盆缻（fǒu），以相娱乐。"盆缻是盛酒水的瓦盆。秦国人粗犷狂放，一高兴了，常常仰天击缻，嘴里发出"呜呜"的吼叫。让秦王击缻，显然是一种冒犯。秦昭襄王勃然大怒，断然拒绝。

这时，蔺相如从桌上拿起一只瓦盆，双手捧着，举在秦王面前。秦王一动不动。相如说："五步之内，相如请得以颈血溅大王矣！"情势如紧绷的弓弦，相如话语如刀：你如果不击缻，我就与你同归于尽。秦王左右的随从一看，唰地拔出刀来，恶狠狠地围上前，立时就要把蔺相如乱刀砍死。

蔺相如双目圆睁，回头大吼一声。手执利刃的随从们猛然一惊，吓得连连后退。

在蔺相如凌厉的目光下，秦昭襄王万般无奈，只好阴沉着脸，在瓦盆上"铛"地敲了一声。

蔺相如回头招呼赵国的御史说："某年月日，秦王为赵王击缻。"

说完，他从从容容回到自己的座位上，坦然端起面前的酒爵，仿佛什么事也没有发生一样。

一阵冷寂过后，秦、赵两国的臣子们活络起来，乐工们重新奏乐，大家推杯换盏，又开始相互劝酒。

秦国的大臣说："请赵国用十五个城邑来祝秦王健康长寿吧。"

蔺相如说："请秦国用咸阳来祝赵王健康长寿吧。"

你一言，我一语，直到这场酒筵终了，秦国也没能占赵国一点上风。秦王摆摆手，散了吧。他已经探听明白，就在国境边上，廉颇率领着赵国最为精锐的部队，虎视眈眈，随时准备出击。

秦王终于没敢下手。

回到赵国，赵王立即拜蔺相如为上卿。这已经是相当于相国的爵位了。谁会想到，就在两三年前，蔺相如还是一个寄食在宦官家中，被人呼来喝去，操持家务的"舍人"呢。

蔺相如的脱颖而出，是因为一块玉璧，一块中国历史上最光华夺目的玉璧——和氏璧。

这块玉璧原本是楚国人卞和在荆山里挖到的，后来成了楚国的国宝。因为令尹昭阳立有大功，楚王将和氏璧赏赐与他。谁知道在一次宴会中，和氏璧竟然丢失了。有人怀疑被张仪偷了，他穷困潦倒，看样子也不像好人。昭阳把他打得死去活来，可是终究没问出结果。张仪受了冤枉，伤好之后，投奔了秦国，后来当上秦国相国，当然也就开始了他可怕的复仇计划。在他屡次的打击之下，楚国的国运由盛转衰，终于一蹶不振。

和氏璧到底被谁偷走了呢？只是一个不知名的贪财小人。时隔不久，这块玉璧被他带到赵国，一番辗转之后，被赵王收进宫中。

和氏璧在赵国的消息，慢慢传遍诸侯。楚国没有开口索要，秦昭襄王倒起了贪心。

秦王派使者来到赵国，对赵王说："秦国愿以十五座城来换和氏璧。"

赵惠文王召集大臣们商议。众人都明白，这是秦王明目张胆的索要。秦国怎么可能用十五座城来换一块宝玉呢？他只是想用一句谎话把这块价值连城的宝玉骗去罢了。赵国明知是骗局，还要白白送给他，那也太憋屈了。如果不同意呢？秦国正好有了进攻的借口。最好的办法，是派一个能干的使者去回话，既不能失了玉璧，又不能跟秦国翻脸。派谁呢？赵王环顾满朝文武，一时之间，竟然找不出一个人来。

宦者令缪（miào）贤对赵王说："我的舍人蔺相如可以担任使者。"

宦者令是宦官的头领，算是赵王的亲信。赵王问他："你怎么知道他能出使？"

缪贤说："我当初犯了罪，想逃亡到燕国去。蔺相如制止我说，你怎么知道燕王会收留你？我说，我有次跟从大王与燕王相会，燕王曾私下握住我的手说希望和我结交。相如说：'赵强燕弱。当时你受到赵王的宠信，燕王才想结交你。你现在逃亡过去，燕王畏惧赵王，一定会把你绑起来送回赵国。你不如诚恳地向赵王请罪，说不定赵王还能饶了你。'我听了他的话，向大王您请罪，您果然赦免了我的罪过。蔺相如有智谋，而且是一个不可多得的勇士，可以为使者。"

缪贤这番话极大地震动了赵惠文王。要知道，背叛君王，逃奔他国，玩弄手腕对待君主，轻则会失去赵王的信任，重则会被处以死刑。可是缪贤为了推荐一个舍人，竟愿意交出自己的前程和性命。缪贤这个人的心胸，的确非比寻常。而他冒死举荐的那个贤人，也应该非同凡响。

赵王当即下令：召见蔺相如。

"你认为可以用玉璧去换秦国的十五城吗？"

蔺相如说："如果不换，我们理亏。如果我们答应，他不肯换，是他理亏。应该让秦国来担负这个理亏之名。"

"谁能出使秦国呢？"赵王问。

"如果大王实在没有可派之人，我可以出使。十五城入赵，我把玉璧留在秦国。如果秦不交城，我一定完璧归赵。"

蔺相如带着玉璧来到秦国，秦王在离宫的章台接见他，那是他游乐的地方。如果他真对此事重视的话，按礼应该在咸阳的朝廷接见的。蔺相如心里一紧。不过事到如今，只能随机应变了。

秦王从相如手里接过和氏璧，赏玩了半天，递给旁边的美人。美人们看过，又传给左右亲近的随从，然后再传给下面的大臣。果然是块举世无双的宝玉，秦国的臣子们啧啧连声，高呼万岁，向秦王贺喜。

蔺相如站在下面，冷冷地观看着，人们几乎将他忘了。他们把玉璧传了又传，没有人提一句换城的事。相如走上前去，对秦王说："白璧有微瑕，请让我指给您看。"

秦王把玉璧交给相如。

"相如因持璧却立，倚柱，怒发上冲冠"，蔺相如的动作如行云流水，一拿到玉璧，立即退后数步，紧靠柱子站着，以防被人偷袭，然后对秦王喝道："我看大王丝毫没有以城换璧的意思。如果您逼我，我就与玉璧一起撞碎在这根柱子上！"说完，他手举和氏璧，眼睛斜瞥着柱子。蔺相如愤怒的样子，吓坏了秦王。秦王担心玉璧一不小心砸碎了，连忙请他放下，坐下来好好商量。说着,秦王召来相关官员,打开地图,当场划界,标明哪座哪座城划归赵国。

蔺相如知道,这只是哄骗他的把戏。用城换璧的事,秦王是万万不会干的,于是说道:"和氏璧,是天下至宝。赵王送璧出国时,曾经斋戒五日,以示虔诚。大王您也应该斋戒五日。到时我再献璧。"

玉璧在蔺相如手上,脆弱得很,轻易就能摔成碎片。秦王能怎么办?只好同意。

回到住处,相如让随从穿上粗布的衣裳,扮作不引人注目的普通百姓,怀揣玉璧,从小路偷偷溜回赵国。

五日一过,秦王举办盛大的仪式,召见蔺相如,准备接受和氏璧。蔺相如朝秦王行过礼,缓缓说道:"秦国自秦穆公以来,二十多位君主,没有一个信守约定。和氏璧我已经让人送回赵国了。你们如果真想要玉璧,就先割让十五城与赵。秦强赵弱,赵国怎么敢不给玉璧?您只要派一个使者去就能拿到。我欺骗了大王,请您把我丢进大锅之中,处以烹刑吧。"

满朝黑压压的文武大臣,又惊讶又懊悔,面面相觑。秦王先是满脸怒色,慢慢又缓下来。他摇摇头,干笑着。左右军士拥上前来,要把相如押下去处死。

秦王摆摆手:"算啦。赵王也不可能因为一块玉璧欺骗秦国。"

他被蔺相如视死如归的气势震住,收起了对赵国的轻视之心。他不想因为一块玉与赵国马上翻脸。

秦王重新用周到的礼数，正式接待了蔺相如，然后客客气气地送他回国，当然，再也不提以城换璧的事了。

相如回到赵国，赵王封他为上大夫。也正因为他完璧归赵的壮举，赵王才特意带他参加这次的渑池会。相如是他的胆气，也是他的主心骨。

渑池会上，赵王亲眼见到了蔺相如的勇气、风骨与气度。他不只保住了赵王的颜面，还免去了赵国一场惨烈的战祸。也因此，赵王才加封他为上卿。这个位置，已经高出了大将军廉颇。

廉颇于是不高兴了。

他发怒道："我是血染沙场立下的战功。可是那个出身卑贱的蔺相如呢，只靠耍弄嘴皮子，位置竟然在我之上。太丢人。若是叫我撞着，我一定要羞辱他。"

蔺相如听到廉颇的话，就尽力避免与他碰面。朝廷上站班，是按等级排位的，他声称有病，不去上朝，以免在众目睽睽之下与廉颇起争执。

蔺相如小心地躲着廉颇。

有一次，蔺相如外出，没想到在路上遇见了廉颇。廉颇的排场大，老远就能看到。相如急忙让车夫把马车赶到旁边的小路上，躲藏起来。

相如身居上卿之位，许多谋臣勇士投靠在他的门下。看到他这样胆小怕事,他们受不了,对相如说:"我们来投奔您,是因为仰慕您的高义。可是您和廉颇同列,却对他害怕得要命。平庸之人尚且感到羞惭,何况一国的将相呢。我们没有您的肚量,请允许告辞吧。"

相如面带微笑,问他们:"对霸道的秦王,我都敢当面斥责;对秦国满朝的文武,我都能当场羞辱。我反倒会害怕廉将军吗?我所考虑的是,秦国之所以不敢进攻赵国,是因为有我们两个人在。两虎相争,必然会两败俱伤。我这样做,是先国家之急而后再谈私仇啊。"

蔺相如的话传到廉颇耳中。廉颇内心一震,继而羞惭不已。他袒露上身,背着荆棘,让手下的幕僚领着,来到蔺相如家中,当面向相如"负荆请罪"。

《史记》上写道:"卒相与欢,为刎颈之交。"两人握手言欢,从此成为生死之交。相如一让,廉颇一拜。一个襟怀坦荡,一个慷慨雄壮。这一刻,两个人成就了一段感人至深的传奇。后人据此排了一部《将相和》,代代相传,一直唱到今天。

事实上,蔺相如渑池会上的如虹气势,正是因为有廉颇大军在后面的支撑。这两个人,终于逼得秦王在渑池做出决断:与赵国和好,向楚国进攻。

这是历史上一个极为微妙的时刻。

渑池会一结束,秦国大将白起率大军攻入楚国。楚军在鄢城坚守。白起引水灌城,楚国军民死伤数十万。随后,秦军又攻陷了楚国郢都,烧毁了楚国先王的陵墓和祭祀祖先的宗庙。楚王只好把都城迁到了陈县。两年之后,绝望的屈原,在汨罗江投水自杀。楚国自此之后,只是苟延残喘而已。而秦国,从此占据了最为有利的战略态势。横扫六国,只是时间问题了。

如果公元前二七九年的渑池会上,没有蔺相如的出现,如果秦王做出的是进攻赵国的决策呢?

历史将会改写。

此时,正是赵国最为强大之时。赵武灵王的改革,使得赵国兵精粮足。而在位的赵惠文王,用人不拘一格,心胸广阔,是一个难得的贤君。在他的手底下,有着极为豪华并且精诚团结的人才阵容。

一个蔺相如,一个廉颇,一个刚从齐国回来的名将乐毅,还有大将赵奢。这四个人,每一个都是独当一面的帅才。而此时,秦军唯一能战的将军,只有一个白起。如果秦军此时与赵国进行决战,鹿死谁手,很难料定。

蔺相如不只是一位满腹诗书的文士,还是一位带兵的将军。赵惠文王二十八年,他曾率兵进攻齐国,一直打到平邑。廉颇更是战国最有名的大将之一,身经百战,威名赫赫。乐毅号称当时第一儒将。而赵奢将军,又是一位名动天下的军事家。

赵奢原本是赵国征收田赋的一个小吏。有一次向平原君家收租税，收不到，赵奢依法而治，竟然一口气杀了平原君家九个管事。平原君姓赵名胜，是赵惠文王的弟弟，担任赵国的相国，大权在握，人人畏惧，后人称之为战国四公子之一。他勃然大怒，立即让人把赵奢抓了过来，打算处死。赵奢说："您作为赵国贵公子，却放任家人故意违法，导致法制不能实施。法制一乱，国家必弱。国弱就会被诸侯强国灭亡。国家灭亡了，您还有什么？如果连您都奉公守法，一国之人必定会心平气和，人人依法行事，如此国家才能富有而强大。"

平原君一听，立即把他举荐给赵王，委任他管理全国的赋税。在赵奢的管理之下，赵国很快国库充实，百姓富裕。

秦国派了一个叫胡阳的将军，进攻赵国的阏（yān）与，把那里的守军团团围住。赵王问廉颇："能救吗？"廉颇说："到阏与路途遥远，路上又有险阻，难。"如果从邯郸出兵，要翻过太行山，才能到达阏与，的确不容易。赵王又问其他将军，回答也跟廉颇一样。

这时，赵奢站了出来，说狭路相逢，将勇者胜。

赵王当场下令：你去。

赵奢领兵离城才三十里，就驻扎下来，并且严令："有以军事进谏者死。"

听到赵国派军来救，秦军派兵在中途的武安城西阻挡，日夜操练，军鼓与呐喊声，把武安城房屋上的瓦片都震得嗡嗡直响。秦国派来间谍,赵奢佯装不知道,给他好吃好喝,让他回去。间谍回报说:"赵军离都城才三十里,就筑下营寨不敢前行。"

秦将大喜:"阏与死定了。"

间谍刚走,赵奢下令全军脱下铠甲,轻装而行,直奔阏与。原本挡道的秦军,被赵军悄然绕了过去。赵军一直奔到离阏与五十里的地方,才立下营寨。

军士许历请见。这位许历,是受过"耐刑"之人。所谓"耐刑",是剃掉鬓须,保留头发的小刑。如果连头发都剃了,叫"完刑",刑罚更重些。许历说,请将军严密防守,不要急于出战,不然必败。

赵奢不因为他是一个受过刑的军士而轻视,点点头说:"听你的。"

许历是冒死求见的,因为赵奢先前有严令,进谏军事者处死。许历于是请求处罚。赵奢说:"以后再说。"

两军对垒,战斗即将打响。许历又进谏说:"如果抢先占据北山,就能取胜。"

赵奢说:"好。"立即下令,调派一万人的部队抢占北山。

秦军到这里已经很长时间,可是一直没想到占据北山。主要原因是赵奢用了骄兵之计,让他们觉得赵军软弱可欺,根本没想到好好防守。现在看到赵军占领了有利地形,秦军立即过来争夺。

赵军居高临下，秦军仰攻十分吃力。同时赵奢又出兵从山下夹击，秦军大败，四散奔逃，溃不成军。阏与解围。

这一仗，打得秦军魂飞魄散。《战国策·秦策》上说："天下之士合从相聚于赵，而欲攻秦。"赵国一跃而成为东方诸侯们谋划对付秦国的中心。

赵王封赵奢为马服君，提拔许历为国尉。

如果翻看之后的历史就知道，渑池会的这一年，赵国拥有四大统帅，军民齐心合力，东方诸侯也与赵国关系良好，正是与秦军决战的最好时期，也是最后的时机。

若是此时与秦国决战，赵国不至于大败，而楚国却能得以保全，也许天下势力的平衡，还不至于立即被打破。那么，历史就有可能改写。可是秦国却把这场决战，推迟到了十九年之后，那就是长平之战。

十九年过去，赵奢死了；蔺相如重病在床；乐毅没有了音信，大概也已病故；只剩下一个廉颇可以带兵。此时赵惠文王已死，在位的是他不争气的儿子赵孝成王。他中了秦国的反间计，派"纸上谈兵"的赵括，代替廉颇。病中的蔺相如劝谏说："这个赵括，只会死读他父亲赵奢的兵书，遇事不会变通，就像琴上的柱被胶封死了，琴弦没法调松紧。不能用他。"

赵孝成王不听。

不久，赵国四十万大军，被秦军坑杀在长平。赵国户户戴孝，家家号哭。蔺相如没有听到噩耗,他已经在忧虑中病死了。

世间再无蔺相如。

历史留存下来的关于蔺相如的事件不多,重要的就三件。一是完璧归赵。蔺相如机敏果断,视死如归,终于不辱使命。这件事只是表明他作为个人的智和勇。另一是渑池会。他以更大的勇气,维护了国家的尊严,免除了国君的耻辱。这才真正显出他的勇气与担当。再是将相和。这是最难得的。老子说:"勇于不敢。"不敢才是最大的勇敢。这个不敢,是以国家利益为重,个人得失为轻。司马迁感慨地说,相如一奋其气,威信敌国,退而让颇,名重泰山,可谓智勇双全。

蔺相如的智勇,是大智大勇。

汉朝的一位大才子,因为仰慕蔺相如的为人,索性改了自己的名字,就叫司马相如。

明代大思想家李贽说:"言有重于泰山,相如是也。相如真丈夫,真男子,真大圣人。真令人千载如见也。"

身处乱世的梁启超先生,在读到《史记·廉颇蔺相如列传》时,心怦怦直跳。蔺相如那句"先国家之急而后私仇也",刀一样刻在他的心上。"呜呼,此其所以豪杰欤!此其所以圣贤欤!"先生慨叹道,"亡国的时代,真就没有人才吗?无奈他们是先私仇而后才国家之急。"

梁先生的话中,带着血泪。

越过千年，每读蔺相如，最打动人的，是他的从容。他面对秦王时的怒，面对廉颇时的让，都显出他的雍容优雅，从容不迫。他并不是真怒，也不是真让。而是他有大智慧，成竹在胸。司马迁评价蔺相如时说："知死必勇，非死者难也，处死者难。"人在生死关头，如何做出最佳的选择，这是最困难的。这才是真正考验勇气和智慧的时候。而这个时候的从容，才是真从容。所谓泰山崩于前而面不改色，也许，只有胸怀山河大地的人，才有这样的气度吧。

庄子说："至人无己。"只有达到无我的境界，才会有生命的从容。

第十一章 廉頗

他性如烈火，豁达大度，爱则爱，恨则恨，举手投足之间，凛然一股浩然之气，千载之下，依然荡气回肠。

廉颇稳稳地站在长平城头，朝城西望过去。秦军的营垒铺满了整个地平线。不时有一队队的骑兵从里面冲出来，到城下兜一圈，扬起一股烟尘。赵军在廉颇的严令下，一动不动。等他们逼得近了，就一阵乱箭射回。

在长平城以东，密集而整齐地排列着赵军的营垒。廉颇回头看了看，很满意。营垒建得十分坚固，士兵们还在不断地修筑。

秦、赵两国将近百万的大军，黑压压地聚集在这片南北长五十里、东西宽二十里的山地当中，双方构筑的营垒坚固完善，任何一方都无法发起有效的进攻，只能对峙。

这是一场关乎两国生死存亡的对峙。天下诸侯都在紧张地观望着。魏国平都君对魏王说："秦、赵久相持于长平之下而无决，天下合于秦，则无赵；合于赵，则无秦。"诸侯们既不希望秦国独大，也不希望赵国独大，个个置身事外，袖手旁观。事实上，没有人能置身事外。

这场大决战，早在公元前二六二年就开始了。这一年，秦军攻取了韩国的野王，把韩国的上党郡与韩国本土隔开。上党成了孤悬在外的飞地。韩王无奈，打算把这里割让给秦国，以求秦国停止对韩国无休止的攻击。然而秦国的残暴让上党民众对他们极为厌恶。上党郡守冯亭与百姓一商量，决定把一郡十七个县送给赵国。

此时，颇有才干的赵惠文王死了，儿子孝成王在位。他召来叔叔平原君赵胜商量。平原君说："今坐受城邑十七，此大利，不可失也。"赵王于是就受了。

秦王大怒，派左庶长王龁（hé）进攻上党。上党军民一窝蜂逃往赵国。赵国派了大将军廉颇在长平驻守，一面接应百姓，一面阻挡秦军。

公元前二六〇年四月，两军短兵相接。赵军裨将赵茄率领机动部队从长平往西接应百姓，前进了四十里，与秦军的侦察部队相遇。这是一场猝不及防的遭遇战。赵军不敌，赵茄阵亡。

廉颇闻报，立即在前线建立起一系列的岗亭哨所，密切监视秦军。两个月后，秦军发起攻击，一连攻破了两个哨所，捕杀了赵军四个都尉。廉颇于是以长平城为依托，加紧构筑营垒。七月，秦兵再次发动攻击，大批人马杀进了营垒。赵军奋勇还击，损失了两个都尉,终于把秦军打退。

到了此时,廉颇也谋定了对付秦军的方略。

固垒对峙。

长于野战的廉颇,这次一反常态,只守不攻,而且防得如铁桶一般,秦兵数次攻打,都无功而返。

廉颇打算与秦军耗下去,等对方精疲力竭,再寻机进攻。

此时,长平城中粮草充足,周边全是赵国的城邑,到都城邯郸也不过四百多里。秦军离最近的大本营野王,有三百里。野王也是刚从韩国手里夺来的,形势极不稳定。到都城咸阳,更有一千多里。虽说可以通过水路漕运粮草,可是路途遥远,极其耗费人力物力。

赵军军粮也紧张,不久前向齐国借粮又遭到拒绝,不过如果尽全国之力,还是可以支撑下去。而秦国,粮食也渐渐接济不上了。

秦国不愿对峙,要速战速决,于是派人到赵国,行反间计。

"秦人所恶,独畏马服子赵括将耳,廉颇易与,且降矣。"此时马服君赵奢已死,马服子指他的儿子赵括。赵括精通兵法,名闻诸侯,曾经向父亲献奇计,一举攻克齐国的麦丘。秦王派间谍传话说,秦人就怕赵括;廉颇好对付,而且马上就要投降了。

赵王于是改用赵括为将。此时蔺相如重病在床,他劝阻赵王说,赵括不知变通,不能用。赵括的母亲更是苦苦哀求,说赵括的父亲赵奢在世时有交代，"使赵不将括即已，若必将之，破赵军者必括也"。如果用赵括为将，他一定会断送掉赵军。赵括的父亲尊重下属，待人亲和，但凡有赏赐，全都分给手下军吏。受命为将之日，不问家事。而赵括呢，一旦为大将，倨傲地坐在那里让部下参拜，把大王赏赐的财宝都藏在家里，看到好的田地，赶紧购买。他跟他父亲完全是两回事，千万不能重用。

赵王不听。为什么不听？赵王多次命令廉颇发动进攻，廉颇不理。将在外，君命有所不受。赵王恨得牙痒痒，决意用一个听话的去换掉他。赵括听话。欺下者必媚上。赵括纸上谈兵，连父亲赵奢也不是他的对手，名气很大，秦国人都害怕他。所以要用赵括。

赵括意气风发地来到长平前线。廉颇叹口气，交了军权，黯然返回邯郸。赵括雷厉风行，把廉颇信任的将领撤换掉，迅速改变原先的部署，准备全线进攻。

此时，秦国已经探听到赵军换将的消息。秦王也悄悄更换了将领，以秦国军神武安君白起，替换下王龁，同时"令军中有泄武安君将者斩"。这是因为他们清楚赵括自大轻敌，要引诱他进攻。如果他知道对手是白起，也许会吓得不敢动弹。赵括若不动，决战就不成。

就在这一来一回的换将之间，天下大势已定。

赵括率军大举进攻，秦军稍一接触，就佯装败退。赵括得意扬扬，催动大军一直杀到秦军营垒门口。秦军退入营垒，然后坚决阻击。

赵军就像一头撞在了铁板之上。

正在相持之时，白起派了两万五千兵马包抄了赵军的后路。随后五千精锐的骑兵又从中间冲杀出来，把赵军一分为二。

数十万赵军被分割包围了。

赵括一看情势危急，下令就地建筑营垒，转攻为守。

廉颇的守，背靠广阔的后方，攻防自如。此时的赵括却身陷重围，已经处于四面受敌的死地。

赵括派人向邯郸紧急求援。

然而来得更快的，是秦昭王。他亲自来到秦军的后方野王。此时秦国已经以此为中心，建立了河内郡。秦王下令，河内郡中所有十五岁以上男子，全部开赴长平前线，任务是断绝赵军粮道，阻击赵国援军。

赵军完全陷入了绝境。

公元前二六○年九月，赵军断粮已经四十六日。营垒之中，竟然有人相互砍杀，以人为食了。赵括万般无奈，把赵军分为四队，轮番向外冲杀。

这是拼了性命的冲杀，长平城外，杀声震天，血流成河。可是无论赵军如何冲撞都无济于事，秦兵越拥越多。

赵军士兵越来越少，赵括已经走投无路。他召集最后的精锐，决定孤注一掷，亲自上阵搏杀。他不能束手就擒，要么为赵军杀出一条血路，要么以死殉国。

这是空阔的山谷间，最后的呐喊与最后的冲锋。

乱箭如雨，赵括倒了下来。

赵军群龙无首，陷入混乱。一部分兀自死战，另一部分弃械投降。

这一战，杀得日月无光。赵军四十多万人全军覆没，而秦军也是伤亡过半。

一条小溪从长平北山蜿蜒而下，往南流去。秦、赵两军共饮一涧水，而鲜血，也流在这同一条河中。一场有史以来最为残酷的大战过后，河水被染得通红。后人把这条河叫丹水。

夜深了。秦兵一个个用黑布蒙脸，冲进俘虏营，用刀砍，或者直接把赵人推入深坑。之所以蒙脸，是不想让俘虏看到他们脸上可怕的表情，也是怕赵人记住他们狰狞的模样。

惨叫声回荡在巨大的山谷之中。

战场终于彻底安静了。秦军把死者的头颅堆积起来，筑成一个巨大的高台。高台的名字，就叫白起台。

秦军只留下了两百四十个年幼的战俘，让他们回赵国，去传播秦军的残暴，去恐吓赵国的君臣百姓。

噩耗传到邯郸，赵孝成王面如死灰，大臣们也是面面相觑。

得胜的秦军毫不迟疑，兵分两路，向赵国腹地发动进攻。

上党陷落，接着太原陷落。王龁的一支秦军，直扑邯郸，已经攻克了军事重镇武安。而武安，距离邯郸只有八十里。

此时的廉颇，一个人困守在家中。因为他是从前线被免职而归，原先踏破门槛的客人一哄而散，现在是门庭冷落，无人问津。听到赵军覆没的消息，廉颇既悲且痛，呆立无语。

还能做什么？

国家就要亡了。

赵王无路可走，只能亲自到秦国去求和。若是求和不成，大概是再也回不来赵国了。

赵王去秦国之时，派了人去见秦相国范雎（jū）。

范雎本是魏国人，因事被魏相国魏齐冤枉，受到严刑拷打。肋骨被打断了，牙也被打掉了，范雎装死，被人用竹席卷起来，扔在厕所里。为了警诫别人，魏齐又让人在他身上小便。等人都散去，范雎从席子里探出头来，呻吟着对看守说，如果你能放我走，我一定重谢。看守以抛尸为名，把他放了。

范雎在魏国人郑安平的帮助下，见到了秦国使者王稽。王稽把他藏起来，偷偷带到秦国。范雎向秦王献上"远交近攻"这个谋取天下的大计，被秦王拜为相国，而后又封为应侯。此时，范雎在秦国，正是一人之下，万人之上，权势熏天。

赵王安排的说客见到范雎，问他说："武安君打败赵括了？"

"是啊。"

"要围攻邯郸了吧?"

"是啊。"

"赵国一灭,秦王就能称王于天下,白起也就能封为三公了。您能做他的下属吗?您不想做恐怕也不行。另外,天下不乐为秦民之日久矣。上次上党百姓宁可逃到赵国去也不做秦民。如果灭亡赵国,北方的人跑到燕国去,东方的人跑到齐国,南方的人跑到韩、魏,秦国能得多少人口呢?不如让赵国割地,您完全没必要帮白起立功啊。"

范雎点点头。范雎见到秦王说:"秦兵已经很劳累了。不如答应赵国割地求和,让士兵们休息吧。"

秦王对他言听计从,马上召来赵王。赵王答应割让六个城。秦王于是放他回国,随后命令罢兵。

白起接到命令,愤怒不已。他很快知道是范雎作梗,两人自此结下仇怨。

这个仇,将很快断送一代名将和一代名相的性命。

赵王回到邯郸,与大臣们商量。虞卿说,秦军之所以退军,是因为疲倦,"且王之地有尽而秦之求无已,以有尽之地而给无已之求,其势必无赵也。"赵王一听,决定不割地,不求和。

秦王等了大半年,都没等到赵国的城邑,恼羞成怒,再次发兵。

公元前二五九年九月,秦将王陵率军攻到了邯郸城下。

长平惨败，降者全被屠杀，这的确让赵人恐惧。同时他们也知道，只能血战到底，绝对不能投降。

《战国策》上记载说，长平一战，赵人死者得不到埋葬，伤者得不到治疗。军士百姓，痛哭流涕，在入骨的哀恸中同心合力，一边操练，一边耕种，人人有必死之心，个个要报仇雪恨。赵王和臣子们也放下身段，与军民同甘共苦。赵人被激发出了全部的血性。

秦军攻到邯郸城下，可是进攻一次，失败一次。赵军因为长平之战损失惨重，也无力反攻。双方相持在邯郸城下，这一相持，就是三年。

秦军疲惫不堪，赵军也是苦苦支撑。若是诸侯救兵不至，恐怕迟早会亡国，情急之下，赵王派平原君到楚国去求救。

平原君从门下食客里选了十九个随从，还差一人。一个名叫毛遂的人自我推荐。平原君问他："先生到我门下几年了？"

毛遂说："三年了。"

平原君说："贤士身处世间，就像锥子放在布囊之中，锥尖立即就会露出来。可是先生您来到我门下三年，我都没听说您的名字。您还是留下吧。"

毛遂说："我今天就是请求处于囊中啊。如果早让我处于囊中，我已经脱颖而出了，更不要谈露出锥尖了。"

平原君想了想，点点头，把他带上了。其他十九个门客，互相看看，暗自窃笑。

到了楚国，平原君与楚王商谈，从早上日出，一直谈到中午，还是没有结果。毛遂从长阶上走了上去，对平原君说道："其中利害，两句话就能说清楚。怎么这么长时间都决定不了？"

楚王先是诧异，继而大怒，斥责道："还不下去！我跟你们主人说话，你在这里做什么？"

毛遂手按长剑往前一步说道："大王之所以叱责我，是因为楚国人多。现在十步之内，您倚仗不了人多，您的命悬在我的手上。我的主人在这里，您叱责我什么？我听说商汤以七十里之地王天下，周文王以百里之壤而臣诸侯，是他们士卒众多吗？楚国方圆五千里，大军百万，这是霸王之资。以楚国之强，天下谁都不能抵挡。白起，小竖子耳，率数万之众，兴师与楚战，一战而举鄢郢，再战而烧夷陵，三战而辱王之先人。此百世之怨，连我们赵国都觉得羞辱，可是大王您却不知道痛恨。我们来联合，不只是为赵国，也是为了楚国。我主上在此，您凭什么叱责我？"

毛遂几句话，说到了楚王的伤心之处。都城被人占了，宗庙被人烧了，祖宗的陵墓也被人挖了，还有比这更深的仇恨吗？这番话，说得楚王羞惭无比，又怒火中烧。他大声说道："好，我以举国之力，听从先生。"

毛遂问道："那我们的结盟确定了？"

楚王说："定了。"

毛遂于是对楚王的随从说，取鸡、狗、马血来。

照礼仪，结盟歃血因等级而分。王用牛马，诸侯用猪犬，大夫以下用鸡。毛遂让他们三样都取，当场歃血为盟。

平原君赶回赵国报信。楚考烈王派春申君率大军直奔邯郸而来。此时，在平原君的请求之下，信陵君也终于率魏军前来救援。

秦国的情况已经非常危急。秦王多次让白起到前线指挥打仗，白起不肯。白起说："秦军在长平虽然得胜，可是也伤亡过半，国中为之一空。相隔如此遥远，去占领别人的国都，诸侯从外进攻，赵军从内接应，秦军一定会失败。"

秦王先是用王龁替下王陵，依然攻战不力。范雎于是推荐当时救助过自己的郑安平为将军，协同王龁进攻；同时提拔另一位恩人王稽为河东郡守，在汾城建立大本营，支持前方作战。这时的他，还在想着独占大功：没有你白起，我一样灭赵国。

此时，春申君派景阳率领楚国大军，信陵君"窃符救赵"，率八万魏国精兵，已经赶到邯郸城下。

秦军的告急文书，雪片一般飞进秦宫。秦王又逼白起为将，白起说病重不能行。愤怒得发狂的秦王，当即免去白起的一切官爵，把他降为普通士卒，贬往阴密。

秦军失败的消息不断传来，秦王越想越恨。恨谁？恨白起。他命令白起立即离开咸阳城，滚得远远的。

此时的白起真病了,他支撑着爬起来,出城而去。

白起刚走,秦王又恼怒地召集范雎等臣子们说:"白起心里不服,很有怨言。"商量已毕,秦王派人追赶白起,赐剑让他自杀。

此时,白起刚刚走到咸阳西门十里外的杜邮驿亭。

他捧着长剑悲愤地问道:"我何罪于天而至此哉?"

他呆立着,一动不动,过了很久,才点点头说:"我应当死。长平一战,我坑杀了数十万降卒,是足以死。"

白起横剑自杀。

这一年是公元前二五七年,而这一年,也是赵、楚、魏三国军队在邯郸城外与秦军决战之时。

平原君赵胜听说救兵已到,把自己的妻妾子弟编到军队之中,让他们与士兵们一样劳作;同时散尽家财,招募到敢死之士三千人。三千死士从城中向外发起猛烈冲锋,秦军不能抵挡,退去三十里。此时,楚、魏联军已经赶到。三军夹击,秦军大败。秦将郑安平率二万秦军投降,王龁一路败逃到河东郡。魏军尾随而至,又攻陷河东郡,郡守王稽慌乱不堪,暗地里与魏军交易,商讨投降。

因为郑安平与王稽都是范雎保荐的,照秦国律法,要连坐。一败涂地的秦王,愤怒之下,杀了王稽,随后把范雎也杀了。

邯郸之战,秦国失去了上党郡、太原郡、河东郡,应侯范雎的封地应也被韩国攻克,还失去了战神白起、相国范雎,可谓一败涂地。长平战后秦国如虹的气势，一下子折断了。

经过长平、邯郸两场战役，赵国也是元气大伤，已经失去了争夺天下的实力，其后的岁月，只能苟延残喘。然而在这衰败的气息中，廉颇还要勉力支撑。

另一场恶战，把被猜忌、被排挤的廉颇又推到前台。

公元前二五一年，燕国突然大举进攻赵国。

燕国的相国栗腹到赵国签订友好盟约，谁知道回国之后，对燕王喜说，经过长平一战，赵国的青壮年全死了，孤儿还没长大，趁现在，正可以进攻。燕王不顾乐毅之子乐间的反对，调集战车两千辆、大军六十万，任命栗腹为将，亲自随军而行，直扑赵国。

燕军一口气前进了六百里，攻下赵国的宋子县，又继续往前推进。

赵王命令廉颇火速赶往前线。燕、赵两军在鄗（hào）相遇。

当时乐间劝燕王说："赵国是四面受敌、四面作战的国家，民众都是能战之人，不可攻打。"燕王说："我以五伐一怎么样？"乐间说："不行。"燕王大怒，强行发兵。乐间眼看劝说无效，自己反而要招来横祸，只得悄悄去了赵国。他和父亲乐毅的结局一样，不被信任，黯然而去。

一战之下，燕军溃败，燕相国栗腹被杀。赵军乘胜追击，一直攻到了燕国的都城。燕王目瞪口呆，只得割让五个城邑请和。

此时的廉颇，达到了他人生中最大的辉煌。赵王对他信任有加，不仅让他统率赵国的兵马，还任用他为相国。这也是他最后的辉煌。

五年之后，赵孝成王去世，儿子悼襄王继位。此时廉颇正在外面血战，刚刚率军攻占了魏国的繁阳。新继位的赵王听信谗言，又要弃用廉颇。赵王派乐乘去军中替廉颇，廉颇大怒，同时担心回都城受害，于是发兵把乐乘赶走了。如此一来，赵国也就不能再待了。身处赵、魏两国之间，廉颇万般无奈，只得带了随从，悾悾惶惶投奔魏国的都城大梁。

魏国虽然收留了廉颇，并不信任他，当然也不会重用他。廉颇只好闲居在家，无所事事，慢慢老去。廉颇不甘心，他心里对赵国的思念，一日强过一日。

此时，嬴政已经继位为秦王，秦国对外又开始了一波接一波的攻势。赵国不断受到打击，国中无良将，又想起了廉颇。赵王于是派了一个使者到魏国去探望他，一是看看他有没有回国的想法，二是看看他的身体怎样，还能不能带兵打仗。

廉颇见到赵国使者，精神抖擞，为了显示自己体魄强健，竟然一顿饭吃下了一斗米、十斤肉。战国之时的一斗，相当于现今的两升。十斤，相当于现在的五斤。廉颇的饭量实在是大得惊人。吃完饭，廉颇又披甲上马，操练了一番武艺。

赵国的使者回去了。

不用多久，赵国就要接他回去了吧。廉颇归心似箭，立即收拾行装。

可是使者一去，再无音信，仿佛廉颇不在了，死了。

使者回国之后对赵王说："廉将军虽老，尚善饭，然与臣坐，顷之三遗矢矣。"赵王一听，一顿饭，上了三趟厕所，这哪还能上阵打仗？算了。

使者为什么要欺骗赵王，阻止廉颇回国？他被人重金收买了。此人名叫郭开，卑鄙贪婪，却受到赵王的宠信。他与廉颇有仇，前次廉颇被逼逃亡，大概也是他进的谗言。他当然不希望廉颇回国受重用。也就是这个郭开，不仅害了廉颇，还害了赵国最后一位大将李牧，并一手造成了赵国的灭亡。

李牧一直守在北方的边关，抗击匈奴。

李牧清正廉洁，爱护士兵，可是胆小。一听到匈奴来犯的消息，就让人退入工事，守好城垒，并且下令："有敢捕虏者斩。"不只是匈奴人认为他是个胆怯之人，就连赵国边关的将士们，也说他胆小。为了这事，他还曾被赵王撤职过。可是来接替他的人还不如他，只好又用他。

几年过去，边关将士们向他请愿，不要任何奖赏，只求与匈奴一战。于是，李牧选出装备良好的战车一千三百乘，骑兵一万三千骑，勇士五万人，能拉硬弓的射手十万人，操练备战。

等到准备妥当，李牧让人赶出牛羊，漫山遍野地跑开。匈奴人一看，连忙来抢。赵军与他们稍一接触，大败而归，一下子又被匈奴抓走了上千的俘虏。匈奴单于听说了，喜不自禁，从草原深处率领大军主力奔驰而来。

这是李牧设下的计谋，他早已布好了战阵。

匈奴大军蜂拥而至，李牧指挥骑兵突然从左右包抄。一战之下，"大破匈奴十余万骑"。赵军随即向北横扫，"灭襜褴（chān lán），破东胡，降林胡"，匈奴单于仓皇逃窜。其后十多年，匈奴再也不敢靠近赵国边城。照《史记·匈奴列传》推算，这个被李牧打败的单于，名叫头曼。他的儿子就是后来把汉高祖刘邦困在白登城的冒顿单于。

廉颇老了，不堪重用。赵王于是任用李牧为大将军。李牧一战于宜安，大破秦军，把秦将桓齮（yǐ）打得落荒而逃。赵王加封他为武安君。其后，李牧率军在番吾又与秦军大战，再次把秦军打败。

公元前二二九年，秦王派大将王翦攻赵，赵国派李牧率兵抵抗。几场仗打下来，王翦不是李牧的对手，一败再败。王翦于是又使出反间计，花重金收买了那个坑害廉颇的奸臣郭开。

郭开诬告李牧谋反，赵王不问青红皂白，派人逮捕李牧，把他杀了。

三个月后，王翦大败赵军，攻入邯郸，俘虏了赵王。赵国灭亡。这是秦王政十九年的岁首，公元前二二八年。

此时，廉颇大概已经不在人世。

他原本一直在魏国等赵王的消息，可是赵王毫无音信。廉颇终于死了回国的心。就在这时，楚王派了使者过来，请他去楚国。

魏王生性多疑，连自己的弟弟信陵君都不肯用，更别谈从赵国跑过来的人了。在魏国显然没有前途。廉颇虽老，还是心有不甘，仍想有所作为。那就去楚国吧。

此时的楚王是楚考烈王，相国是春申君。春申君率五国联军攻打秦国，无功而返，秦国更向东方诸侯发起疯狂反扑。楚国的都城陈县，已经在秦国的威胁之下。楚王无奈，听了春申君迁都的建议，把都城迁到东方的寿春。

廉颇悄悄离开魏国，来到寿春。可是此时的楚国，已经十分衰弱。春申君在轰轰烈烈的五国伐秦之战中，庸碌无为，已经不受楚王的宠信，黯然跑回封地吴去了。楚国君臣士兵，躲到新都，垂头丧气，已经没有了战斗的信心与志气。廉颇虽然日日操练，可还是觉得有心无力，不得不叹息说："我思用赵人。"一是，他对赵人有感情，熟悉，指挥起来得心应手。二是，他心怀故国，希望还能为赵国作战。可是他已经永远回不到赵国了，他死在了寿春，死后埋在城北放牛山的西南坡上。

当地人称廉颇墓为"颇古堆"，古堆有二十多米高，方圆三百米，墓基用条石垒砌，墓碑上刻着"赵大将军廉颇之墓"。

这八个大字，是相当确切的。

几乎所有来到这个墓前的人，都会喃喃念道："凭谁问，廉颇老矣，尚能饭否？"

廉颇死后一千三百年，南宋一位名叫辛弃疾的诗人填了一首词，词名叫《永遇乐·京口北固亭怀古》。这是词的最后一句。

这一句，让无数空有报国之心、却无用武之地的英雄，泪如雨下。

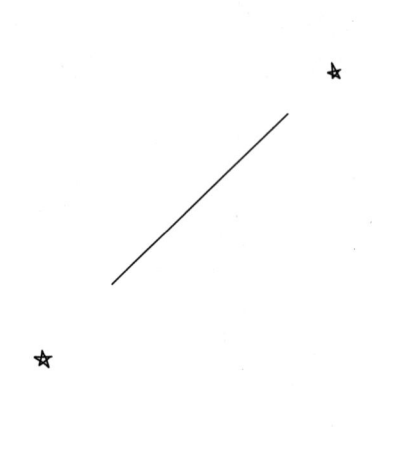

第十二章 鲁仲连

功成、名遂、身退,天之道。战国时人才无数,而所谓高士,只有鲁仲连一人。

平原君惶惶不安,手足无措,完全失去了主见。

郑安平与王龁率领的秦军,把邯郸围得铁桶一般。赵国岌岌可危。这个可怕的局面,是平原君造成的。虽然赵王并没有责怪他,可是朝中大臣对他已经充满怨恨甚至愤怒了,纷纷指责他"利令智昏"。

平原君姓赵名胜,是赵武灵王的儿子,赵惠文王的弟弟,如今正担任赵国的相国。在位的赵孝成王,是他的侄儿。他礼贤下士,门下有数千宾客。他曾经三次被罢相位,又三次恢复,声名闻于诸侯。后世称他为战国四公子之一。

公元前二六二年,秦国大将白起攻占了韩国的野王,切断了韩国上党郡与本土的联系。韩王打算把上党割给秦国,上党军民却誓死不从,自愿把一郡十七县献给赵国。赵王询问大臣们的意见。平阳君赵豹说，这是嫁祸与赵，不可接受。平原君却认为"此大利也"，机不可失，赶紧接受。由此引发了长平之战。

长平一战，赵军惨败，四十多万人马全军覆没。秦军趁势又攻到了邯郸城下。都城被围，已经三年。秦军攻城不止，邯郸城摇摇欲坠，眼看就要国破家亡了。

情急之下，平原君带着二十个门客潜出城去，向楚国求救，靠毛遂，终于逼得楚王同意结盟，派春申君率兵救赵。可是如今兵到何处，不得而知。平原君又给妻弟信陵君写了一封又一封求救文书，魏国也派了救兵，可是大军行到汤阴，却停住不动了。魏国救兵不至，突然又派了一个名叫新垣衍的将军，乔装打扮穿过秦军的包围圈来见赵王。

来做什么？劝降。

新垣衍对赵王说："秦王并不是贪图邯郸，他是想称帝啊。如果赵国真心诚意尊奉秦王为帝，秦王一高兴，肯定就退兵了。"

战还是降？赵王看看相国平原君，平原君一言不发。

秦军营中突然响起猛烈的金鼓之声，守城军民一片慌乱。秦军没有攻城。有人对赵王说，这是里应外合的信号。不久，赵人果然在城中发现了被收买的建信君，像他这样打算投降的人不在少数。相国平原君内外交困，忧心如焚。他已经支撑不住了。

此时，春申君率楚军冲进赵国，正在稳步推进。信陵君杀了大将晋鄙，率八万魏军也已经直奔邯郸而来。在这千钧一发之时，若是赵国投降，已经箭在弦上的楚、魏两军必然会受到秦军重创。如此一来，赵、楚、魏三国，将一败涂地。天下大势，此刻就要见分晓。

这一年，是公元前二五七年。

门外有人来报，有一位鲁仲连先生求见。平原君赶紧吩咐："请进，请进。"

他知道鲁仲连，这是齐国的一位高士，"好奇伟俶傥（tì tǎng）之画策，而不肯仕宦任职，好持高节"，长于奇伟卓异的谋略，却不肯做官任职，是个高风亮节之人。鲁仲连的一些作为，已经成了流传于诸侯间的传说。

从齐侯田午到此时在位的齐王建，齐国建立稷下学宫已经有百年之久。稷下学宫学者云集、百家争鸣，成为战国后期天下之文枢。孟轲、淳于髡、田骈、慎到、荀卿等人都曾在这里讲学传道。齐国有位擅长辩论的智者田巴，也在稷下讲学。他的学问愤世嫉俗，"毁五帝，罪三王，訾（zǐ）五伯"。五帝是黄帝、颛顼、帝喾（kù）、尧、舜，三王是夏禹、商汤、周文王，五伯是齐桓公、宋襄公、晋文公、秦穆公、楚庄王，这些历史上的大人物，他一个都看不上。据说他曾经在一天当中辩得一千余人心悦诚服。

有位名叫徐劫的学者，也是稷下先生。他对田巴说："我有个学生，今年十二岁，却是千里之驹，希望能与您谈论一番，不知可不可以？"

田巴说："行啊。"

那个孩子见到田巴，劈头问道："我听说厅堂不扫，就不会去清除郊外的杂草；白刃交于前，就不会理会飞来的箭矢。凡事都有轻重缓急。如今楚国驻军在南阳，赵国攻打到高唐，燕军十万占领着聊城，国家危在旦夕，请问先生有什么好办法吗？"

田巴老老实实地说道："没办法。"他是一个谈玄学的人，不太过问具体的世事。

"国家危难之际，您不能转危为安，救亡图存，怎么担当得起尊贵的学士之名呢？"孩子斥责道，"您啊，整天滔滔不绝，说这些无用的言论，如同枭鸣，让人一听就心生厌恶，还是不要再说吧。"

田巴用手擦擦额头的汗，一时无言以对。第二天见到徐劫，他感慨地叹息道："您这个学生，是古代飞兔一样的神马啊，哪里是一匹千里小驹。"自此之后，终身不复谈。这位田巴先生，虽然空谈，却有自耻之心，倒也不失稷下先生的风度。

这个言辞犀利、咄咄逼人的孩子，就是鲁仲连。

鲁仲连成年之后，与孟尝君也打过几次交道。两次是当面指责，一次是学问探讨。这几件事，分别记载在《战国策》《太平御览》《鲁连子》等书之中。

孟尝君想把一个不喜欢的侍从赶走。鲁仲连对他说："猿猴离开树木到了水里就比不上鱼鳖；攀登峭壁，骏马比不上狐狸。鲁将曹沫挥动长剑，一军不能抵挡他；可是如果让他放下剑，操起农具干活，他还不如一个农夫。如果舍长用短，尧也有不如人的地方啊。现在用一个人，他没做成事，就说他没用。教一个人，他没学会，就说他笨。认为没用就抛弃他，认为笨就罢免他，不好好与他相处，他被驱逐之后，又来报复您，这哪是用人之道呢？"

孟尝君说，好吧。就没有驱逐那个侍从。照鲁仲连的说法，这个将被驱逐的人，大概有他的本领，只是孟尝君没有发现，没有善用罢了。正如平原君，从来没发现毛遂的才华，还讽刺他说，若是一把好锥子，放在布囊中，"其末立见"，早就露出他的锥尖了。平原君数千门客当中，最有用的就这一人，却还要他自己"毛遂自荐"。孟尝君呢，门客三千，却多是鸡鸣狗盗之徒。这就是没有识人之能，没有用人之道，徒有好士之名。鲁仲连看到这一点，忍不住要戳穿他，同时也是对他的劝谏。

鲁仲连对孟尝君说："君好士也！"

这是讽刺。他接着说："雍门子供养椒亦，阳得子供养士人，吃饭穿衣都和他们相同，他们都愿意效死力。您比雍门子和阳得子要富许多，可是却没有人肯为您尽心竭力啊。"

孟尝君说："这是因为我没有遇到椒亦这样的人。如果我遇到了，他们一定会为我尽力的。"

鲁仲连一笑："您马厩之中有马百匹，都披锦衣，吃豆粟，难道它们都是骐麟那样的骏马吗？您后宫的妃子，穿的是丝麻的衣服，吃的是米肉，难道她们都是像毛嫱、西施那样的美女吗？所以我说啊，君之好士未也，您不是真正的礼贤下士。"

相比孟尝君，鲁仲连是个年轻的晚辈，又没有功名地位，两人实在相差甚远。可是对他的批评，孟尝君却不以为忤，听进去了，接受了，甚至还主动向他请教。

孟尝君在杏堂之门遇到鲁仲连，两人停下来，行过礼。孟尝君向他请教说："我听说先生精通势数，能为我说一说吗？"

的确，鲁仲连是学势数的，老师是徐劫。这位徐劫据说就是那位在马陵之战前，劝说魏太子申的徐子。他号称自己有百战百胜之术，劝太子申退兵。太子不听，结果被孙膑打败，身死他乡。此事发生在公元前三四一年。大概之后徐子去了齐国，做了稷下先生，在晚年的时候，收了鲁仲连做学生。《汉书·艺文志》上记载说，他曾著有《徐子》四十二篇，是宋国外黄人。

因为两人就站在大门口，鲁仲连用手指着门闩说："所谓势数，就像这门闩。如果得势之便，一根手指就能从中间把它举起来。如果不便呢，两只手也举不起来。门闩能起来，并不是因为举，而是因为势。可以举，然后举起来，这是势数。"

鲁仲连所说的势数，有一种审时度势、顺势而为的意思。他把这个势，拿捏得很好，然后用这个势，去治国平天下。

在鲁仲连年少之时，齐国的势头很好，败燕国，灭宋国，甚至与秦王分庭抗礼，称东帝、西帝了。然而好景不长，公元前二八四年，都城临淄被乐毅率燕军攻破，齐湣王仓皇出逃，不久被人杀死。齐国几乎亡国。幸好出了一位田单，五年之后，用计逼走乐毅，然后大举反攻，重又恢复了齐国。不过齐国从此元气大伤，再也无力与诸侯争夺天下了。

田单并没有完全恢复齐国。还有一些城池在敌人手中，其中一个城叫狄。

狄城离鲁仲连居住的茌（chí）平不远，田单在攻城之前特意来拜访他。鲁仲连淡淡地说道："将军攻不下狄城。"

田单很不高兴："我凭小小的即墨城和所剩不多的残兵，都能打败万乘之国燕国、恢复齐国，怎么会攻不下一个小小的狄城呢？"

说罢，田单气愤地登车而去，都没照礼节向鲁仲连告辞。他实在是生气，到了前线，就下令向狄城猛攻，可是，一连打了三个月，狄城都没有攻下。齐国的小孩们唱起了一则童谣："大冠若箕，修剑拄颐。攻狄不能下，垒枯丘。"箕是簸箕，讽刺官员戴着高帽却无能为力。修剑指长剑，下巴拄在剑柄上发呆。垒枯丘，是说死人成堆，枯坟累累。

童谣传到田单耳中,他害怕了,又回来找鲁仲连,态度也变得谦恭了:"先生,您说我攻不下狄城,请您讲讲原因吧。"

鲁仲连缓缓说道:"将军从前在即墨城时,坐着的时候就编织筑城的草袋,站着的时候就挥动铁锹加固城池,走到哪里,都鼓舞士兵们说:'前进吧!国家亡了,魂魄飞了,我们的家在哪里呢?'当此之时,将军有死之心,而士卒无生之气,听到您的话,没有不挥泪振臂请求死战的。这是您之所以破燕的原因。现在呢,将军您东面有夜邑的租赋,西面有淄水上的游乐,腰带的钩子上装饰着黄金,快活地驰骋在淄水、渑水之间。您只有活着的欢乐,却失去了赴死的决心,这就是不能取胜的原因。"

田单一听,霍然站起身说:"我有决死之心,先生您等着。"

田单走到战斗的最前沿,一边绕着城巡视,一边激励士气,然后把军鼓架在城上敌军的弓箭和雷石能弹射到的地方,亲自擂鼓,命令进攻。齐军看到主将如此不顾生死,于是个个奋勇,人人向前,狄城一鼓而下。

田单恢复了齐国,把齐湣王的太子法章迎到临淄,重新稳当地坐上王位,这就是齐襄王。可是因为田单立的功太大,终究还是引起了猜忌。齐襄王对田单的脸色越来越难看,开始对他呼来喝去。有一次,齐王不怀好意地下令说:"喊田单来。"田单心惊胆战,脱掉帽子,光着上身,赤着脚,惶恐地来请罪。有什么罪呢?没有。齐王在别人的劝说下,没有下毒手。

这时，赵国向田单伸出了橄榄枝。

公元前二六五年，赵惠文王去世，赵孝成王继位。他刚刚登上王位，就为燕国攻打赵国的事苦恼。平原君向他出主意，割三个城给齐国，请田单来担任赵国的将军，去进攻燕国。赵王一听，好啊，田单名气大。

其实此时的赵国不缺名将。有廉颇，有赵奢，还有文能安邦、武能定国的蔺相如。可是赵王统统不用。赵奢不服气，来找平原君。赵奢说，田单绝不可能一心为赵国打仗，只会让赵国与燕国两败俱伤，这样对齐国更有利。他说得没错，可是平原君不听。

田单来到赵国，打了几个小胜仗，攻取了三个小城。形势与赵奢估计的差不多，赵国所得不多，耗费却相当巨大，弄得府库空虚，军力疲惫。燕国也是疲倦不堪，两国于是罢兵。不过赵王对田单更信任了，第二年，又用田单为相。不过田单的相国大概也没做太久，又回齐国去了。到了赵孝成王四年，就发生了上党归附的事情，之后赵、秦两军在长平对峙。三年之后，赵孝成王和平原君一意孤行，用赵括替下廉颇，赵军在长平全军覆没。而后，秦军就攻到了邯郸城下。

赵国军民，已经苦苦守了三年。在这险象环生之时，鲁仲连进了邯郸城。他听说魏国派了使者来劝降，平原君犹豫不决，于是上门求见。他担忧的不是赵国一国的存亡，而是天下的安危。

他预见到了这个危险。

"事将奈何?"鲁仲连见面就问。

"唉,我还敢说什么呢?"平原君满脸羞愧,"前面四十万大军覆没于外,现在邯郸城被团团围住。魏王派来将军新垣衍,要我们尊秦为帝,他人还在这里呢。到这时候,我还敢说什么呢?"

"吾始以君为天下之贤公子也,吾今而后知君非天下贤公子也。"鲁仲连说,"新垣衍在哪里?我去斥责他,替您把他打发走。"

新垣衍一听是鲁仲连,连声说:"不见,不见。"

平原君说:"我已经跟他说好了。"

新垣衍没办法,只好答应相见。

鲁仲连见到新垣衍,一言不发。新垣衍终于忍不住,开口问道:"邯郸城里的先生们,大多是有求于平原君才留在这里的。我看您的样子倒不像有求于他,怎么还留在这个危险之地啊?"

"秦这个国家,抛弃礼义以斩首记功,以权诈之术使用人才,把平民百姓当作奴隶。它如果公然称帝,进而统治整个天下,'则连有蹈东海而死耳',"鲁仲连说道,"我鲁仲连跳进东海而死,也决不做它的顺民。我今天之所以来见将军您,是想帮助赵国。"

"您打算怎么帮助赵国呢?"

"我将让魏国和燕国来救助赵国。齐国和楚国已经救助了。"

新垣衍很吃惊:"我就算相信燕国会听你的,可我就是魏国人，您怎么能让魏国救赵呢？"

"魏国是没有看到秦国称帝的大害，如果看到了，就一定会助赵。"

"秦称帝有什么大害？"

"当年，周显王贫弱，诸侯们都不去朝见，只有齐威王去。过了一年，周王驾崩，齐王没有及时去吊唁。周王派来使者指责齐威王说：'天子去世，是天崩地裂的大事，你再不快来，就砍了你。'齐威王勃然发怒，骂道：'叱嗟，母婢也！'天下人都笑话他。齐威王为什么在周天子活着的时候去朝见他，在他死了之后却要骂他呢？是因为受不了天子的苛求。其实天子就是这脾气，用不着见怪。"

新垣衍说："您没见过仆役吗？十个仆人侍奉一个主人，难道是力气不如他大，还是智力不如他？是畏惧他啊。"

"魏国是秦国的仆人吗？"

"是。"

"我让秦王把魏王煮成肉酱！"

新垣衍很不高兴："先生这话也太过分了吧。您怎么让秦王把魏王煮成肉酱呢？"

鲁仲连说："当年九侯、鄂侯和周文王，是商纣王的三公。九侯有个女儿长得美，献给纣王，纣王不喜欢，就把九侯给煮了。鄂侯为他辩护，被纣王做成了肉干。周文王听到了，喟然而叹，结果被纣王抓过去关在羑（yǒu）里。如果彼此都称王，怎么会任人宰割呢？齐湣王兵败逃命时，还要充天子的架势，提出种种非分的要求。鲁国与邹国虽然都是很弱小的国家，也断然拒绝他进国都。如今秦国是万乘之国，魏国也是万乘之国，都有称王之名，看他胜了一仗，就要尊他为帝，魏、赵之臣，还不如鲁、邹小国的奴仆啊。秦国不是称了帝就完事的，称帝之后，必然会变更诸侯国的大臣，把自己不喜欢的人撤掉，把自己喜欢的人塞进来，然后弄一些善于挑拨离间的女人嫁到魏国的宫廷之中。这样一来，魏王还能太平无事地活下去吗？将军您还会受到魏王的宠信吗？"

新垣衍站起身来，恭敬地向鲁仲连拜谢道："吾乃今日知先生为天下之士也。吾请出，不敢复言帝秦。"

新垣衍一去，秦国大失所望，赵国军心大振。平原君又恢复了信心，决心与秦军决一死战。他"令夫人以下编于士卒之间，分功而作，家之所有尽散以飨士"，家人编于士兵之中，与他们一起劳作，所有家产都拿出来犒赏士兵，一下子就召集到了三千敢死的勇士。

三千勇士打开城门，直扑秦军。邯郸城下，喊杀声惊天动地。秦军受不住这突然的打击，一下子退出三十里。

正在此时，楚、魏两国援军赶到。三面夹击，秦军溃败。

《孙子兵法·军争》篇中说："三军可夺气，将军可夺心。"在外有秦军围困，内有新垣衍游说，前有长平之败，又无援军消息的危情之下，赵国三军的气已被夺，赵国君臣将士之心也已被夺。在此紧急关头，鲁仲连"义不帝秦"的一番慷慨陈词，如万钧雷霆，猛然震醒梦中之人，立刻就唤起了人心士气，赵国终于得救。

梁启超先生读到这段历史时，感慨万千地说："鲁仲连先生的身上，有一股浩然之气，凛然不可侵犯啊。"

平原君对鲁仲连感激不已，一次次给他封官授爵，可是鲁仲连坚持不受。平原君摆酒设宴，以示感谢。酒酣之时，他又拿出千金作为礼品，献给鲁仲连。鲁仲连笑道："被天下之士尊重，是因为替人排忧解难却一无所取。如果有所取，这就是商人之事了。这不是我鲁仲连愿意做的。"

鲁仲连功成身退，飘然而去，从此再也没与平原君相见。他回了齐国。

邯郸解围的这一年是公元前二五七年。此时，齐王是田建。田建没有谥号，因为他是齐国最后一个君主。后来到了王莽之时，才追赠他为齐敬王。田建虽然在位，但是有十多年不掌权。掌权的是他的母亲君王后。

君王后的父亲太史敫，是莒城的富豪。

当年，乐毅率燕军打进齐国，整个齐国只剩下莒和即墨两个城池没有被攻陷。齐湣王仓皇逃到莒城，时间不长，就被楚国将领淖齿杀死了。据《韩非子》记载，这个盲目自大的人，死的时候非常悲惨。混乱之中，齐湣王的儿子法章偷偷跑了，躲在太史敫家做雇工，在菜园里挑粪浇菜。法章生长于君王之家，毕竟气度不凡，被太史敫的女儿看中，于是偷偷地给他送衣服，送食物。一来二去，两人就结下了私情。

一段时间之后，一个名叫王孙贾的十五岁的年轻人，振臂一呼，率领齐人杀死了淖齿。莒城总算安宁下来，大家四处寻找法章。起先法章不敢说，后来看是真没有危险了，才现身。于是齐人立他为王，称为齐襄王。襄王继位之后，立太史敫的女儿为王后，这就是君王后。君王后生了一个儿子，就是齐王田建。

公元前二六五年，齐襄王去世，齐王建继位。就在齐襄王去世前不久，赵惠文王去世，赵孝成王继位。齐、赵两国都换了新王。几年之后，就发生了改变历史走向的长平之战。

齐王建在位的时间比较长。这段时间当中，秦国采取"远交近攻"的策略，故意与齐国交好，然后不断地向赵、韩、魏、楚、燕等国发动攻击。齐国呢，明哲保身，不参与，不出头，缩在一旁，在血与火的空隙里，偷得一点安宁。不过这是战国时代，虽然大的战争没有，小仗仍然不可避免。公元前二五一年，齐国的聊城就被燕国攻占了。

燕王喜好大喜功，野心勃勃。这位燕王姬喜，也是燕国最后一任国君。他一边派相国栗腹率领数十万大军进攻赵国，一边派大将进攻齐国。栗腹是个无能之人，很快被廉颇打败，自己也被杀了。然而进攻齐国的这位将军，却是一个厉害角色，一举攻占了齐国的聊城，并且牢牢地守着。

他坐守孤城。这个孤城，是从敌国抢夺过来的，百姓不依附他，四面是敌，实在不易防守。而他的对手，是齐国名将田单。此时，燕军主力不仅在赵国一败涂地，而且廉颇乘胜反击，反而把燕都包围了。燕王答应了种种屈辱的条件，赵军才撤军回国。燕国根本无力、也无心来援助这么一支深入的孤军。

即便在这种险恶的环境之下，燕将竟然在聊城坚守了一年。齐军死伤无数，田单依然对他束手无策。

鲁仲连住在聊城东北七十里外的茌平县，后人把他住的村子就叫鲁连村，现在叫望鲁店村。对于家乡附近的这场战争，他一直关注着。原以为田单能够轻易取胜，没想到两军相持了一年，齐军死伤惨重，聊城依然不下。鲁仲连来到田单军营之中。

"我给燕将写封信吧。"鲁仲连说，"你把信绑在箭杆上射到城里去。"

燕将收到了信。这封信的内容，详细记录在《战国策》和《史记》上。

"我听说，聪明之士，不做违背时势、有损利益之事。勇敢之士不做怕死而毁掉名誉之事。忠臣不会先顾自己而后顾国君。现在您为一时的激愤，不顾燕王失掉一个臣子，这不是尽忠。牺牲自己，失掉聊城，又没有在齐国建立声威，这不是勇敢。功败名灭，后世无人称颂，这不是聪明。聪明的人不优柔寡断，勇敢的不怯懦怕死。现在死生荣辱、尊贵卑贱都在此一举，希望您仔细考虑，不要同俗人一般见识。

"齐国对聊城志在必得。如今秦国与齐国结盟，楚、魏两国已退兵，已经没有诸侯图谋齐国。齐国将倾全国之兵，在聊城之下与您决以胜负。您守聊城一年，早已疲惫不堪，我认为您是决不能得胜的。

"现在燕国大乱，君臣失策。栗腹率百万之众，却一连五次战败，导致都城被围，国土削减，君王被困，为天下人所笑。燕王孤立无援，大臣不可依靠。国家凋敝，祸患日多，民心已经涣散。您能以疲惫之师对抗齐国大军整整一年，这真是与墨翟一样善于守城啊。城中以人为食，以骨为柴，士兵们却没有背叛之心，可以说您用兵堪比吴起、孙膑了。您的军事才能已经彰显于天下。

"如今我替您考虑，不如保全车甲，退回燕国。如此，燕王必定高兴，百姓如见父母，朋友们也会兴奋地夸赞您，把您的功绩夸耀于世。您上可以辅佐无助的燕王，下可以养育百姓，移风易俗，改革国政，如此功名可立。如果您不想这样，还可以投奔齐国。齐王将封您为君侯，世代相袭，与齐国共存。希望您能谨慎考虑。

"况且我听说，专注于小节者，成就不了荣名；不能忍受小耻辱，立不了大功。齐国的管仲、鲁国的曹沫，此二人，并不是不能为守小节而死。他们认为，杀身亡躯，功名不立，非智也。所以克制一时的赌气，成就了终身之名；抛弃狭隘的气节，建立了累世大功。他们的功业与禹、汤、周文王一样流传于后世，美名与天地共存。希望您也能加以考虑。"

燕将看完鲁仲连的书信，犹豫再三。《史记》上说他哭了三天，自杀了。《战国策》上说，他"罢兵到棲而去"，到是倒，棲是箭筒，把箭筒倒过来，表示休战撤军。鲁仲连一封信，救下了无数军士百姓的性命。

后人在聊城东门外，鲁仲连射书入城的地方，修了一座砖石高台。台下有一个拱门，是进城的必经之地。台的门洞两侧，各有石刻的横额，东边写着"鲁仲连台"，西边写着"旷古高风"。

田单收复聊城，上报齐王，又要给鲁仲连封爵。鲁仲连说："与其因为富贵而受制于人，不如守着贫贱放任自由。"于是逃到东海边，隐居起来。

这是公元前二五〇年。

田建继续安安稳稳做他的齐王。此时君王后已经去世，齐王用了一个名叫后胜的人做相国。秦王采用李斯的计谋，以重金收买各国的谋士臣子，收买不了的，就让刺客刺杀。后胜收了秦国的贿赂，劝齐王听命于秦国，不救东方诸侯，然后派了许多宾客到秦国去交好。秦国再贿赂他们，让他们回来做内奸。齐王建闭目塞听，坐等灭亡。

公元前二二一年，韩、魏、楚、燕、赵已亡，秦兵绕道燕国，突然攻到临淄城下。沉醉在太平梦里的齐王建毫无防备，呆住了，在后胜的提醒下，不战而降。秦兵把他抓到了共，扔在一片松柏树林之中，不给吃喝。最后一代齐王，活活饿死在树下。

亡了国的齐人唱道："松耶？柏耶？住建共者客耶！"让建死在共的，是那些做内奸的客啊。一连三个"耶"字，悲愤哀伤，痛彻肺腑。

此时，鲁仲连已经隐居了二十九年，大概早已不在人世。

战国之时，无数英才，不顾生死地奔走在诸侯之间。有的为了功名利禄，有的因为个人恩怨，有的为了家国情仇，而所谓高士，只有鲁仲连一人。他急人所难，仗义而行，视富贵如粪土，恰如老子所说，功成、名遂、身退，天之道。这种超然的风骨，让诗人李白为之倾倒，甚而迷醉了：

齐有倜傥生，鲁连特高妙。
明月出海底，一朝开光曜。
却秦振英声，后世仰末照。
意轻千金赠，顾向平原笑。
吾亦澹荡人，拂衣可同调。

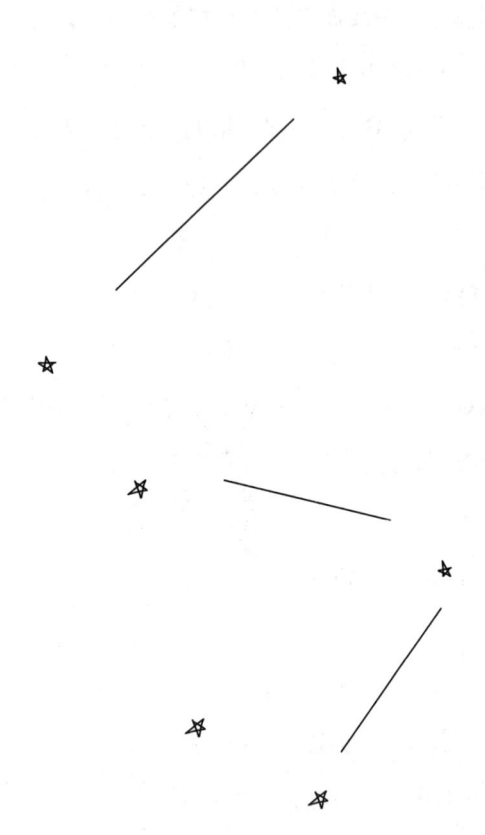

第十三章 信陵君

他待人以礼，待人以诚，待人以情。他是魏国最后的英雄，他是战国最贤的公子。

魏国大梁城。

信陵君府上宾客盈门，来的都是将相贵戚、公子王孙，彼此高谈阔论，热闹非凡。可是宴席总不开始，主人魏无忌也不见身影。

魏无忌是魏昭王的儿子，当今在位的魏安釐王同父异母的弟弟，被封为信陵君。无忌为人仁义，"士无贤不肖，皆谦而礼交之，不敢以其富贵骄士"，于是四方贤人奇士，不远千里赶来投奔。如今门下食客三千，人才济济。虽说战国有四公子，最贤的却是公子无忌。公子的贤能甚至引起魏王的猜忌，不敢让他参与国政。公子无所谓，天天呼朋引伴，交游为乐。

今天的请客格外隆重，据说专为接待一位难得的贤人。公子竟然亲自驾车去接了。这位贤人到底是谁？门客们也是议论纷纷。

公子驾着车，后面跟着一众随从，直奔大梁城的东门。

抵达后，公子空出左边的位置。车上之位，以左为尊。

听到喧闹声，一位衣衫破旧的老人走了出来。一看是公子无忌，点点头，上车也不推让，就坐在左边的位子上。公子恭恭敬敬地等他坐好，一扬缰绳，马车轻轻一晃，调头往城里驶去。

"我有个朋友在集市的肉铺里，还要麻烦您绕个路，我去看看他。"

公子拐个弯，往城中集市而去。

马车停下来，老人下车去会朋友。朋友是个屠夫，看到老人，放下手里的刀具，手在油亮亮的围裙上擦一擦，两人就靠着肉铺聊了起来。

公子无忌在车上等着。老人话多，聊起来没完。集市里的老百姓看到信陵君亲自为这么一个寒碜老人赶车，还好脾气地在这里等他，无不感到诧异。人越拥越多，都来看热闹。那里呢，两个人还在没完没了地聊。公子的随从们都觉得他们太不像话，有人已经小声咒骂起来。

公子倒是面带笑容，不急不躁，倒像是他们聊得越开心越好。

老人的家常话终于说完了，回头瞟一眼，公子面色一直恭敬谦和，他于是点点头，重又上车。

回到府上，公子陪老人入席，请他上座，然后亲自把来宾一个一个介绍给他。宾客们看公子对这老人如此尊崇，都惊讶不已。

老人是谁呢？是大梁城夷门，也就是东门的看门人，名叫侯嬴，今年已经七十岁了，穷困潦倒。公子无忌不知道从哪里打听到他是一位贤者，好几次去拜访他，送他贵重的礼物，他一概不受，笑着说："我修身养性数十年，保持品格的清白，无论如何也不能因为贫困接受您的财物。"

越是这样，公子对他越是尊重。这次他终于答应来府中做客，公子欣喜不已。

酒席散了，侯嬴对公子说："我刚才去见的那个屠夫朱亥，是位贤士，只是世间没人知道。"

公子一听很高兴。可是一连去拜访了朱亥好几次，他也不回访。到底是不愿意结交呢，还是另有缘故？公子很奇怪，可是也没有办法。

时间就这么过着。事实上，在信陵君平静的生活之外，魏国却如一叶扁舟，旋转在惊涛骇浪之中。

魏文侯时，魏国人才济济，上有子夏、段干木、田子方等贤者为师，下有魏成、翟璜、李悝、乐羊、西门豹、吴起等英才为臣，锐意改革，成为当时天下最强的诸侯。儿子魏武侯，一反魏文侯重用平民贤才的方略，倚重王亲贵族，逼走大将吴起，到了晚年魏国就乱了。魏惠王即位之后，先是不用商鞅，继而酷刑迫害孙膑。马陵一战，惨败于齐国，从此一蹶不振。魏襄王、魏哀王时先后被秦国、楚国、齐国一次次打败，慢慢沦落为任人宰割的小国。到了魏昭王，也就是信陵君父亲时，魏国几乎年年受到秦国的攻击，先是在伊阙被秦将白起打败，二十四万人被杀；继而被秦国夺走河东四百里之地；而后又被秦攻占大小城邑六十一座。到了公元前二八四年，齐国被燕国攻破，秦国一家独大，再也没有与之制衡的力量。第二年，秦国放手猛攻魏国，竟然打到了大梁城下。此后二十年中，秦国五次围攻大梁。如果不是燕、赵两国相救，魏早已亡国。魏昭王去世，魏安釐王继位的第一年，秦国就攻占了魏国两座城池；第二年攻到了大梁城下；第三年斩杀了四万魏军；第四年大败韩、赵、魏联军，杀了十五万人。秦国就像一个魔咒，让魏国一天也不得安宁。可是在此困局之下，魏王就是不用公子无忌。公子浑身本领无处施展。

一晃，到了公元前二六〇年，秦、赵两国在长平决战。

秦、赵两国相持之时，信陵君曾上书魏王，希望他与东方诸侯联合，并力抗秦。可是魏王不听。他做国君十多年，几乎一直活在恐惧当中，得了恐秦症，一心想与秦国交好。公子上书说："秦与戎狄同俗，有虎狼之心，贪戾好利而无信，不识礼义德行。苟有利焉，不顾亲戚兄弟，若禽兽耳，此天下之所识也。"他劝魏王认清形势，不要对秦国有任何奢望。魏王是惊弓之鸟，听任赵国与秦国血拼，袖手旁观。赵国孤立无援，长平战败，四十多万人全军覆没。

秦国随后往赵国腹地推进，终于攻到邯郸城下。

信陵君的姐姐是赵国平原君的夫人，当然也是魏王的姐妹。她写信给魏王和信陵君求救，赵王也是不断派来使者，加上大臣们的劝说，魏王终于答应出兵，派大将晋鄙，率十万魏军，去邯郸救援。

魏国援军还在路上，秦王的使者已经到了大梁。秦王大概向所有诸侯国都派了使者，口气相当严厉："赵国很快就要被我拿下。诸侯敢去救援的，我一灭赵国，下一个就攻他。"魏王一听，心惊胆战，命令晋鄙立即停止前进，就地待命。

这时候，晋鄙的大军开到了汤阴。而汤阴，离邯郸还有一百八十里。

赵国在秦国围困下，已经苦苦支撑了三年。如果再没有救援，就要崩溃了。可是一等再等，魏军不到，答应救援的楚军也没有到。

平原君又给信陵君写信："邯郸很快就要被攻破。公子您即使不在乎我，任凭我被秦军俘虏，难道您就不可怜您姐姐吗？"

这已经是苦苦哀求了。

公子一次次去见魏王，恳求救赵。魏王理也不理，他怕秦国。

公子知道再也没有办法了。回到家中，召集门客，好歹收拾了一百多乘战车，这是他全部的力量了。他打算战死在邯郸城下，算是对得起姐姐，对得起平原君，对得起赵国。

经过大梁东门，公子去与侯嬴诀别。侯嬴说："公子努力吧，我就不跟您去了。"

公子出城数里，心里很不痛快。这个侯嬴，天下人都知道我看重他，敬重他，厚待他，今天我去赴死，怎么他连一句话也没有？公子一调马头，重又回到城门口。

侯嬴在等他。

"我知道公子会回来。"侯嬴笑着说，"公子就这样不管不顾地赶赴战场，不是把肉投到虎口之中吗！"

公子下车行礼，向他请教。侯嬴让公子的随从们都回避。

侯嬴说的机密话，是不能让人听去的。走漏了，就失败。侯嬴为什么要激信陵君回头，再吐露他的计策？是怕一见面，轻易说了，信陵君不重视。如果不重视，再说第二遍就不行了。

"您首先要拿到兵符。晋鄙拿了一半虎符，另一半在魏王的卧室里。您找如姬帮您，她是魏王最宠的女人，她能偷到。"侯嬴说，"之前如姬的父亲被人杀死，她想报仇，一连三年，连魏王都找不到她的仇人。她来向您哭诉。您让门客找到了杀她父亲的凶手，把头斩下来送给她。您若向如姬开口，她必定会冒死帮您盗来虎符。有了虎符，您就可以夺取晋鄙的军权，然后挥军往北。这一战，一定能败秦救赵，这是大功业。"

果然，如姬为公子盗来虎符。

侯嬴为公子送行。

"我的朋友朱亥是个大力士，您可以带上他。将在外，君命有所不受。晋鄙看到两符相合，把兵权交给您最好。如果不肯交，就让朱亥击杀他。"

公子一听，半晌不语，默默掉眼泪。侯嬴很吃惊："公子是怕死吗？"

"晋鄙是一位勇猛的大将，想到要杀死他，我才流泪。"公子擦了擦泪，调过车头，亲自去请朱亥。

朱亥听公子一说来意，笑着说道："我不过是市井中的一个屠夫，公子几次来看我，我从来不去回拜，是因为那些小礼没用。如今公子有急，正是我以命相报的时候。"

两人又一同来向侯嬴辞行。侯嬴说："我本应该和你们一同去，只是太老了，去不了啦。我会数着公子路上的时日，算好您到军中见着晋鄙了，我会北乡自刎，以送公子。"所谓北乡，就是面朝北方。他要自刎为信陵君大军送行。

侯嬴为什么要自杀？一是他出的计谋，让朱亥击杀晋鄙，虽然是为了抗秦救国的大事，毕竟晋鄙是无辜之人，他要以死相谢。二是信陵君是个仁爱之士，说到要杀晋鄙，已经流下泪来，如果当面之时，心一软，下不了手怎么办？那就坏了大事。所以他说公子到达之日，将以死相谢。这其实也是用自己的死，来坚定信陵君杀晋鄙的决心。信陵君一到军中,他就自杀。如果信陵君统领不到大军,他就白死了。

"生,亦我所欲也;义,亦我所欲也,二者不可得兼,舍生而取义者也。"孟子说的,正是侯嬴做的。

公子到达魏军之中,说魏王传令,让他代晋鄙为将。晋鄙一合符,严丝合缝。可是正如侯嬴所料,他还是起了疑心,说:"我率领十万之众,屯兵在边境,这是国之重任。单凭您一人来替代我,到底怎么回事?"照军规,若是派一将军接替另一将军,应该同时派一个下诏的特使。晋鄙不肯交出兵权。站立一旁的朱亥,一言不发,突然从袖中拿出四十斤重的大锤,一锤下去,把晋鄙锤杀当场。

公子擂鼓点兵,下令说:"父子俱在军中,父归。兄弟俱在军中,兄归。独子无兄弟者,归养。"

十万大军,选出八万精兵。

后人读史到此处,感慨地说,信陵君真是善于用兵啊。这一军令,展示了信陵君必死的决心。信陵君已经把自己置于死地。如果不能胜秦军,他只有一死。主将置生死于度外,魏军更是视死如归。八万人,如打磨过的刀刃,雪亮锋利,杀气腾腾。

公子下令,拔营。

就在大军出动之时,侯嬴在大梁东门,面朝北方,横剑自刎。

此时,春申君率领楚军也来到汤阴附近。两军立即向阻挡着去路的秦军发起猛攻。

一九八二年，考古人员在汤阴五里岗发掘了一处方圆二十多万平方米的战国古墓群。四千多座坟墓如军阵一般整齐地排列着。墓中死者大多是青壮年，许多人的身上还留着箭镞。时隔两千年，从这触目惊心的一幕，依然能看出当年搏杀的惨烈。

秦军大败。

魏、楚大军直扑邯郸城。

平原君得知援军已到，突然打开城门，三千敢死队如疯虎般猛扑而出。秦军大乱，一下子退出去三十里，正好撞到魏、楚两军的合围之中。

关于邯郸城下的这场大战，史料很少。秦国讳言自己的失败，秦始皇统一中国后，焚烧史书，特别是对秦国不利的记载，更要烧掉，不过没能烧光，留下了一些零星记录。后人努力拼凑，也只能勾勒出一个大概。

秦将郑安平率两万秦军投降，另一个将领王龁率残兵一路往秦国败退。

赵国得救了。

邯郸一战，秦国不只在前线损兵折将，丢失了大片抢夺而得的土地，还因此在国中逼死了大将白起、相国范雎。这是秦国从未遭遇过的一次惨败。

而决定这场大仗的那个关键点，是多年之前，公子无忌为一位老人驾车穿过大梁闹市的那一刻。

公子不能再回魏国了。他让一位将军把魏军领回国，自己留在了赵国。

赵王感激公子救国的大恩，想封他五座城邑。公子听说之后，脸上露出了自得之意。

门客唐雎对公子说："事有不可知者，有不可不知者；有不可忘者，有不可不忘者。"

公子很奇怪，问他："这话怎么说？"

唐雎说："别人憎恨我，不可不知。我憎恨别人，不能让他知道。别人有恩德于我，我不能忘记。如果有恩德于人，不可不忘。"

公子一听，立刻明白了。最后，他只接受了一个叫鄗的地方做封邑。鄗离邯郸有两百多里，六年之后，廉颇便是在这里大破六十万燕军，杀了燕国的相国栗腹。这是一个并不太平的小城邑，只能勉强供他的生活所需。就这样，信陵君算是在赵国暂时安顿下来。

流亡的日子当然不如意，但赵国上下对公子十分尊重，生活也还算自在。闲散无事中，他又到处寻访隐者高士。他听说赵国有位毛公，"藏于博徒"；有位薛公，"藏于卖浆家"。两人都是高士。博，是当时的一种棋。信陵君就是在与魏王玩这个游戏时，炫耀自己消息灵通，受到魏王猜忌的。民间所谓博徒，就是专门以此赌博之人。与他们混在一起,显然算不得正经人。卖浆是指卖酒卖醋的小本钱生意人,既贫且贱。公子不在意这些,改穿了平民的服饰,常常去与他们厮混,快活得很。

平原君听说了,很不以为然,跟夫人说:"我本以为你弟弟是个天下无双的公子,现在听说他整天跟博徒卖浆者混,真是一个任性胡来的妄人。"

夫人跟公子说了。

公子很是生气。"我听说平原君是个贤人,才背叛魏王前来救他。而他的所作所为,只是为了装点门面,根本就不是为了求士。我在大梁时,就听说毛公、薛公的贤名;到了赵国,一直担心见不着他们。现在我能跟他们相处,还生怕他们不愿意理我呢。而平原君却以此为羞,这样的人,不值得我交往。"说完,回家收拾行装,准备离开赵国。

平原君一听,连忙上门来道歉。公子不理。平原君急得脱下帽子,百般道歉,恳求原谅。公子看他情真意切,也就留下了。

平原君的门客们听说此事,有一半改投了公子门下。与其他几位公子不一样,信陵君不只好客,礼贤下士,而且目光敏锐,知人善任,所以门下之客,人才济济。

信陵君窃符救赵,流亡赵国的这一年是公元前二五七年。公元前二五一年,平原君去世。六年过去,魏王对信陵君的恨还没有消退。公子只能继续滞留在赵国。

公元前二四七年,公子不能回国已经十年。秦国对魏国又发起猛攻。秦将蒙骜多次打败魏军,一连夺走了好几个城邑。魏王惶惶不安,于是派使者来赵国请信陵君回国。想到魏王对自己十年不减的恨,公子不肯回国,并对门下说:"敢为魏王使者通报的,死。"

没人敢劝信陵君。

毛公、薛公来见公子。两人说:"公子之所以被赵国尊重,名闻天下诸侯,是因为有魏国啊。如今秦攻魏,魏国危急,您却不顾。如果秦军攻破大梁,铲平先王的宗庙,您还有何面目立于天下?"

公子一听,脸色大变,命人赶快驾车,立即赶往魏国。

魏王见到公子,两人相对而泣。魏王当即封公子为上将军,统率全国兵马。

公子刚安顿下来,就向各诸侯派出使者,请求救兵。韩、赵、楚、燕四国听说公子为将,立即发兵。齐国呢,与秦国交好,一心要讨秦国的欢心,当然不肯派兵,只在旁边当看客。公子于是率五国大军杀奔黄河南岸的秦军。

秦军的统帅是屡立战功的名将蒙骜,一听是公子无忌为将,一触即溃,几乎没敢交战,就败下阵来。公子挥军追击,一直杀到函谷关下。秦军退入关后,闭门不出。

这是继邯郸之战后,秦军又一次大败。

公子无忌再一次威震天下。此时，他做了一件事，那就是召集门客，编写了一本兵书。照当时的惯例，书以召集者的名字命名。这本书就叫《魏公子兵法》。此书一直流传到汉代，《汉书·艺文志》上记载，兵家中有《魏公子》二十一篇。可惜后来失传了。

此后不久，信陵君还做了一件很重要的事——攻打管城。管城在现今郑州附近，旁边是荥泽。信陵君在给魏王的书中曾经写道："决荥泽水灌大梁，大梁必亡。"如果秦军挖开荥泽，引水淹大梁城，魏国就完了。所以管是兵家必争之地。

信陵君攻打管城，一时没有攻克。他打听到守卫管的将领是安陵人缩高的儿子，就给安陵君写信，让缩高到军中来，任命他为五大夫，带兵攻城。缩高不肯来，说父亲攻打儿子，会让天下人耻笑。

信陵君勃然大怒，写信斥责安陵君说："安陵是魏国的附属小国。我如今攻管不下，秦军若是赶来，我们国家就危险了。你把缩高给我捆过来，不然我就带兵把你灭了。"

安陵君回信说："我们的法律规定，儿子杀父亲，大臣杀君主，杀无赦。缩高不来，是为了保全父子的道义。您让我违法，虽死我也不能照办。"

缩高听说信陵君发怒，自刎而亡。

信陵君闻讯，呆了一呆，穿上素服，派使者向安陵君谢罪说：

"我是小人,考虑不周,说话不当,请您恕罪。"

信陵君为了国家的安危,提这样的要求,并不过分,为什么要谢罪?安陵虽然是小国,也有小国的主权、小国的尊严、小国的法律。信陵君以自己所谓的大道和武力,逼迫别人违反人情,违反法律,是野蛮和强权,与暴秦无两样。所以缩高宁愿一死,也要反抗;安陵君宁可亡国,也不退缩。信陵君不用缩高,后来也攻下了管城。思虑不周,多此一举,白白留下一个污点。

所幸信陵君终于悟到了自己的错误。比起后世的只论权势与强横,不顾道义与法令,信陵君的"谢罪"重逾千钧。

信陵君的果敢强干,使得秦国如芒在背,于是又使出不堪的手段——以万金收买奸细,在魏王面前诋毁公子,说他想取而代之。秦甚至用了一个十分拙劣又非常有效的手段——派使者来祝贺信陵君登基为王,然后假装愕然:对不起,我们误听了消息。

魏王哪里经得住这样的考验,赶紧收了信陵君的兵权。公子知道,魏王是再不敢重用他了,于是谢病不朝,从此不问政事。

魏国面临着怎样可怕的形势,他一清二楚,可是有心无力,毫无办法。公子无忌"与宾客为长夜饮,饮醇酒,多近妇女。日夜为乐饮者四岁,竟病酒而卒"。

也就是说,公子自赵国回魏,率五国大军败秦后不久,就被魏王罢职了。四年来,抑郁烦闷,自我放纵而死。他是希望自己早点死，病死在床，不要做秦国的俘虏。

公子死的这一年，魏安釐王也死了，其子继位，是为景湣王。这是在公元前二四三年。

秦国听说公子无忌死了，派兵攻打魏国不歇，景湣王在位的十多年，几乎年年战败，年年失地。公元前二二八年，景湣王去世，儿子魏假继位。三年之后，秦军水淹大梁，俘虏了魏王假，灭了魏国。

秦军灭魏的手段，一如信陵君所料，用鸿沟，经荥泽，引来黄河大水。大水把大梁城淹了三个月，城毁国灭。

魏国灭亡的这一年，是公元前二二五年。

信陵君在长平之战时，就洞悉天下大势，可惜魏王不听，导致情势一步步变得不可收拾。即便是在长平之战后，信陵君竟然还能两胜秦国。此时，若是东方诸侯以他为主帅，也许还能与秦国一搏。可见公子一人之身，系六国安危。

战国四公子都好客，只有信陵君好客是一心为国；四公子都曾大权在握，只有信陵君让秦国闻风丧胆。所以说，公子无忌是公子中的公子。司马迁为四公子作传，只有信陵君一人称《魏公子列传》，不说是《信陵君列传》。公子二字，是亲近，是尊崇，也是无限的仰慕。

公子最难得的，是一颗平等之心。不管是怎样的人，他都待之以礼，待之以诚，待之以情。这是他赢得天下人心的关键所在。而他，也是魏国最后一点希望，最后一个英雄，最后的绝唱。

"一掬信陵坟上土，便如碣石累千金。"这是唐朝诗人的怀念。

大梁城的大相国寺，相传为魏公子故宅也。这是大梁——开封人的怀念。

公子去世的时候，有一个年轻门客黯然而去。这人名叫张耳。张耳后来也学他，招贤纳才。有个年轻人奔波五百里，"数从张耳游"，在他家一待就是几个月。这人叫刘邦。

刘邦做了皇帝之后，每次经过大梁城，都要祭祀公子。他不仅仰慕公子，还尽心尽意地要学他，可惜，终究没有公子的风度。

世间已无魏公子。

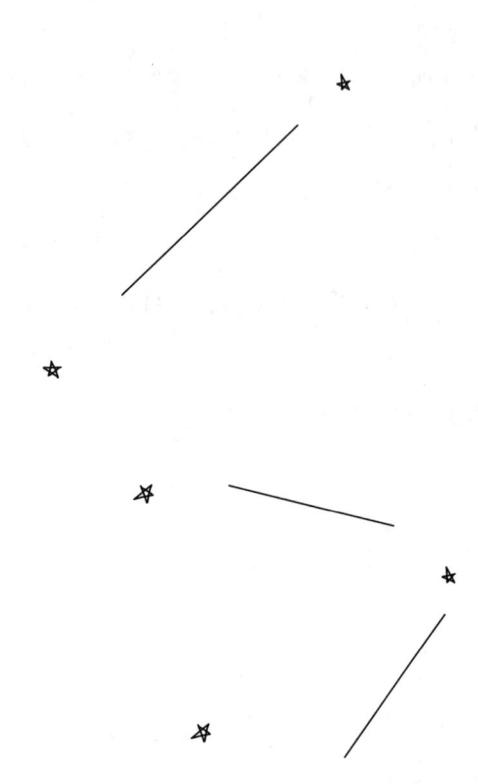

第十四章 春申君

他最后的悲剧，是楚国覆亡的一首挽歌。有人扼腕叹息，有人怒其昏悖，有人笑其当断不断，然而，他是一位君子。

这是最后一次合纵了，纵长是楚王。不过真正负责协调五国军国之事的，是相国春申君。

五国攻秦的这一年，是公元前二四一年。孟尝君早在公元前二七九年就去世了，平原君死在公元前二五一年，信陵君也在两年前抑郁而亡。四公子只剩下春申君一人。十多年前，邯郸城下，信陵君一战成名。六年之前的一次合纵，又是信陵君为盟主，打得秦军败逃到函谷关后，死活不敢应战。而这一次，的确是春申君成就威名的一次大好机会，同时，也是关系到诸侯命运的关键一战。

赵国使者魏加来见春申君。"请问统率五国联军的大将选定了没？"

为什么有这么一问？因为春申君向来不是自己亲自指挥打

仗的。上次受平原君、毛遂的请求，率楚军来救邯郸，他也是带着楚国名将景阳。这次让谁来指挥呢？

春申君说："我打算请临武君来指挥五国大军。"

魏加摇摇头："临武君恐怕不行。"

魏加说了一个故事。从前有个叫更羸的人，在魏王面前虚弓拉箭，一只飞鸟应弦而落。魏王很惊诧。更羸说，这本是一只受伤之鸟，听到弦响，受惊吓死了。魏加说，临武君曾经被秦国打败过，也是惊弓之鸟，不能用。

据史学家杨宽考证，临武君就是楚将景阳。景阳因为在邯郸之战中指挥得当，一时名闻诸侯。他曾和荀子一起，在赵孝成王面前谈"用兵之要术"，是一个精通孙、吴兵法的将军。《汉书·艺文志》上著录的《景子》十三篇，就是他所写。《淮南子》上也说他有谋略，"威服诸侯"。前些年楚国与秦国曾多次作战，大概景阳也参加过，不过楚国输多赢少。所以魏加说他是惊弓之鸟。

景阳不能用，用谁呢？春申君环顾四周。齐国一心讨好秦国，从来不肯出一兵一卒，根本没参加合纵。魏国的信陵君死了，余下之人不值一提。韩国呢，年年被秦国攻打，从来不曾打过一场胜仗，选不出人。燕国刚刚被赵国打败，大将剧辛也战死了。那就只能从赵国选将了。赵国名将不少。有一个廉颇，不过被赵王逼走了。有一位李牧，在边关防匈奴。现在赵国领兵的大将军是庞煖（nuǎn），正是他刚刚大败燕军。庞煖是个人才。《汉书·艺文志》纵横家著录有《庞煖》二篇，兵权谋家又著录有《庞煖》三篇，他既是纵横家，又是军事家。

好吧，那就用庞煖吧。

庞煖的确非同凡响，用兵不以常法。之前东方诸侯，最多只攻到函谷关，秦军城门一闭，就无可奈何。这一次，他出奇兵，绕过函谷关，率五国大军直奔咸阳。擒贼先擒王。

联军攻其不备，推进果然顺利，很快就杀到了蕞（zuì）。这个地方在临潼东北，离秦国的都城只有一百余里。秦国上下，无比震惊。只有他们攻打别国都城，他们怎么也没想到，竟然也有人杀到了自己的腹心之地。紧急商议之后，秦王嬴政调动大军全力阻击。

为了守护都城，秦军四面赶来，拼死作战，使得联军的速战速决变成了相持战。相持战的后果是可怕的。因为联军孤军深入，后方极易被切断，如果被合围了，后果不堪设想。既然目的没有达到，那就后撤吧。

庞煖率军且战且退。

这一战，进是大胆之极的闪电战；退也是稳扎稳打，有序退兵。虽然没有多大的收获，倒也没有什么损失。此时已经是战国末年，东方诸侯的国势如风中之叶，大军深入如狼似虎的秦军当中，能进出自如，没有高超的指挥艺术，是无论如何也办不到的。

五国联军退回来，各自归去。自此之后，五国再也没有联手，也再无机会联手了。

兴师动众，却一无所获，庞煖把一口恶气撒在齐国身上。齐国已经好些年死心塌地与秦国交好，是秦国的好盟友。庞煖随手攻下齐国的饶安，总算对赵王有所交代，这才回国。

对秦王的"斩首行动"失败了。春申君两手空空回到楚国，心情抑郁烦闷之至。楚国的形势，越来越恶化，他束手无策。

门客朱英求见。他对春申君说："之前这些年，秦国一直没有进攻楚国，为什么？因为没办法越过韩国和魏国来进攻。现在情况不同了。魏国危在旦夕，大概很快就要把许和鄢陵割给秦国。如此一来，秦军到楚国都城陈，路程只有一百六十里。楚国与秦国的战争从此将要日夜不息了。"

苏辙在《六国论》里说，当时的策士见识短浅，不知道天下之势。这势是什么？"夫秦所与诸侯争天下者，不在齐、楚、燕、赵也，而在韩、魏之郊。诸侯之所与秦争天下者，不在齐、楚、燕、赵也，而在韩、魏之野。秦之有韩、魏，譬如人之有腹心之疾也。"

并不是战国无人才。这个势，春申君的门客朱英知道，春申君本人也知道。当年秦王要出兵攻打楚国，他给秦王写了一封信，信中说道："您如果进攻楚国打算怎样出兵呢？您要向仇敌韩、魏两国借路吗？如果这样，您大军出动之日，恐怕就是一去不返之时。"秦王接信之后，当即命令白起撤军回国。所以，韩、魏是秦国的拦路虎、喉中刺，东方四国都知道，可是出于种种自私的考虑，他们不肯全力支持韩、魏。韩、魏呢，现在已经苦苦支撑，坚持不住了。

春申君听了朱英一席话，很受震动。可是，他不是举全国之力去支持韩、魏两国与秦作战，而是建议楚王迁都。迁到哪里？从陈迁到寿春。一口气往东南跑了五百里。他没有想，大概也不愿意去想，楚国是跑远了，把韩、魏扔给了秦国。秦国灭掉韩、魏之后呢？楚国还能再往哪里跑？

楚考烈王很生气。在国家生死存亡的关头，他把举国之兵交给春申君，本以为五国联军，应该有所作为，至少打击一下秦国的气焰，让东方诸侯能喘一口气。可是春申君空跑一趟，关键是让几个诸侯国从此失去了信心，合纵也散了。危局没有改变，现在竟然到了迁都躲避的地步。在此之前，他对春申君尊崇爱戴，当父亲一样对待，可是现在，他失望了，完全失望了。

楚国迁都。王公贵族忙着在新都安家。春申君却怏怏地离开，回到他的封地吴。他把吴国都城原先的破楚门改为阊门，继续修筑城池，营建府舍，他完全失去了锐气，打算在这里养老了。

《史记》上说，春申君姓黄名歇，因为渊博有学问，做了楚顷襄王的左徒。而韩非子却在书中说，春申君是楚顷襄王的弟弟。钱穆先生经考证，也认为春申君是楚王之弟。左徒这个职位是楚国特有的。史书中有所记载的，还有屈原曾任这一职位。职位很高，能够参议国家大事，接待对外宾客，为君王草拟宪令等等，地位大概仅次于相国。屈原做了楚怀王的左徒，后来被放逐了。楚怀王的儿子楚顷襄王即位之后，更是碌碌无为。他把屈原又一次流放，赶到更远的地方去，屈原再也没回来。楚顷襄王任用春申君为左徒。不过这个左徒最主要的任务，是陪太子完到秦国当人质。

楚怀王死在秦国之后，楚顷襄王不仅不敢为父亲报仇，而且一再与秦国和亲示好，一而再、再而三与秦王会面结盟。结果等秦国腾出手来，派大将白起一进攻，楚国都城栽郢就沦陷了，列祖列宗的庙宇陵寝也被夷为平地。楚顷襄王仓皇逃到陈县，把这里作临时的首都。陈县这个地方，旁边有高山峻岭，秦军很难翻越进攻；前面又有韩、魏作屏障，楚王的确可以躲在后面苟延残喘。既然是躲的地方，要建得坚固些。他命令军士百姓夯筑城墙。仅是为了加固城墙所用的横木，就用掉了将近六万根。鄢都、栽郢，都曾经固若金汤，陈县再怎么修筑，也不可能达到这两城的盛况，可不久前，也被白起一一攻陷了。筑城没有用，在德不在险。许多人都知道这个道理，楚王当然也知道，可是不肯理会。

现在，到了他的儿子楚考烈王，又要迁都了。要说惊弓之鸟，这位楚王才是。

父亲楚顷襄王把他送到秦国做人质，一去多年。一天忽然来了楚国使者，向秦国请求把太子接回去。楚顷襄王病重，让他回去接位。秦昭王当然不肯。当年他骗楚怀王到秦国，关到死，就是想奇货可居，向楚国勒索土地城邑。现在太子在他手上，当然不能轻放。

太子与秦国的相国范雎颇有交情，于是让陪他做人质的春申君向范雎求救。

春申君对范雎说："太子如果回国继位，一定会与秦国亲善，对相国您也是感恩不尽。如果你们不放他，楚国另立王。太子在这里不过是一个普通百姓，对你们毫无价值。而且楚国从此有了怨恨，必定要与秦国为敌。"

范雎一听有理，于是与秦王商量。秦昭王还是舍不得，只答应让春申君回国去探病，探完病了，回来再商量。

此时，春申君做了他这一生中最重要、最显胆略才识，也是最有风骨的一件事。他对太子说："秦国留住您，是想从您身上获大利。您没有什么能给他们的。我很为您忧虑。如果您不回国，您父亲一定会立陪伴在他身旁的阳文君为太子。不如您偷偷回国，我留下来，以死来承担后果。"

太子于是扮作车夫，替回楚国的使者赶车，往东直奔函谷关。太子走了，春申君每天出来辞谢秦人，说太子病了，不能动。估摸太子已经出了关，他才上朝见秦王。

春申君说:"太子已经回国了。我该死,请您赐死。"

秦昭王勃然大怒,当即就要让他自杀谢罪。相国范雎劝说道:"这个人为其主献身,太子继位为王,一定会重用他。不如把他放回去,这样还能让楚国与秦国亲近友好。"

秦王万般无奈,点点头,放春申君回国。

春申君的做法,几乎跟蔺相如当年所做的一样。只是蔺相如是完璧归赵,他是放太子回国。虽说他可能是借鉴相如,而所做事情更为重大。后人对此大为赞叹,说他舍身为国,有国士之风,不愧是战国名公子。

春申君回国后三个月,楚顷襄王去世,太子继位,为楚考烈王。做了多年人质的考烈王,对秦国畏之如虎,自己对政事也不太过问。他把黄歇封为春申君,任命他为相国,把国家大事全权委托他去处理。

考烈王在位二十五年,春申君为相二十五年,可算是君不负臣。可是春申君呢?号称战国四公子之一,一生中最为可圈可点之处,只有助太子回国这一件。二十五年相国生涯,几乎无所作为。

而这二十五年,以楚国的实力,本可以做许多大事。

这些年春申君在做什么呢?

养门客,与其他几位公子竞豪奢。

赵国的平原君派了使者来拜见春申君。这人发簪上佩戴着玳瑁，剑鞘上装饰着珠玉，说要见一见春申君的门客们，其实是想夸耀自己的奢华体面，大概这也是平原君的意思。见就见吧，春申君三千门客里的上客们，都穿着镶嵌着珍珠的鞋子过来见他。赵国使者满脸羞惭。斗富，楚国赢了。

就在平原君、春申君斗富的时候，秦国却派人带着巨额的钱财到各国收买内奸，陷害忠臣良将。赵国廉颇被逼逃亡，魏国信陵君被陷害抑郁而死，齐国朝廷内外充塞着被收买的客。最后一代名将李牧，也即将死在内奸之手。

春申君对此一无所知。此时，他又陷入一个可怕的权力游戏当中。

《史记》上说，春申君有个门客叫李园，是个工于心计的小人。他请假回家，故意晚了回来。春申君召他去问。他说："齐王派使者来求娶我的妹妹，陪使者喝酒，耽搁了时间。"春申君一听，连齐王都看中的人，一定很不错，赶紧问："答应嫁了吗？"

"没有。"李园说。

春申君当即请李园把妹妹送来。一看之下，果然美貌，于是留在身边。而这一步，只是李园诡计的开始。这是一个连环计。

不到一个月，李园的妹妹对春申君说："楚王对您，比对兄弟还好。您做楚王的相国二十多年了，楚王无子，万一哪天楚王去世，恐怕您就有灾祸了。我怀孕了，只有我一个人知道。您如果把我献给楚王，楚王一定宠爱我。我生下儿子，将来继位为王，也就相当于您得到楚国啊。"

春申君一听，好主意，就把她献给了楚王。过了几个月，这女子生下一个儿子。楚王果然立了这孩子做太子，封她做了王后。李园当然也就受到了重用。

这还不是李园所要的最后结果。

没过两年，楚考烈王生了重病。春申君的门客朱英又献言说："世有毋望之福，又有毋望之祸。今君处毋望之世，事毋望之主，安可以无毋望之人乎？"

春申君一脸茫然："什么意思？"

朱英说："您在楚国做了二十多年的相国，就像楚王一样啊。楚王很快就要去世。您接着辅佐少主，可以做像伊尹、周公这样的名相，也可以索性自己登上王位。这是毋望之福。李园这个人，不领兵，家中却养着许多亡命之徒。楚王一死，他必定会杀您灭口。这是毋望之祸。您把我安插在楚王的卫队中，楚王一死，李园进宫，我把他杀掉。我就是所谓毋望之人。"

春申君摇摇头："先生您不要再说了。李园是个无用之人，我一向对他也很好，还不至于到这个地步。"

朱英叹口气，不辞而别。

十七天之后，楚考烈王去世，李园安排刺客埋伏在宫门之内。春申君匆忙赶过来，刚进门，就被刺客从两旁夹住杀死，斩下头颅，扔到了大门外面。这还不算，李园又派人把春申君全家都灭了。

战国四公子，都养有门客数千人。而门下真正人才济济的，只有信陵君一个。孟尝君养士，虽然多是鸡鸣狗盗之徒，总算还有个冯谖（xuān）能为他收买人心，最后给了他一个安身之处。平原君养客，数千人中，只有一个毛遂可堪大用，他却又不识，如果不是毛遂自荐，他连楚国的救兵都请不到。春申君门客三千，有本事的，只有朱英一人，可是春申君既不用他，也不听他。

对于识人用人一事，朱英对春申君也有过劝谏，记载在《郁离子》中。楚太子用梧桐果实养一只枭，希望它能叫出凤凰一样的声音。春申君说："枭的本性是改不了的，给它吃梧桐果没有用。"朱英听说了，就对春申君说："您知道枭喂梧桐果也不能变成凤凰。您门下之人，无非是鸡鸣狗盗、无赖之人，可是您给他们锦衣玉食，希望他们对您能有国士之报。我看这和太子养枭没有区别。"

春申君不以为然。结果呢，他被李园杀了，门客三千，没有一个挺身而出为他报仇。这就是养枭的结果。小人李园，则是这群枭中最毒的一个。杀死了春申君，他的连环计才终于使完。他把妹妹扶为王后，让外甥登上王位，自己完全掌握了楚国大权。

不过对于这段史实，后世许多人有异议。一是楚考烈王并不是无子。因为后来史书上又出现了他的另两个儿子，一个是楚国的亡国之君负刍（chú），另一个是抗秦被杀的昌文君。另外据《越绝书》所载:"烈王娶李园妹,十月产子男。"从时间上来推算,不可能是先怀孕,再献给楚王。由此可见,楚王无子、献李园妹等情节不可信。

战国四公子中,结局最惨的就是春申君。春申君死了,有人说他"当断不断,反受其乱",有人说他糊糊涂涂、受人愚弄,有人为他扼腕叹息,然而春申君,仍然是一个君子。

楚幽王是春申君之子的谣言是怎么来的呢?

楚考烈王与春申君都死在公元前二三八年。李园妹的儿子继位为王,是为楚幽王。幽王在位十年而死,没有儿子。他同母的弟弟继位,为楚哀王。哀王即位才两个月,就被杀了。杀死他的是他的庶兄负刍,也就是楚考烈王另外的妃子所生的儿子。杀王的理由是什么?就是李园妹是怀孕进宫的,儿子根本不是楚考烈王之后,只有他才血统正宗。《烈女传》上说,这是负刍为了自己当王而造出的谣言。

如果这只是一个谣言,李园为什么要杀死春申君?春申君岂不是死得更加窝囊?

李园杀春申君,只是为了夺权。有春申君在,他掌不了权。现在,负刍自立为王。他把李园一家,又全灭了。真是因果相连,循环相报。

其实,这个王不争也罢。此时,秦国已经灭了韩国、赵国、燕国、魏国,高悬于头顶之剑,马上就要落到楚国的头上了。

负刍即位之后,打算重新振作,与秦拼一个你死我活。秦王嬴政灭了四国,正调集大军,打算一举灭掉楚国。

嬴政问大将李信:"你看攻下楚国,要多少兵马?"

李信说:"二十万足矣。"

嬴政又问大将王翦。王翦说:"至少要六十万。"

嬴政说:"王将军老了,胆子也变小了。还是李将军少年英雄,果断壮勇。"于是派李信率军攻楚。

李信刚刚征战燕国回来,曾率数千人,一直把燕太子丹追到衍水,并得到太子丹的人头。嬴政认为他有胆略,是个贤勇的将军。

李信率军与楚军接战,在平舆打了一个小胜仗,打算与另一个秦将蒙武在城父会师。谁知道,楚军悄悄地跟在李信的后面,一连跟了三天,他都不知道。楚军发起突然袭击,杀死了秦军七个都尉。李信大败而回。

秦军一败,原本被秦占领的许多城邑,也都反戈一击,重又归楚。秦国在占领区的统治,眼看就要崩溃。

秦王勃然大怒,又无可奈何,只得再请老将王翦出山。此时,王翦已经回到老家频阳,退休了。嬴政亲自赶到频阳,诚恳请求他说:"当初我不听您的计策,李信果然被打败。现在楚军一路往西进攻,秦国危急,您忍心抛下我不管吗?"

王翦说:"我有病在身,精神疲倦,大王还是另外选将吧。"

嬴政说："已矣，将军勿复言！"

这句话很厉害，是最后通牒。如果他再坚持不肯带兵，不管他曾经立下多少功劳，下场将会如白起一样。

王翦不敢不答应，于是说道："如果大王一定让我带兵，非得六十万人不可。"

六十万，是秦国全部的军力。如果战败，或者将军有异心，秦国就危险了。秦王没有办法，只能答应。王翦这才出山。

大军出动，秦王一直把王翦送到灞上。他心里也是忐忑不安。这是以举国之力，进行一场豪赌啊。

王翦向秦王请求田宅园池的赏赐。嬴政说："将军您走吧，怎么还担心贫困呢？"王翦说："我为子孙要的。"

嬴政大笑。

王翦领大军到了函谷关，竟然五次派人向秦王索要田产。有人就说他："将军这么贪婪地索取，是不是有点过分啊？"

王翦说："秦王这个人，为人残暴多疑。现在他把举国之兵都交给我，我如果不为子孙向他多要钱财，他一定会怀疑我。"

王翦稳住了秦王的心，这才率军直奔楚国。

楚国这边，也征发了全国之兵，带兵的大将是项燕。王翦采取坚壁不战的方略，与楚军相持。时间一长，楚军缺粮，于是引军往东。王翦率军猛追，楚军大败。这一败，就是彻底失败了，再也不可收拾。昌文君战死，项燕自杀。这位项燕将军，就是后来西楚霸王项羽的祖父。

公元前二二三年，秦军攻破寿春，负刍被俘，楚国灭亡。

公元前二二一年，秦灭齐。六王毕，四海一。秦王一统天下，自称始皇帝。

公元前二一〇年，秦始皇去世。

公元前二〇九年，秦二世元年，楚将项燕之子项梁，项燕之孙项羽，率江东八千子弟向秦发起进攻。

公元前二〇七年，秦二世被杀，子婴即位。两个多月后，子婴被项羽杀死。秦朝灭亡。

楚人南公曾经预言说："楚虽三户，亡秦必楚。"楚国被秦灭亡十六年之后，秦国又被楚人所亡。

春申君死后十五年，楚国灭亡。楚灭之后十六年，秦灭亡。在之后漫长的岁月中，人们慢慢淡忘了那个名叫黄歇的风云人物。谁也不会想到，因为一个偶然，春申君竟然又从历史走进现实。

春申君在回到自己的封国吴后，开凿了一条河道，人们称之为春申江，又叫申江。这就是今天的黄浦江。多少年后，江边的小渔村竟然成了名闻世界的大都市上海。上海又叫申城，春申君的申，春申江的申。

历史的记忆，有它自己的方式。

第十五章 吕不韦

人们忽略了他的远见卓识，以及对历史和现实深邃的洞察。如果他没有被逼自杀，也许，中国历史将是另外一个走向。

吕不韦是个被误读的人，被误读了两千年。

因为他做成了历史上最大的一笔生意。

司马迁说他是一个"闻人"。所谓闻人，来自于《论语》。孔子对学生子张说，闻人就是表面爱好仁德，私下却又违反，还自以为是的人。天下都听说他的名声，只不过那是虚名，有名无实。

清代学者牛运震说他"阴钓人国，显盗圣言，真大贾人矣"。

近代学者李景星直接说他是"千古第一奸商"。

当时的秦王嬴政对他也是横加指责，说他功德与名位不配，活活把他逼死。

有意无意间，人们忽略了他的远见卓识、他的智慧、他对历史和现实深邃的洞察。虽然历史不可假设，但如果可以，如果他没有被逼自杀，中国历史将是另外一个走向。至少，秦帝国不会灭亡得那么快，那么仓促。

吕不韦原是卫国濮阳人，在韩国的阳翟做生意。阳翟本是韩国的都城。公元前三七五年，韩国灭郑，把都城迁到了新郑。不过阳翟依旧是一个繁华的大都市。吕不韦以这里为中心，"往来贩贱卖贵，家累千金"，成为巨富。

有一次，他到赵国的邯郸经商，无意中遇见了秦昭襄王的孙子异人，心里一动："此奇货可居。"

异人是秦国抵押在赵国的人质。事实上，秦王并不在乎他的死活。他是秦昭襄王之子安国君的儿子。安国君有二十多个儿子。他既不是可以继位的长子，也不是受到疼爱的小儿子，把他送到赵国，也就是为了给某个协议做个担保。不过秦国从来不在意什么协议，此时，更是一而再，再而三地向赵国进攻。赵国大概是怕进一步激怒秦国，没有杀异人，这已经是仁至义尽了，当然不会给异人什么好脸色，甚至没让他住在都城邯郸，而是把他赶得远远的，赶到邯郸往东两百六十多里外的廖（yí）城。这里已经是边境，靠近齐国的聊城了。

照钱穆先生推测，吕不韦见异人时，大概在公元前二六一年前后。此时秦、赵两国的大军，正在长平相持，很快就要以死相拼。异人不只是穷困落魄，而且命悬一线。

几年之前，秦昭襄王的太子死了，改立柱为太子。柱就是异人的父亲安国君。

虽然如此，异人的地位并没有任何变化。照常理，安国君会立子傒为太子。此时异人的母亲夏姬不受宠，没人在意他，他是被秦国遗忘的一个王孙，被丢在赵国，门可罗雀，无人问津。

吕不韦忽然登门拜访。

"我能光大您的门楣。"吕不韦说。

异人觉得好笑："先生还是先光大自己的门楣，再来光大我的门楣吧。"

吕不韦说："这您就不知道了，我的门楣要靠您的门楣才能光大。"

异人听出了他的话中之话，把他接到里间，坐下来，虚心向他请教。

吕不韦说："秦王老了，您的父亲安国君将会继位为王。可是您只是二十几个弟兄中的一个。最有希望成为太子的是子傒。他有母亲在宫中支持，您没有。您没办法与他们竞争，而且现在身处危险之国，情况一变，您就会被杀死。"

异人说："的确是这样，可是怎么办呢？"

吕不韦说："现在您父亲最宠爱的是华阳夫人。华阳夫人没有儿子，但是她能决定谁做继承人。我给您五百金，您去结交宾客，让他们到处为您美言。我再到秦国去为您活动，让安国君立您为继承人。"

异人一听,感激涕零,当即说道:"必如君策,请得分秦国与君共之。"如果真成功的话,秦国有你的一半。两个人算是生意成交。

吕不韦来到咸阳,买了许多珍奇异宝,去拜见华阳夫人的弟弟阳泉君。

"您犯了死罪。"吕不韦见面就把阳泉君吓住了。

"您的手下都占据着高位,太子手下呢,一个有地位的也没有。您的府库里藏着珍珠宝玉,马厩里全是骏马,府中净是美女。安国君年纪大了,身体也不好,一旦去世,太子当政,您的处境可谓危如累卵。"这里所谓太子,是指安国君的继承人子傒。

阳泉君离开座位,连忙谦恭地向吕不韦请教。

"万一安国君去世,子傒做了继承人,华阳夫人和您就没有存身之处了。"吕不韦说,"现在异人在赵国做人质,日夜想着回秦国。如果华阳夫人请求立他为继承人。异人是无国而有国,华阳夫人是无子而有子。"

阳泉君点点头。

吕不韦说:"如果华阳夫人选立继承人,将来无论有什么变化,她都不会失势。现在她说一句话,能建立万世之利。等到色衰爱弛,再想开口,还有用吗?"

阳泉君说:"好!好!"赶紧进宫去见华阳夫人。

华阳夫人一听，立刻就明白了。她找了一个合适的时机，向安国君进言说，在赵国做人质的异人是个贤才，往来之人对他赞不绝口。说着说着她就流下泪来，恳求安国君说，我没有儿子，希望立异人为继承人，这样我的下半生也有了依靠。

安国君正宠爱她，当即就答应了，"乃与夫人刻玉符，约以为适嗣"。为什么要刻玉符？因为此时秦昭襄王还在位，安国君只是太子，不能公开给异人设名号，只能私下刻个玉符，作为约定。

吕不韦刚刚谋定了秦宫之事，秦军已经在长平大胜赵军，随后又派大军围住了邯郸城。秦昭襄王根本没在意异人的死活。赵国已经到了亡国的地步，赵王也就没有了顾忌，打算把异人杀死，算是出一口恶气。

吕不韦跑到赵国，拿六百金收买了看守，带着异人逃到了秦军之中，然后直奔咸阳。

异人走得匆忙，没来得及带走妻儿家小，被扔在赵国的家人当中，有个三岁的幼童，叫嬴政。

异人来到咸阳。吕不韦让他穿着楚国的服装去见华阳夫人。

吕不韦把一切都已打听得明明白白。

秦昭襄王因为母亲和舅舅的帮助才登上了王位。他的母亲就是有名的宣太后芈八子，是楚国人。宣太后有个同父异母的弟弟名叫芈戎，被封为华阳君。后来秦昭襄王用范雎为相，把他驱逐了，赶到函谷关外。华阳君回到自己的封地华阳。现在受到安国君宠爱的华阳夫人，就是他的后代，姓芈。这是楚国的大姓。

华阳夫人一看异人穿着楚服，欢喜无限，笑着说："我是楚人啊。"于是让异人改名为子楚。这是吕不韦的精明和细致之处。

因为华阳夫人喜欢，安国君也就把异人留在了身边。

安国君检查子楚的读书情况，子楚说："我从小被放到外面做人质，没有人教我，没读什么书。"安国君叹口气，让吕不韦做他的老师。

吕不韦想方设法，从赵国接回子楚的妻儿，然后辅佐他交结宾朋，学习治国之策，"子楚以此名誉益盛于诸侯"。安国君于是正式确立他做自己的继承人。

经由吕不韦的筹划，子楚从一个穷困落魄的人质，一步步靠近了最高权力的宝座。由此可见，吕不韦不只是一个商人，更是一个很有谋略的政客。不过此时的吕不韦，还没有真正显露出他的雄心。

公元前二五一年，在位五十六年的秦昭襄王死了，儿子安国君即位。安国君早已重病在身，父亲去世，加上登基为王的种种礼仪，让他病情更加沉重。只做了三天的秦王，安国君就死了。

子楚继位为王，这便是秦庄襄王。庄襄王一即位，立即任命吕不韦为相国，封为文信侯。

安国君虽然只做了三天的王，公元前二五〇年也算是"秦孝文王元年"。所以庄襄王元年从公元前二四九年算起，这一年，刚刚登上相位的吕不韦，就灭了东周国。

周朝最后一个天子是周赧王，也是历史上最贫穷的一个天子。他自己没有土地城邑，寄居在周国的王城之中。即便这个小小的周国，这时也分裂成东周、西周两个小国，而且还互相攻打。东周国的都城设在巩，西周国的都城就在原先的王城。周天子赧王就寄居在西周国的王城。

公元前二五六年，西周国君向秦国投降，周赧王病死。秦庄襄王把洛阳的九鼎迁到咸阳。周朝算是灭亡。不过此时还留下了东周国，国君虽然不是天子了，也是周朝的一支。这对秦国来说，也是不能容忍的。吕不韦于是亲自率兵把东周国灭了，东周君被迁到阳人。

庄襄王在位三年就死了，那个被吕不韦从赵国救回来的小儿嬴政继位为王。此时嬴政才十三岁，不能亲政，秦国的大权都掌握在相国吕不韦手中。

吕不韦放开手脚，连续派兵向韩、魏、赵发动进攻。十多年中，秦国占有的土地，已经在十五个郡以上，东方诸侯一败再败，毫无还手之力。吕不韦知道，秦国一统天下，已经指日可待。他开始盘算统一之后的治国方略。周王朝统一天下后，周公制礼作乐，成就了周朝八百年基业。现在，吕不韦要制定自己的"周公之礼"。

这是一个庞大的计划，他一个人当然无法完成。不过他有门客三千。这数千门客，来自诸侯各国，有儒家、道家、墨家、法家、阴阳家等等，几乎囊括了诸子百家。吕不韦有着宽阔的胸襟，他想在一部著作中，融入活跃了整个战国时期的诸子学术。各门各派，只要是有用的，都融进来。他要的是一部兼容并包、凝聚诸子学术精华的大书。

编这样一部书，要有完整的计划大纲。他把全书分成"十二纪""八览""六论"三个部分。所谓"十二纪"，就是春夏秋冬，每个季节又分孟、仲、季三节，共十二纪。每纪由五篇文章构成，共六十篇。"八览"中，每览由八篇文章组成，共六十四篇。"六论"中，每一论由六篇文章构成，共三十六篇。再加上一篇《序意》，一共一百六十一篇。其中《有始览》里少了一篇，只有七篇。于是全书是一百六十篇。

一百六十篇文章，包含了天文、地理、政治、哲学、伦理、社会、军事、农业等等，各家学说，几乎无所不有，可以说是杂而又杂的一部书，所以后世称之为"杂家"的代表。然而如此纷繁复杂的一部书，却有条有理，自成体系，以阴阳五行为主干，把各种思想串联在一起，显得杂而不乱。这本书的出现，意味着涓涓细流的诸子百家，开始汇成一条浩荡奔腾的滚滚大江。

吕不韦打算把这些停留在争鸣上的学术，变成真正行之有效的治国理念。

公元前二三九年，咸阳城闹市的大门外，摆放着一捆一捆的竹简，上面悬挂着千金的赏钱。旁边的告示上明白地写着："有能增损一字者予千金。"

这便是相国吕不韦的门客们刚刚编著而成的《吕氏春秋》。

集市内外，诸侯各国的游士宾客们络绎不绝，纷纷拥过来观看。一时之间，不只是秦国，整个天下都知道吕不韦编了一部堂皇的巨著。

没有人能增一字，减一字。没有人拿这份赏金。没有人敢来拿。

这不是一部普通的书，这是一部治国方略，是为秦国统一天下量身定做的国策。

这是给秦国人看的，给天下人看的，更是给秦王嬴政看的。

此时的吕不韦，已经担任秦国相国十一年，号称"仲父"，其威权如秦王的父亲一般。可是，他感觉到了危机。

秦王嬴政这一年二十一岁，明年就要行加冕礼亲政了。吕不韦对嬴政的性格当然相当了解。他很为秦国的未来担忧。当时的军事家尉缭子对嬴政就有这样的评价："秦王为人，蜂准，长目，挚鸟膺，豺声，少恩而虎狼心，居约易出人下，得志亦轻食人。诚使秦王得志于天下，天下皆为虏矣。"这段话，让后世之人大概了解到了嬴政的样貌。他有蜂刺一般挺而直的鼻子，眼睛细长，挺着鹰隼一样的胸；声音听起来有点刺耳，如豺叫；为人刻薄寡恩，心如虎狼；不得意的时候，对人谦恭，一旦成功了，会吃人。如果他得到天下，所有人都会成为他的奴隶。

吕不韦不只是感到了自身的危险，还为整个天下担忧。在他掌权的这十多年里，他已经改变了秦军野蛮的作风。虽然秦军攻势凌厉，势如破竹，但是已经很少有斩首十万、八万，活埋三十、四十万的记载了。

吕不韦主张用义兵，恩威并用，不要太残酷，注重收买天下人心。所以，他灭了东周国，没有杀东周君，还给了他阳人这块地，以"不绝其祀"。他攻下卫国，又把卫君角安置在野王，也没杀他。对内呢，他"大赦罪人，修先王功臣，施德厚骨肉而布惠于民"，如此等等，从严苛的法家，已经向仁德的儒家，甚至无为而治的道家转变了。虽然如此做了，还需要一个确凿的政治纲领、立国之策。现在有了，所以要公布出来，让天下人知道，天下人遵守。特别是秦王嬴政亲政之后，要照此施政。

在《吕氏春秋》的序里，吕不韦说："尝得学黄帝之所以诲颛顼矣，'爰有大圜在上，大矩在下，汝能法之，为民之母。'"他以黄帝教育孙子颛顼的话说，皇天在上，大地在下，你能效法它们，就可以做人民的父母了。而他这部书，可以向上度量于天，向下检验于地，中间审察于人。

这篇残缺的序里，其实已经说得明明白白。你嬴政要听我的，就像颛顼听从黄帝一般，你要以这部书为法则。

嬴政会听吗？

公元前二三八年，二十二岁的秦王嬴政在雍县的蕲年宫举行加冕礼。

多年来，由于嬴政年幼，秦国的军政大权原本掌握在吕不韦手中。后来慢慢有了变故，吕不韦有了一个对手，这人叫嫪毐（lào ǎi）。

据《史记》上说，吕不韦与太后——嬴政的母亲私通。等嬴政渐渐长大，吕不韦有些害怕，就找了个人，佯装是太监，悄悄送给了太后，让他们两个人好去。这个人就是嫪毐。太后果然喜欢他，对他宠爱无比。秦王要决定的事，基本都要太后决定，而嫪毐在太后身边，常常是他拿主意。如此一来，嫪毐的权势就大了。到了吕不韦编定《吕氏春秋》的这一年，嫪毐被封为长信侯，其势力甚至能与相国吕不韦分庭抗礼了。

当时，吕不韦派兵进攻魏国。有人给魏王出主意说，现在秦国上至执政大臣，下到平民百姓，都在问，是亲近嫪氏呢还是吕氏？不如以魏国举国之力来帮助嫪毐，秦太后一定非常感激。嫪毐势力大了，吕不韦就一定会失势，这也就能报吕不韦攻魏的仇怨了。

嫪毐成了吕不韦的头号敌人。两个人的争斗，已经公开，而且白热化。接着有人向秦王告发嫪毐与太后私通，并生有两子之事。秦王派人追查。

就在秦王嬴政加冕的这一天，嫪毐"矫王御玺及太后玺"，发动兵变，攻打秦王临时居住的蕲年宫。嬴政派兵镇压，嫪毐失败被杀，全族被灭，投靠他的舍人有四千多家被流放到蜀地。太后也被赶到雍县的棫（yù）阳宫。

吕不韦受此事牵连，被罢免了相国之位。

据钱穆、杨宽等史学家考据，嫪毐是邯郸人，原本就与嬴政母亲认识。大概在他们逃离赵国时，一起跟到了秦国，根本不是吕不韦推荐给太后，否则不会弄得后来势同水火。从之后秦王的反应来看，这显然是一场三人之间的权力斗争。

吕不韦被罢相位的第二年，嬴政就从雍县把太后接回了咸阳宫中；同时，把吕不韦驱逐出去，让他回封地洛阳。吕不韦回到封地，诸侯宾客使者纷至沓来，要请吕不韦到他们国家去。秦王大怒，写信责问他说："君何功于秦？秦封君河南，食十万户；君何亲于秦？号称仲父。"随后命令把他及家属全部发配到蜀地。

事已至此，吕不韦万念俱灰。他不愿意接受更多的侮辱，于是饮毒酒自杀。

吕不韦一死，嬴政又让流放在蜀地的嫪毐余党回来了。

种种迹象表明，嬴政利用了嫪、吕之争，一石二鸟，完全瓦解了他们的势力，终于把大权全部掌控在自己的手中。

秦王接下来的所作所为，是吕不韦所担心的，也是他一力想避免的。可是他死了，已经无能为力。而那部他耗尽心血留下的《吕氏春秋》，也被秦王视为粪土。这本书中的理念，与嬴政格格不入。

《吕氏春秋》上说，"凡举事必先审民心，然后可举"，"宗庙之本在于民"，"圣人南面而立，以爱利民为心"，"为天下及国，莫如以德，莫如行义"等等，完全是孟子"民为贵，社稷次之，君为轻"的发挥。对于嬴政而言，什么以德治国，什么以民为贵，是决然不能接受的。他要的只有独裁。而吕不韦最反对的，恰恰是独裁。

《季冬纪·士节》中说："贤主劳于求人，而佚于治事。"贤明的君主应该把精力放在访求贤士上，对治理政事要超脱，不要管太多。而嬴政，一分的权力也是不能放的。

《审分览·勿躬》中说："圣王之所以不能也，所以能之也；所不知也，所以知之也。养其神、修其德而化矣，岂必劳形愁弊耳目哉？"贤明的君王有所不能，才有所能；有所不知，才有所知；修养自己的品德，自然就能化育万物了，哪里要让自己劳苦忧虑，把耳朵眼睛搞得疲惫不堪呢？

而秦王嬴政，是不肯承认自己有所不能的。他以天下人为奴隶，谁也不如他。

《似顺论·分职》中说："夫君也者，处虚素服而无智，故能使众智也。智反无能，故能使众能也。能执无为，故能使众为也。无智无能无为，此君之所执也。"君主处于清虚，执守素朴，看起来没有什么智慧，所以能用众人的智慧。无所作为，才能使用众人的作为。无智、无能、无为，这是君主应该执守的。无智？无能？无为？这是嬴政无论如何也不能接受的。

书中诸如此类的无为、仁德思想，比比皆是，可之于嬴政，如对牛弹琴。他要的是独断专行，为了自己的权力，天下任何人都可以杀，任何东西都可以毁灭，毫不留情。

吕不韦希望嬴政能听他的，为此甚至编造了一个离奇的故事。他让门客传言，他才是嬴政的生身之父。

这段故事记载在《史记》中，司马迁写得有声有色。

吕不韦在邯郸选了一个能歌善舞的美女同居，已经怀孕。一天，他请异人来喝酒。异人一看美人，大为倾倒，就向吕不韦索要。

吕不韦很生气，可是一想在异人身上投下的本钱已经很大，就送给他吧。美人后来生下一个儿子，这便是嬴政。

通过梳理史料，许多史学家都认定这只是一个故事。要么是吕不韦虚构的，要么是秦灭六国之后，百姓们怨恨他，编造出来出口恶气，表明秦在灭六国之前，就已先被灭了。

嬴政不相信这个故事。即便有所怀疑，他也会杀死吕不韦。他是不能容忍有人分享他一丝一毫权力的，无论是谁。

嬴政为王，吕不韦必死无疑。

事实上，如果吕不韦在担任秦国相国之时，细细揣摩一下秦国的历史，他大概就能想见自己的命运。

秦国的崛起，是从秦孝公开始的。他重用商鞅进行变法。孝公一死，儿子惠文王即位，立即杀死商鞅，把他车裂了。

秦惠文王最为重用的相国是张仪。在张仪的帮助下，秦国一下击垮了最强大的对手楚国。惠文王一死，儿子秦武王继位，张仪嗅到危险，仓皇逃到魏国，不久就抑郁而死。

秦武王在位只有四年，举鼎而死。弟弟昭襄王继位。

秦昭襄王最为重用的是武安君白起和相国范雎。这两人可谓是秦帝国的奠基人物，结果白起和范雎都被他杀了。

与他们相比，吕不韦的功绩大大不如。如果不是留下一部《吕氏春秋》，几乎就不值一提。而这部书，对于嬴政来说一文不值。功劳越大，越会被杀，这是秦国的传统。虽然君王们大都对臣下心怀猜忌，可是像秦国这样一代代国王都刻薄寡恩、凶残狠毒的情况，还是不多。吕不韦死于秦王之手，根本不足为奇。他不是第一个，也不是最后一个。

吕不韦被罢相的这一年，是公元前二三八年。这一年，春申君死在楚国寿春。他们两个人，都被人编了一个故事，故事几乎一模一样,都是把珠胎暗结的美人送给君王,她们的孩子之后一个成了楚王,一个成了秦王。

春申君有三千门客,没听说其中谁有什么作为。他被自己曾经的门客李园杀死,却没有一个门客给他报仇。吕不韦也有三千门客。他靠门客们编著的一部《吕氏春秋》,名留后世。吕不韦的门客中,有一个人叫李斯。他在吕不韦去世之后,成了秦帝国的相国。

然而李斯的治国理念与吕不韦完全不同,他相当迎合嬴政的口味。公元前二二一年,嬴政在李斯的协助下,横扫六国,统一了中国。

公元前二一〇年,自称始皇帝的嬴政去世。

公元前二〇七年,李斯被秦二世腰斩于咸阳。一个月后,秦二世被赵高逼死。子婴继位,不久死于项羽之手。秦朝灭亡。

此时,距离吕不韦之死,只有三十年。

秦朝灭亡的原因,正是始皇帝嬴政的"少恩而虎狼心","以天下人为虏",吕不韦原本希望能改变他,改变自商鞅以来秦国残酷的法令,却被嬴政杀死了。

嬴政当然不会知道,杀死吕不韦的那一刻,也杀死了秦帝国的未来。

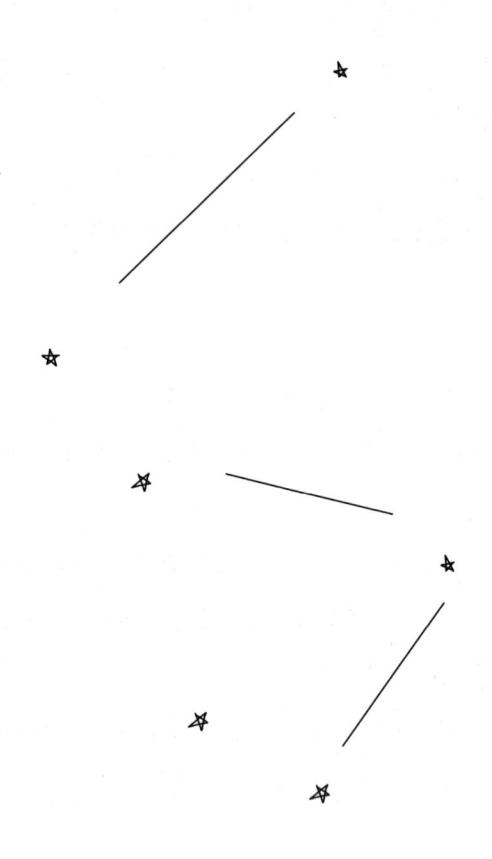

第十六章 荀況

他对人类怀着最深的绝望,又怀着最大的期望。他呼喊着,喊声如鼓点,如此沉重,如此动人心魄。

十五岁这一年,荀况来到齐国的都城临淄,到稷下学宫求学。

稷下学宫在城西的稷门外,齐桓公田午时开始建造,齐威王时继续扩展,到了齐宣王时,学宫达到了鼎盛。

东汉应劭(shào)《风俗通》上说,齐威宣之时,"孙卿有秀才,年十五,始来游学"。

荀况,姓荀名况,字卿。因为"荀"与"孙"读音相近,也有人说是为了避汉宣帝的名讳,所以又称他为孙卿。后世人尊称他为孙卿子、荀子。

荀况才十五岁,就已经很有才学,而且英俊潇洒,所以说他"有秀才"。

荀况来到齐国之时,齐国的国君是齐宣王,就是那位向孟子坦承"寡人有疾,寡人好色"的齐王。他不只是"好货""好色""好勇"，还"喜文学游说之士"。稷下学宫历经三代，特别是在他的打造之下，成为天下文枢。驺衍、淳于髡、田骈、接予、慎到、环渊，以及孟轲、宋钘等天下最有学问和名望的学者们云集于此。齐宣王为他们建造了华美的高堂大屋，给予上大夫的待遇。他们不需要担任世俗的职务，专心做学问就行。而且言论自由，对国家大事，可以随意批评。他们来去自由，如果觉得齐国不合适了，想到别国去求一官半职，甚至用自己的学问来与齐国为难，都可以，不阻拦。如此自由开放的学术氛围，吸引了儒、道、兵、名、阴阳等各家学派的大师，他们汇聚到这里，相互辩论、碰撞和交融。他们在这里成就自己，成就别人，也成就了一个时代。稷下学宫就像一座百花齐放的大花园。这个大花园，从齐国向南、向西、向北不断地延伸，渲染出中国历史上最为灿烂的百家争鸣的春天。

齐国田午创办稷下学宫的十多年前，希腊哲学家柏拉图在雅典创立了柏拉图学院。这所创办于公元前三八七年的学院，是西方最早的高等学府，是后世大学的滥觞。稷下学宫存在了一百多年，柏拉图学院存在了九百多年。一东一西，两颗高悬于天空的星辰，成为人类的智慧之源。

此刻，年轻的荀况正奔着东方这绝世光华而来。不只是他，成百上千的学子们从赵国、楚国、魏国、韩国、燕国，从整个中华大地上奔赴而来。在这里，求学的学子们叫"学士"，有名望的学者叫"先生",最受人尊重的叫"老师"。他们的荣誉和地位,只跟他们的学识有关。

稷下学宫的众位先生当中,对荀况影响最大、也最受荀况尊重的一位是宋钘。

宋钘兼学儒、墨、道三家,擅长用寓言轻松自在地表达思想,《汉书·艺文志》里以他为"小说家"的代表。令人忍俊不禁的《齐人攫金》,据钱穆先生推测,就是他讲的故事。庄子在《逍遥游》中说他"举世誉之不加劝,举世非之不加沮"。全社会都赞美他,他也不会更努力;全社会都批评他,他也不因此而沮丧。他能认定内我与外物的区别,能分清光荣与耻辱的界限。这位宋钘先生,的确境界高远。

荀况来稷下是游学。所谓游学,是向各家学派的多位大师求学,并不是专投于某一人的门下。对谁的学问感兴趣,就跟他去学,或者跟他争论。这大概是最好的学习环境了。几年下来,荀况眼界日渐开阔,自觉学有所成,变得雄心勃勃,立即就要施展抱负。听说燕国正在改革,于是收拾了行李,北上蓟都。

此时,燕国的君主是姬哙,后人称为燕王哙。燕国是北方的大国,可是在诸侯之中,一直默默无闻,不被关注。燕王哙很想振作有为。他"不安子女之乐,不听钟石之声",不修筑亭台楼阁供自己享受,也不像别国君主那样纵情打猎,乐而忘返。他甚至亲自拿着农具到田地里耕种,倡导以农为本。韩非说他苦身忧民，即使古代的圣王明君也做不到他这样。也许正是看到燕王哙这样的作为，荀况才赶过来投奔。

燕王哙宠信相国子之。子之办事果断，善于监督考核大臣。荀况年纪既轻，又没有什么名望，没有得到燕王的重视，只好先住下来，等待时机。就在这时候，燕国政局发生了剧烈的动荡。相国子之想方设法愚弄并架空了燕王哙，正在谋夺他的王位。

一切准备妥当，一个名叫鹿毛寿的人劝说燕王哙，让他学尧、舜、禹，禅让王位于子之。燕王哙年纪已老，或许是糊涂了，或许已经力不从心，竟然真把王位让给了子之，自己站在朝堂之下，做他的臣子。

燕国很快大乱。齐宣王趁机派大将匡章率领大军，向燕国发动进攻。燕国"士卒不战，城门不闭"，燕王哙、子之被杀。

因为齐军残暴，燕国军民奋起反抗。燕公子职从韩国赶回来继位，这就是有名的燕昭王。

燕国乱成一团，荀况看到无所作为，又回到齐国稷下，继续耐下心来读书，做学问。关于这段史实，被荀况的学生韩非记录在《韩非子·难三》中："燕子哙贤子之而非孙卿，故身死为僇（lù）。"显然，多年之后，他还在为自己的老师鸣不平，说燕王因为不用荀况才死于非命。

大概就在这次荀况回到齐国之后，他与孟子进行了一次论辩。《孟子外书》上说："孙卿子自楚至齐，见孟子而论性。"钱穆先生考证说，荀况并不是从楚国到齐国，而是从燕国归来。两人关于人性是善是恶，展开了一场针锋相对的争论。

孟轲在齐国已经有一段时日了，虽然深受齐宣王的尊重，可是两人渐渐话不投机。孟轲说："君之视臣如土芥，则臣视君如寇雠"，"民为贵，社稷次之，君为轻。"这些无视君王权威的话，齐宣王听了很不是滋味，不爱听。有一次，齐宣王问孟轲："做臣子的可以杀自己的君王吗？"孟轲竟然说，如果是独夫民贼，可以杀。即便到了这个份上，两个人还没有最后决裂。两人完全闹翻，是因为齐国对燕国的进攻。原本齐宣王进攻燕国，孟轲是赞成的。燕国已经大乱，出兵就是救民于水火。可是齐军攻入燕国之后，"杀其父兄，系累其子弟，毁其宗庙，迁其重器"，孟轲对这种打、杀、抢的强盗行径给予了猛烈抨击。

因为齐军的暴行，不仅燕国军民开始强力反抗，诸侯们也调兵遣将，准备大举进攻齐国。齐国的处境一下变得相当危险。孟轲这时候又向齐宣王提了一些中肯现实的建议，仍然没有被采纳。孟轲本想一走了之，回自己的老家邹国。可是因为被齐王拜为卿士，从道义上说，不能在国家危难之时离开，只好待在学宫，等待战争结束。

就在孟轲一边等战争结束，一边打点行装的时候，荀况从燕国狼狈不堪地回到齐国。此时孟轲已经是名满天下的大师，荀况还是名不见经传的年轻人。不过稷下学宫有很好的风气，学问上的事，彼此之间不问高下贵贱，都可以争论。

孟轲与荀况，都是儒学的传人，而且学问深厚。可是两个人在人性上的看法上，却是大不相同，甚至完全对立。

在当时，学者们关于人性有许多说法，彼此争论不休。

告子说："性无善无不善。"

有人说："性可以为善，可以为不善。"

也有人说："有性善，有性不善。"

孟轲呢，他认为人性本善。

他在《告子上》一章中说："乃若其情，则可以为善矣，乃所谓善也。若夫为不善，非才之罪也。"意思是说，就实情来看，人是可以为善的，这就是所谓的人性本善。至于有些人不善，并不是因为他本质上的罪过。孟子认为人天生就有恻隐之心、羞恶之心、恭敬之心。"仁，人心也。义，人路也。"人的本心就是仁，人天生就有良心、仁爱之心。要想践行仁德，只要照自己的良心去做就可以了。那些不善之人，只是因为他们自暴自弃。而性善只是成就道德的开端，就像火种和泉源，要不断地扩充，"苟能充之，足以保四海；苟不充之，不足以事父母"。

荀况却说："人之性恶，其善者伪也。"人的天性是恶的，人性为善，是后天教育而成的。伪，是人为的意思。

荀况认为，人性分为自然之性与道德之性。自然之性是天生的，没办法被后天改变。道德之性，即善性，是由后天环境教育而成的。而孟轲没有区分自然之性和道德之性。他笼统地说，善性是天赋，与生俱来，后天的学习教育，只是为了保持住这一天性，不要让它丧失掉。

荀况说："今人之性，饥而欲饱，寒而欲暖，劳而欲休，此人之情性也。"人生来饿了要吃，冷了要穿，累了要休息。人的天性是好利、疾恶、好声色的，如果任其发展，就会发生争夺、偷盗和淫乱，走向罪恶。至于看到长者，不敢先吃，不敢先休息，好的东西先要让给他们，这是因为受到礼义的教育。所以，人性本恶。他说的人性本恶，是指人的生物属性。而人的社会属性，经过教育，是可能变善的。小人可以成为君子，百姓能够成为圣人。

孟轲使人为善的手段是什么？发现内心深处的良知。怎么发现？也是通过教育。不过孟轲教育的方式是引导，循循善诱。而荀况的方式是"立君上之势以临之，明礼义以化之，起法正以治之，重刑罚以禁之"，威权、教化、法度、刑罚，四种手段一起使用，使人向善。

一个是引人向善，一个是防人作恶，最后殊途同归，都达到使人为善的目的。同时，他们的理论上还有一个相当的起点，就是人人平等。荀况说："凡人之性者，尧舜之与桀跖（zhí），其性一也。君子之于小人，其性一也。"圣贤与大盗，本性都是一样的,都是恶的,都要教育并防范。他又说"涂之人可以为禹",涂这个地方的人,都可以成为大禹,只要他们努力学习。同样,孟轲认为"人皆可以为尧舜",人的本性是善的,好好保持住这个本性,不断发扬,就可以成圣贤。

荀况劝人向善虽然有四个手段,但和后来他的学生不一样,他最推荐的还是教育,是"劝学":"君子曰:学不可以已。青,取之于蓝,而青于蓝;冰,水为之,而寒于水……故不登高山,不知天之高也;不临深溪,不知地之厚也。"

除了学习之外,还要修身养性,"君子养心莫善于诚,致诚则无它事矣"。如此,又接近于孟轲的"我善养吾浩然之气"。不管性善还是性恶,总要后天好好努力,才能止于至善。

然而,荀况的"性恶论",以及为了防范作恶采取的种种手段,被他的学生学去,并发展到极端,这才引出法家出场。法家的理论,也终于成了后来秦始皇的治国之道。

在荀况与孟轲两人的争论声中,齐国从燕国撤回兵马,战争结束了。孟轲不再停留,带了一众弟子,回归故乡。荀况呢,暂时还留在齐国。

齐宣王死了,儿子齐湣王继位。稷下的学士先生们有参政议政的传统。荀况找了一个机会,求见齐相国。

此时,齐国的相国是孟尝君田文。

孟尝君门客三千,声名远播。齐湣王即位之初就任用他为相国。他率齐、魏、韩三国联军，攻破楚国的方城，杀死楚将唐眛。秦昭王慕名请他到秦国去做相国，可是等他一到，忽然翻脸，把他抓捕了。早有门客跟孟尝君说过，秦王向来不讲信义，翻脸无情。孟尝君不听，幸好靠"鸡鸣狗盗"之辈，才九死一生，逃回齐国。回来之后，怒发冲冠的孟尝君联合了齐、韩、魏三国的军队，一举攻破函谷关，逼得秦王割地求和。孟尝君名震天下，此时声威正如日中天。

荀况见到孟尝君，说他"上则得专主，下则得专国"，位高权重，建议他"处胜人之势，行胜人之道"。所谓胜人之势，是说相国处于高位，可以动用国家的权力，左右国家的方向。所谓胜人之道，是说行仁义之道。相国只有任用仁德之士，让百姓行仁义，国家才能保平安。

荀况说，现在的齐国，南有楚国虎视眈眈，北有燕国满怀仇恨，旁边的魏国也不怀好意。只要有一个国家发难，其他国家就会跟上，齐国一定会四分五裂。"故君人者，爱民而安，好士而荣，两者无一焉而亡。"不爱护民众，不珍惜人才，国家一定会灭亡。

孟尝君没有在意荀况的说辞，即便是听了进去，他也来不及在齐国实现了。因为受到齐湣王的猜忌，不久之后，他就逃亡去了魏国，而且就此与齐湣王结下仇怨，反而处心积虑要进攻齐国。

从齐湣王的所作所为来看，孟尝君仇恨他是可以理解的。他好大喜功，荒唐可笑，自大到丧心病狂的地步，可以说，任何君子都无法与他相处。他尽全力灭了宋国，可是还没来得及庆贺，秦、魏、赵、燕、韩就组成了五国联军，向齐国发动了猛烈进攻。在齐湣王愚蠢的命令下，齐军一触即溃。随后，上将军乐毅率燕军直扑临淄。

战火已经烧到了临淄城下，齐湣王仓皇出逃。稷下学宫的先生们也是四散流亡。齐国此时所面临的情况，一如荀况多年前与孟尝君分析的那样。可是事已至此，谁也无可奈何。荀况一路往南，到楚国去躲避战乱。

此时的楚国已经光华不再，甚至有些可怜了。楚怀王被秦国骗去，扣押在那里做人质，最终客死他乡。当时太子横在齐国为人质，被孟尝君送回去即位为君，这便是楚顷襄王。顷襄王又是一个无能的庸主，一而再、再而三地被秦国打败，毫无还手之力。楚国原本人才辈出，到这时，也变得万马齐喑了。也不是没有人才，楚王看不到；看到了，也不用。有一个屈原，也被顷襄王放逐了。荀况到楚国之后，据说被封为兰陵令，芝麻大的官，管方圆百里的一个小县。荀况只是寻求一个安身之地，并不在乎官大官小。

公元前二七九年，田单用计逼走了燕国大将乐毅，然后用火牛阵大败燕军，一举复国。齐湣王的儿子齐襄王率领流落在外的大臣回到临淄城，重修稷下学宫。

荀况又从楚国回到齐国。《史记》上说："田骈之属皆已死，齐襄王时，而荀卿最为老师。齐尚修列大夫之缺，而荀卿三为祭酒焉。"

经过一场齐国历史上最为惨重的战祸，原先济济一堂的名家大师们已经凋零四散。荀况成了稷下学宫年纪最长、学问最大的老师，曾经三次担任"祭酒"。

酒宴开始之前，必须先倒一杯酒在地上祭神。倒这杯酒的人，是整个宴席上最受尊重的人，叫"祭酒"。这是学识和身份的象征。

齐襄王在位十八年，公元前二六五年去世。儿子建继位，这就是齐国最后一代君主齐王建。在这新旧国君交替之时，有人说荀况的谗言。荀况在齐国也待不下去了，只好离开。

去哪里呢？

原本齐国和秦国一东一西，彼此实力相当，曾号称"东帝""西帝"。可是在乐毅的打击之下，齐国几乎亡国。现在的齐国不仅不能与秦国相抗衡，连周边的魏、赵、燕、楚都大不如了，只能苟延残喘。现在，天下最强的只有秦国一家。荀况要实行自己以礼治天下的理想，须去秦国。

万里迢迢，荀况来到咸阳，求见秦相国范雎。

此时正是长平之战之前，秦国正在谋划向赵国发动大规模的进攻。听到荀况求见，范雎吩咐请进。

范雎本是魏国人，因为家境贫困，投奔在中大夫须贾的门下。有一次，范雎跟从须贾出使齐国，齐襄王看范雎口才好，就赏赐给他十斤金、酒和牛肉，范雎没敢接受。可他还是受到须贾的猜忌。回国之后，须贾向相国说了范雎的坏话。结果范雎被打得死去活来，扔在厕所中。后来在秦国使者的帮助下，他逃到秦国，并且成了秦国的相国。当年出使齐国时，范雎以善辩著称，少不了跟稷下先生们交游，自然熟悉最受人尊崇的荀况。现在他做了秦国相国，架子也就大了，见面就很唐突地问道："入秦何见？"

荀况不在乎他的无礼，脸色平和，侃侃而谈。他说，秦国占有地利，形势险要。百姓质朴淳厚。官员谦恭节俭、谨慎守信。士大夫不结朋党，以公事为重。"佚而治，约而详，不烦而功，治之至也。"轻松自在却治理得当，政令简要却又详尽，政事不繁杂却有成效，这是政治的最高境界。秦国差不多就是这样了。不过，秦国仍然有它的忧惧——时时担心天下诸侯联合起来对付自己。如果用王者的功绩名声来衡量秦国，那就差太远了。

范雎问："是何也？"

荀况说："秦国没有儒者。如果讲仁义、用贤人，就能称王于天下。如果仁义利益兼顾、贤人亲信并用，就能称霸诸侯。如果这两者一样都做不到，就会灭亡。这是秦国的短处。"

荀况的话，范雎完全听不进去。不说秦国，单说范雎本人，后来正是因为只重个人的利益，不愿意让白起独得战功，而任用亲信为将军，最终导致邯郸之战失败，自己也因此送掉了性命。不过此时秦国气势如虹，屡战屡胜，范雎大权在握，正是权势煊赫之时，荀况的话他一句也听不进去。不过他还是安排了荀况与秦昭王见面。

秦昭王对儒家也没有好印象，见面就说："儒者对治理国家没有什么好处吧？"

荀况说："儒者如果被君主任用，他将是称职的臣子；如果不被任用，他将是诚实、顺服的百姓。即使处境艰难，受冻挨饿，也不会用歪门邪道满足自己的欲望；即使隐居在穷巷陋屋，也没有人会不尊重他。儒者在朝廷中担任官职，能美化朝政；作为老百姓，能使风俗优良。儒者位居人下时就是这样。"

秦昭王问："儒者位在人上时又怎样呢？"

荀况说："儒者在人之上，能修礼节、定法则、正度量，使国家得到治理；能让忠诚、信实、仁爱、利他的美德在百姓之间蔚然成风。儒者以仁义王道得天下，将会民心归向，四海之内若一家，道路通达之处，百姓无不顺从。"

秦昭王说："善！"

这番话已经丝毫没有孟轲的傲骨了，可秦王还是不买账，秦王需要的，应该是完全俯首帖耳的奴才。秦王听完就算了，转身又与范雎计划战事。荀况看到了秦国的强大，也看到了秦国的症结。他说，秦国应该节制武力回到文治上来，任用正直诚实、德才兼备的君子来治理天下，努力扩张领土不如增加信用。可他也只是自说自话，没人听他的。荀况叹口气，只好离开。

此时，天下诸侯之中，除了秦国，最强大的是赵国。荀况于是又奔赵国而去。

到了邯郸，荀况受到了赵王的礼遇。赵孝成王虽然不及父亲赵惠文王知人用人，不过对人才也还爱惜。他把荀况封为上卿，可议政，没有实权，管不了国事，与齐国封稷下先生为上大夫一样，都是领一份厚禄的虚衔。此时，赵国也到了国破家亡的紧急关头，赵王和相国平原君焦头烂额，正在应付秦国的进攻。

长平之战打响，赵国大败，四十万人被白起活埋。不久，秦军兵临城下，邯郸城被包围。

荀况身陷危城之中。

事实上，此时如果要逃离，也是可以的。秦军的包围并不严密，赵国的使者可以四处求救。平原君就曾带了二十个门客出城去了楚国。荀况之所以不走，大概与当年孟轲遇到的情形一样。身为赵国上卿，不能在国家危难之时一走了之，理当与之共存亡。这是儒家的道义。

邯郸被围了三年。魏公子无忌率魏军，春申君与临武君率楚国大军来救，秦军大败。

这是一场惊心动魄的大战。这场战争中，付出最多、功劳最大的是信陵君和平原君。也许是因为亲身经历了这一切，荀况在《臣道》篇中对平原君和信陵君有着发自肺腑的感慨。

他认为，如果有人能联合有智慧的人，率领群臣百官一起纠正君主，君主虽然不服，却不能不听从，因此消除国家的大灾难，使君主尊贵、国家安定，这叫作"辅"；如果有人能抗拒君主的命令，借用君主的权力，反对君主的错误，因而使国家转危为安，消除君主的耻辱，成就国家的利益，这叫作"拂"。他们是社稷之臣，国君之宝。明主会尊敬厚待他们，昏庸之主却会以他们为敌。平原君就是赵国的"辅"，信陵君就是魏国的"拂"。古书上说："从道不从君。"说的就是这个吧。从荀况的这番话就可以看出齐王、秦王和赵王为什么不愿意重用他。荀况认为，国君并不是至高无上的，是可以质疑、反对、抗拒的。人应该坚持正确的，而不应该盲从国君。可是君主很少有不自大的，他们不能接受任何人对他们权威的挑战。谁挑战，谁就是他的敌人。

邯郸之围解了，应该总结一番成败得失。赵孝成王召来荀况和临武君谈兵法。

临武君是楚国名将景阳。救赵的一路大军是魏公子信陵君率领的八万魏军，另一路是楚国春申君统率的楚军。而真正指挥楚军作战的，就是临武君景阳。他是从前线拼杀回来的，赵孝成王很想听听他的说法。

临武君说：“上得天时，下得地利，观察敌人的变动情况，后发先至，这就是用兵的要领。”

荀况说：“不对，用兵打仗的根本在于使民众团结一致，将帅是次要的。主要看君主是否贤能，是否崇尚礼法，是否看重道义，是否喜欢贤士，是否爱护人民。轻率用兵的就会衰弱；指挥权出自一个人的就强盛。齐国有技击，魏国有武卒，秦国有锐士，可是他们都无法对付齐桓公、晋文公那有纪律约束的军队。而齐桓公、晋文公的军队不足以抵抗商汤、周武王的仁义之师。军队能大规模地齐心合力，就能制服天下；小规模地齐心合力，就能打败邻近的敌国。”

孝成王和临武君说：“说得好。请问做将领的原则。”

荀况说：“当将军的不要怕免职，不要急于求胜而忘记了有可能失败，不要以为自己有威力而轻视外敌，不要看见了有利的一面却不顾有害的一面。考虑事情要仔细周详，使用财物奖赏时要公正大方。事情成功一定在于慎重，失败一定在于怠慢。”

临武君说：“请问称王于天下的军队制度。”

荀况说：“服从命令是最重要的，取得战功在其次。不杀害年老体弱的敌人，不践踏庄稼，对不战而退的敌人不追擒，对抵抗的敌人不放过，对前来投顺的不抓起来当俘虏。讨伐，不是去杀戮百姓，而是去讨伐杀戮扰乱百姓的人。”

临武君说：“说得好！”

好在哪里？

临武君是从军事上谈用兵，荀况是从政治上谈用兵。军事是政治的手段。如果政治上成功了，当然无往而不胜。所以荀况从大处着眼，事实上谈的是治国之道。治国和用兵的核心，还是仁义。

他的这番道理，赵孝成王听明白了，也觉得有道理，可是合用吗？不合用，不切实际。此时是战国末期，天下各国，都忙着钩心斗角，彼此攻战，只怕没有狠毒的手段对付邻国，没有可靠的手段控制民众。人性之恶，已超过荀况的预期，荀况所说的礼，已经无法防范和控制这种恶的蔓延，整个社会正不断地滑向残酷而黑暗的深渊，谁也阻止不了。

荀况却还在坚持自己的理想，不过，在赵国已经无所可为了。

春申君从楚国派使者请他过去。

荀况多年前曾流亡到楚国，因为有人进谗言，他才又回到齐国。结果在齐国，又被人进谗言，他只好出奔秦国。秦国不用，又回到赵国。虽然赵国对他相当礼遇，自己又是赵国人，可是他一心想着的，还是自己的梦想。他接到春申君的邀请，于是打点行装，去了楚国。

春申君给他什么待遇呢？仍然是兰陵令。

这是很奇怪的一件事。

荀况早先就在楚国担任过兰陵令。《史记·孟子荀卿列传》

上说:"齐人或谗荀卿,荀卿乃适楚,而春申君以为兰陵令。"《春申君列传》上说:"春申君相楚八年,为楚北伐灭鲁,以荀卿为兰陵令。"这是公元前二五四年。此时齐湣王、齐襄王已死,已经是齐王建十年、楚考烈王八年。

史学家钱穆先生认为,荀况离开齐国到楚国时,应该在齐湣王末年,因为躲避战乱。此时楚国占有了齐国淮南之地,兰陵大概就在此时归于楚国,楚国封荀况为兰陵令。田单复国之后,荀况又回到齐国。到了齐襄王末年,荀况被人进谗言,再次离开齐国,先去秦国,再去了赵国,之后终老赵国,著书立说,未曾再去楚国。

然而司马迁却说,荀况的确又去了楚国,并且担任了兰陵令。"春申君死而荀卿废,因家兰陵。"直到春申君被杀,才不做县令,在兰陵安度晚年。综合史料,荀况应该是在齐湣王末年去了楚国,齐襄王时回到齐国,到了邯郸之战后,又从赵国去了楚国,最后老死在楚国。

史学家们最不解的是,荀况在齐国时,三次担任备受尊崇的"祭酒";在赵国,位列上卿;为什么要到楚国去做一个小小的县令?

无论是在齐国为"祭酒",还是在赵国为"上卿",都是一个虚名,虽然生活无忧,却没有任何实权。荀况既然无法说动诸侯国君来践行他的政治理想,就要找机会自己实践一下。兰陵虽然小，却可以做一个实验田，实实在在地施展一下他的政治蓝图。他第一次担任兰陵令时，就有人看出了他的企图，并以此为由，向春申君进谗言："汤以七十里，文王以百里，孙卿贤者也，今与之百里地，楚其危乎！"春申君遂谢去孙卿。荀况被赶走了，因为他在实地落实他的政治抱负。多年之后，春申君深切反悔，有荀况在楚国建一个特区挺好，说不定能为楚国之后的改革找到一个方向呢，于是又恳求荀况回去。

后人认为，荀况哪里在乎这个小小的县令，可是他偏偏接受了。他不是在意这个小小的官职，而是有未完成的理想。兰陵令，是他实现理想的一个手段罢了。

公元前二三八年，春申君被李园杀死了。荀况失去了支持，只好退休，在兰陵住下来。他的年纪已经很大了，于是学孟轲，一边著书立说，一边"得天下英才而教育之"。

他传之后世的是《荀子》三十二篇。他最有名的学生有两个，一个是韩非，一个是李斯。

荀况是先秦最后一位儒学大师，而他这两个学生，却是法家的代表人物。他们的思想体系，如一张巨大的罗网，通过秦国，罩向天下诸侯。王侯将相、贵族大夫、平民百姓，被一网打尽。在这张巨大的罗网之中，破碎的被拼凑统一，而统一的，又将被挤压破碎。

如果我们仔细地审视荀况的学说，就能看到天下大势的走向。如果我们把目光投放得更加长远，就会看到这个走势，自上古到夏、商、周再到春秋、战国，一步一步，是怎样地逼近。我们以为我们在左右着历史，其实却一直被历史所裹挟。

春秋之时，礼坏乐崩，周公所建立的道德体系日渐崩溃，孔子奔走呼号，试图以"仁"来挽救世道人心。仁是以人为人，彼此相爱。到了战国之时，诸侯相互攻伐，王公"率兽而食人"，于是孟子提出了"义"，呼吁人间正义。到了战国末年，国与国毫无诚信，士民鲜廉寡耻，只有利益争夺，没有道德仁义。荀况没办法，又提出了"礼"。

荀况所说的礼是什么呢？

礼是等级，是秩序，是控制。"礼者，贵贱有等，长幼有差，贫富轻重皆有称者也。"具体地说，君要公，臣要忠，父要慈，子要孝，兄要友，弟要恭，夫对妻要守礼，妻对夫要顺从。"少事长，贱事贵，不肖事贤，是天下之通义也。"

为什么要有礼？

荀况在《王制》中说道，财物不丰富，分配不平均，一定会引起争夺，争夺就会引起动乱，一乱就会贫穷。先王正是为了防止发生动乱，才制定礼义，使贫富贵贱知有等级，而能相互制约，才能保证天下之人各得其所。《尚书》中说："维齐非齐。"意思是说，财富的分配应有等差。

没有礼，就会天下大乱。礼不平等，但有礼就能达到一种相对的平衡，社会就能稳定，人民才能得到和平。不守礼的危害很大，于是荀况又引法入礼。礼起的是教化的作用，而法，起到治理的作用。他说："法者，治之端也。"他提出用法度与刑罚来保证礼的实施。荀况的思想是以礼义为主体，而兼重法治。在他的笔下，礼还带着一丝温情，到了他的学生韩非手中，温情没有了，取而代之的是冷酷。

事实上，关于这个日渐没落的趋势，老子早有预言。他在《道德经》三十八章中说道："故失道而后德，失德而后仁，失仁而后义，失义而后礼。夫礼者，忠信之薄，而乱之首。"

道、德、仁、义，终于一步步堕落到礼，到这个地步，就不可救药了。他认为"礼"这个东西，是忠信不足的产物，是祸乱的开端。

祸乱是什么？就是以秦国为代表的铁血与残酷的统治。

人民将在这统治之下悲鸣辗转，然后，奋起反抗。

血流成河之后，是再次的血流成河。

也许荀况早已洞见了这样的后果，所以他才苦口婆心地去劝说秦王、赵王，声色俱厉地教训他的学生李斯。"君者，舟也；庶人者，水也。水则载舟，水则覆舟。"这是《荀子·王制》篇里的一句话。这是对所有君王最好的劝告，也是最大的警告。他希望在这战国末年的黑暗之中，用仁义礼智点燃一支火炬，照出一条和平安宁之路。这支火炬，不是从他开始举起的，而是从孔子到孟子，一直传递着，是真正的薪火相传，却总不能照亮这片苦难深重的土地。然而，火种不能灭。

于是，晚年的荀况，花费最大的心血来传承这个火种。

据清代学者汪中考证，《诗经》《左传》《穀梁传》《礼记》《易经》等儒学经典，都是因为荀况的传授，才得以流传于后世。他认为经过战国和暴秦之乱，使儒家经典不被断绝的，是荀卿。"周公作之，孔子述之，荀卿子传之，其揆一也。"

北宋思想家张载说："为天地立心，为生民立命，为往圣继绝学，为万世开太平。"这是所有文化人的理想与抱负，隔了千年来看，这分明是对荀况的真切写照。他对人类怀着最深的绝望，又怀着最大的期望。他呼喊着，喊声如鼓点，如此沉重，如此动人心魄。

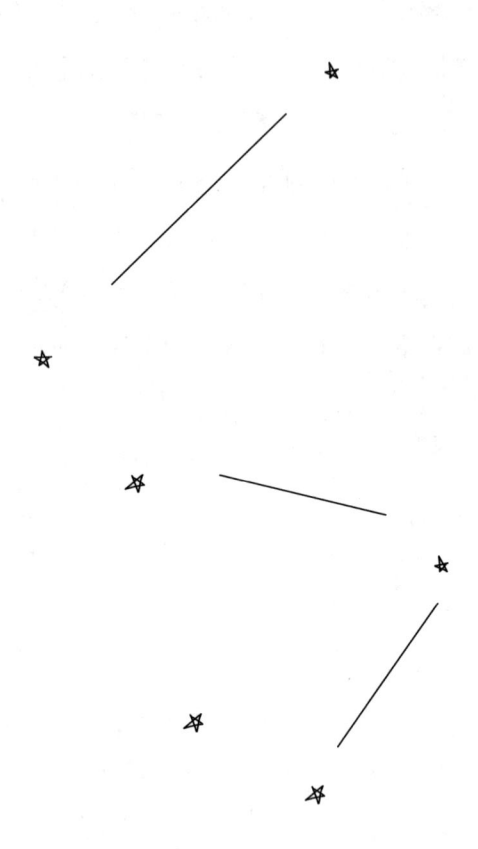

第十七章 韩非

他是一面镜子，清晰地照出了帝王们的真实面孔。他又像一根刺，扎在人性的深处。

公元前二三四年，秦军突然向韩国发起猛攻。秦军的这次进攻有些奇怪，既不为了夺城，也不为了掠地，只为要一个人。

秦王嬴政不许百姓读书，自己倒是勤奋好学。刚刚有人给他送来一捆书简，他展开来，慢慢翻阅着。好半天，他从书简中抬起头来，长叹一声说道："嗟乎，寡人得见此人与之游，死不恨矣。"

书简上的文字，一下子击中了他，简直是贴着他的心在写。

"写书的人我知道，是韩非。"廷尉李斯说。

李斯和韩非是同学，都是荀况的学生。

嬴政一听，喜出望外，当即下令，请韩非过来。这大概是历史上最壮观、最粗暴的一次请客景象，一支浩荡的大军从秦国直奔韩国。

韩国被打得晕头转向，半天才明白，秦国只是想要一个叫韩非的人。

他们知道韩非，就是那个没得到重用、牢骚满腹的落魄公子。韩王安派人找来韩非，让他立即动身去秦国。

韩王从来没在意过这位韩非，看到秦国如此大动干戈，才知道了韩非的重要。可是到了这时候，想用他也是不可能了。当然，也不一定想用他。

韩王不知道，韩非这一去，历经艰难的韩国也就走到了末路。

韩国建国一百七十多年，而它的诞生要更早，源于一个可歌可泣的传奇。

那时晋国还没有被瓜分，国势还在蒸蒸日上。晋景公的司寇屠岸贾陷害赵国的先祖赵朔。司马韩厥阻止不了，飞奔过去告知赵朔，让他赶紧逃亡。赵朔说，如果您能保住赵家后代，我死也瞑目。赵家被满门抄斩，只有一个名叫赵武的婴儿，被门客程婴、公孙杵臼救下，并在韩厥的帮助下躲藏起来。

几年之后，韩厥在与齐国作战时，立下大功，被封为统管六军之一的卿，进入国家的权力中心。他寻机向晋景公建言，让他明白赵家受了冤屈，一切都是屠岸贾的诡计。晋景公下令给赵家平反，孤儿赵武这才重见天日。这就是有名的"赵氏孤儿"的故事。

"韩厥之感晋景公，绍赵之孤子武，以成程婴、公孙杵臼之义，此天下之阴德也。"司马迁说，正因为有这个阴德，才使他的后代拥有将近两百年的韩国。

韩国真正的崛起，在公元前四五三年。这一年，韩厥的后代韩康子与赵襄子、魏桓子打败了智伯，瓜分了他的田邑，从而形成七雄并立的态势。史学家们通常以此年为春秋与战国的分界线。

公元前四〇三年，周威烈王赐赵、韩、魏为诸侯，三家成为真正意义上的国家。此时韩国的国君是韩景侯韩虔。

韩国最强盛的时候，是韩昭侯之时。韩国是个小国，即便是强盛，也只是能自保，从来不曾是其他六国的对手，也从来没有过其他六国的辉煌。这段能够自保的和平岁月，就是韩国的辉煌。

而这个辉煌，是因为韩昭侯任用了一个名叫申不害的人。

申不害担任韩国相国的那段时间，各国都在变法。

李悝在魏国变法，公仲连在赵国变法，吴起在楚国变法，邹忌在齐国变法，商鞅在秦国变法。申不害也在韩国变法。

申不害是原郑国的一个"贱臣"，地位卑贱，然而学问高深。此时的郑国已经被韩国所灭，韩国把都城从阳翟迁到了新郑。申不害以自己洞悉人心的智慧受到韩昭侯的赏识，被封为相国。

申不害的变法，使得韩国"赏不加无功，罚不失有罪"，一时之间,韩国风气大变。《史记》中写道:"终申子之身,国治兵强,无侵韩者。"申不害的学问,以权术见长。他教育君主以术来督促和驾驭臣下,并留有《申子》一书,可惜失传了。因为《韩非子》中保留了一些关于他的介绍,才让人们了解到他的学问。正因为他以及他在韩国的变法,才有了后来成为法家代表的韩非。

据牛鸿恩先生考证,申不害死于公元前三三七年。而在秦国变法的商鞅,前一年被秦王车裂而死。

韩非在《定法》篇中说,商鞅知道用法,却不知道用术,所以变法的成果被臣下窃取。秦国努力了几十年,也没有成就帝王之业。申不害知道用术,却不精通用法,官吏们就不断地钻法律的空子。所以申不害变法十七年,韩国也没有成就霸王之业。商鞅之法和申不害之术,都不完善。谁才能加以完善?韩非。不过,这还要再等几十年。

支持申不害变法的韩昭侯去世后,儿子宣惠王继位。战国形势开始发生剧烈的变化。

韩国所处的位置太险要了,北有赵国,东有魏国,南有楚国,西有秦国,都是惹不起的大国、强国。宋朝司马光说:"韩以微弱之国,居天下之冲,首尾腹背莫不受敌。"韩国死死地挡住了秦国向东方发展的去路,所以秦国对韩国的进攻几乎没有停歇。韩国完全没有还手之力。

公元前三一七年,秦国先是进攻韩国的修鱼,俘虏了韩国大将申差,随后又向浊泽进攻。东方诸侯都在观望,没人出兵相救。相国公仲对韩王说:"东方诸侯不能依靠了。秦国一直想进攻楚国,不如通过张仪与秦国议和,割一个大城给秦国,答应跟随秦国去进攻楚国,这样我们的危难就解了。"韩王说,行吧,让公仲准备出使秦国。

楚怀王听到消息,很恐慌,听谋臣的建议,火速派使者来见韩王:"不榖国虽小,已悉发之矣。"我的国家虽然弱小,但已经动员了全部兵力来救你们韩国了,希望你们全力抵抗秦国,楚国将与韩国共存亡。楚王向全国发布命令,紧急动员,出动所有部队。战车马匹挤满了从方城去中原的大道,派往韩国的使者也是络绎不绝。

韩王看到楚国倾全国之力来救,就停止了与秦国和谈。公仲劝韩王说:"真正进攻我们的是秦国,楚国只是口头上说要救我们。大王您依靠楚国的虚言,去与强秦为敌,必为天下人所笑。楚国是怕我们跟随秦国攻打他们,才用虚言骗我们啊。"

韩王不听,决心与秦国拼死作战。秦王大怒,又从国内增派更多兵力,向韩国发动更加猛烈的攻击。公元前三一四年,秦、韩两军在岸门血战。韩军左等右等,终于没等到楚国的援军。楚怀王果然只是在虚张声势。他欺骗了韩国,希望秦、韩两败俱伤。

岸门之战，韩军大败，一万人被斩首。韩王悔恨交加，万般无奈之下，把太子仓送到秦国去当人质，屈膝求和。

原本，韩国可以做楚国的屏障。两国合力，秦军讨不了便宜。楚王却要使阴谋诡计。现在，楚国不只失去了这个屏障，还增加了一个仇敌。受到欺骗和愚弄，比当面之敌更让人痛恨，韩国上下，对楚国恨得咬牙切齿。

欺人者，很快又被人所欺。短短两年之后，楚怀王就受了张仪的欺骗。这个骗局很简单，因为简单，更显出楚王的愚蠢。张仪答应只要楚国与盟友齐国绝交，就割让六百里土地给楚国。可是等楚国与齐国绝交后，张仪说，我只答应过给六里地啊。受到愚弄的楚怀王恼羞成怒，向秦国发起了进攻。秦国联合韩国向失去同盟的楚国大举反攻。

韩王把全部的怒火，都倾泻到仇敌楚怀王的头上。

公元前三一二年，秦、韩联军在丹阳大败楚军，楚国大将屈匄战死，八万楚军覆没。这一仗，是楚国国运的转折点，楚国从此每况愈下。楚怀王言而无信，使韩国饱受灾难。现在，他自己又成了无信的张仪的牺牲品。不久之后，他更受秦昭王的欺骗，竟然被抓到了咸阳，成了秦国的俘虏，最后客死他乡。

在战国诸多的君主当中，有平庸的，有狂妄自大的，有贪婪的，有浅陋的，而楚怀王应该算是最愚蠢的。

大仇已报，韩宣惠王在大败楚军这一年，平静地离开了人世。

太子仓继位，这就是韩襄王。

韩襄王在位的时候，发生了一件大事。

韩襄王的太子婴不幸早早去世，公子咎和公子虮虱争为太子。虮虱逃亡在楚国，得到楚国的支持。韩国相国公仲与楚国友好，也想立虮虱为太子，他先后通过秦国、齐国向楚国施压，而后又率兵攻打楚国。楚国就用一百辆车把虮虱送回韩国的阳翟。虮虱争权失败。而公仲为了保住自己的权位，留着虮虱以威胁公子咎，就没有杀死虮虱。

为什么说这是一件大事呢？

据《韩非评传》的作者施觉怀先生推论，韩非应该就是公子虮虱的儿子。

争权如果成功，韩非的父亲就会是韩王；失败了，就成了落难公子，不只是自己不得势，更会影响到子孙后代。韩非，就出生在这样一个落魄的贵族之家。

那位争权得胜的公子咎，在韩襄王去世之后即位为王，这就是韩釐王。

韩釐王在位的二十多年中，值得一说的事只有一件，就是追随秦、赵、魏、燕，发动了对齐国的战争。这对齐国是致命一击。齐国在此打击下几乎亡国，齐湣王在逃亡中被人杀死。齐国从此衰落，此后的几十年中，只是在静静地等待着灭亡。这次大战役中，燕、秦、魏、赵都抢得了大片土地，只有韩国一无所获。它只是一个跟班，国小力弱，只能做墙头草，谁强就听谁的。

据陈启天先生考证，韩非生于公元前二八〇年。韩釐王去世的时候，他才八岁。他长大成人的时期，是他的堂兄韩桓惠王在位时。而他整个一生，都活在秦国强大而残暴的阴影之下。他希望摆脱这个阴影。摆脱的方法就是寻求治国良方，使得韩国国富民强。

良方寻到了，韩桓惠王会用吗？

韩桓惠王身陷险恶的国际漩涡当中，根本无暇顾及韩非的药方。他在位的第十一年，韩非十九岁，一场惊天大战拉开了帷幕。秦国占领了上党南面的太行一带，使得上党与韩国都城新郑失去了联系。上党孤立无援，军民痛恨秦国残暴，都不肯降秦，郡守冯亭归降了赵国。

为了争夺上党，秦、赵两军相峙在长平。

公元前二六〇年，秦军大破赵军，赵括战死，四十万赵军被秦将白起活埋。

不久之后，秦军包围邯郸。公元前二五七年，楚、魏救赵，在邯郸城下大败秦军。此时荀况正在邯郸城中。

公元前二五四年，荀况从赵国去了楚国。大概就在此时，韩非跟从荀况，向他学习儒家经典。

这一年，韩非二十四岁。

韩非的同学里面，有一个人叫李斯。就是这个李斯，向秦王介绍了韩非，并在韩非到达秦国之后，用毒药害死了他。

李斯原本是上蔡人，在一个乡里做管理文书的小吏。他看到厕所里的老鼠吃着肮脏的东西，有人或者狗走近时就惊恐不安；而仓库里的老鼠住在大屋里，有着吃不完的粮食，还没有人和狗来惊扰它。由此，他悟出了一个大道理："人之贤不肖譬如鼠矣，在所自处耳。"人就像老鼠一样，你活得好不好，能不能干出一番事业，在于你所选择的位置。

李斯离开家乡，来到兰陵，求学于荀况。

在《荀子》一书中，有一段与李斯论兵的记载。荀况对李斯说，吞并别国的情况有三种，以德兼人、以力兼人、以富兼人。吞并别国从而使得国家强大，是因为采用了仁德。吞并别国反而变弱了，用的是武力。吞并别国自己变穷了，这是用富贵收买的结果。对于荀况的观点，李斯没有回答。从后来他的所作所为来看，他应该是大不以为然的。

《史记》上记载，李斯学已成，向荀况辞行。他说："诟莫大于卑贱，悲莫大于穷困。长久地处于卑贱之位、困苦之地，却说什么看不起世俗，讨厌名利，把自己打扮成君子固穷、与世无争的样子，这不是我的想法。我要往西去游说秦王。"

他认为此时的秦国，正如老鼠所在的谷仓，正是他安身立命之地。这番话，与他从老鼠身上学到的，境界上没有丝毫的提升。与儒家"穷则独善其身,达则兼济天下"的思想完全背道而驰。李斯的"学已成",大概是他成功地理解了荀况所说的"人性本恶"。

《荀子》一书中,没有与韩非相关的记载。《韩非子》中,也只有两处提到荀况。一是在《显学》篇中指责孙氏之儒是"愚诬之学",史学家们认为,这里的孙氏,不是荀况,而是孔子的学生公孙尼子。另一处在《难三》篇中:"燕子哙贤子之而非孙卿,故身死为僇。"这是替老师鸣不平。荀况对韩非的直接影响有多少,两人有着怎样的交往,后人几乎一无所知,只能从思想脉络上,进行一些粗略的推理。

从根本上来说,韩非与李斯一样,是反对荀子的儒家学说的。这算不算荀况所说的"冰,水为之,而寒于水"呢?

韩非离开荀况回到韩国。李斯离开荀况去了秦国。

到了咸阳之后,李斯投奔了相国吕不韦,做了他的舍人。所谓舍人,就是寄身于富贵人家的半仆役、半宾客之人。李斯因此得到吕不韦的赏识,被举荐做了秦王嬴政的侍从,正式的名称叫"郎"。对于李斯来说,这就是最好的"谷仓"了。李斯给秦王献了一条毒计:"诸侯名士可下以财者,厚遗结之;不肯者,利剑刺之。"对诸侯国的人才,能收买的收买,收买不了的,就暗杀;同时离间诸侯君臣之间的关系。秦王一听大喜,立即采用,并拜李斯为"客卿",让他做自己的高级顾问。李斯终于可以施展自己的才华了。

韩非呢，也在努力向韩王推销自己，可是很不顺利。他口吃，说话结结巴巴，这在当时是致命的弱点。说动君主，要口若悬河、娓娓动听。学问再高，口吃就施展不了口才，得不到赏识。韩非不只是口才不行，还没有机会见到韩王。他要见的这位韩王，虽然是他的堂兄，可是韩非家境特殊，是争权失败者的后人，被打在另册。别说重用他，不迫害就已经是宽宏大量了。落魄的韩非，根本见不到韩王。

此时，韩国国内法制不明，权臣当道；对外屡战屡败，受尽屈辱。而国君懦弱无能，对内对外都毫无办法，只能浑浑噩噩，苟且度日。韩非想来想去，救国的手段只有一个，那就是给韩王上书。

韩非提出了一系列石破天惊、富国强兵的改革方略，一次次呈送给韩王，可是韩王理也不理。韩非在《难言》中，生动描述了自己的这种窘况。

他说，向君主建言真是很难。如果言语流畅而富有条理，就被认为华而不实。如果言语厚道谦恭，就被认为笨拙无用。如果旁征博引，就被认为空洞无用，夸夸其谈。如果不违背人之常情，就被认为不敢直言，只会奉承。如果不同于世俗呢，就会被认为荒诞不经。如果大王不信用，轻则会被看作诋毁与诽谤，重则会被处死。这是什么原因呢？昏庸的君主难以劝谏。恳切合理的意见逆耳而不顺心，不是圣贤之君，根本听不进去。

怎样才能说动君主呢？韩非苦苦思索着。最后的结论写在《难言》篇中。他说："龙在驯服时，可以骑着它和它游戏。它的咽喉下面有片一尺长的倒长的鳞片，如果有人碰到这鳞片，龙就一定会杀死他。君主也有'逆鳞'，进言的人如果能不碰到，差不多就能成功了。"

关键是，君主的逆鳞并不长在他们的咽喉之下，看不见，摸不着，捉摸不透。韩非虽然揣摩了半天，自己也没有十分的把握。从结果来看，他没有说动韩王，说动的反而是韩国敌国的君王，秦王嬴政。说是说动了，同时也碰到了嬴政的逆鳞。

嬴政看到韩非之书的时候，韩桓惠王已经去世，在位的是韩王安。安是他的名字，他没有谥号，因为他是最后一任韩王。

韩非的什么话打动了秦王？

几个故事，几个比喻。

韩非说，造父正在锄草——造父是天下最善于驾车的人，这时，有个父亲带着几个儿子乘车从这里经过。马受了惊，不肯走。父亲和儿子们下来推车，推不动，就请造父帮忙推车。造父走过来，握好缰绳，把马牵住，然后扬起了鞭子，还没有用上，马就一齐向前跑了。如果造父没有技术驾驭马匹，即使用尽了力气帮他们推车，马也不肯走一步啊。"故国者,君之车也。

势者，君之马也。无术以御之，身虽劳，犹不免乱。有术以御之，身处佚乐之地，又致帝王之功也。"

韩非提出，国家就像马车。"势"是马，"术"是驾驭的技术。无术，自己辛苦，国家还会乱。有术，自己舒服，还能取得帝王的功业。那么，势是什么？术是什么？鞭子又是什么？

所谓势，就是保持和运用国君的权势。君主之所以一呼百应，跟他的德才没有关系，只是因为他有权势。"势"的代表人物是慎到。

所谓术，是对官吏的选拔、任用、监督和奖惩的手段。这一派的代表人物是申不害。

皮鞭是什么？是法，指对法律条文的制定和赏罚的执行。代表人物是商鞅。

韩非把势、术、法三样结合在了一起。国君不能跟任何人分享权势，权一分，马就控制不了。王良和造父都是天下善于驾驭车马的人，可是若让王良掌握马笼头在左边吆喝，让造父握着马笼头在右边鞭打，马连十里也走不到。术是政治谋略和手段，没有手段，就不能治理官吏。韩非在《二柄》中说，"去好去恶"，"群臣见素，则大君不蔽矣"。君主不表现出自己的好恶，群臣就会显现他们的本来面目，这样君主就不会受蒙蔽了。《扬权》中说道，君主要显得神秘，让人捉摸不透。君主不表现出自己的才能，臣下就会显现出自己真正的本色。依据其本色任用他们，使他们自行办理政事。如此种种，都是术的体现。而对付臣下最重要的手段是什么？一是赏，一是罚。而赏罚的依据，就是法。法是法令。法令是由官府制定的，"法者，宪令著于官府。"遵从的就赏，不遵从的就罚。官府制定法令的原则是什么？维护君主的统治。

说穿了，为了维护君主的统治，对臣下要行阴谋诡计，对百姓要行严刑峻法。不要讲仁义道德，只讲利害和算计。为什么？因为人性是恶的。

君主，要把天下人都想象成恶的、坏的、不好的。韩非在《六反》篇、《显学》篇，举了许多这样的例子。更在《爱臣》篇中，给君主勾勒了一个险象环生、人人不可以信任的画面，要求君主要牢牢把控住手中的权力。在《五蠹（dù）》中，他告诫君主说，一定要依靠法令，不要寻求有智慧的人。要运用权术，不要期望贞节诚信的人。他还说，君主要依靠自己的手腕，而不应该把希望寄托在臣下的忠诚上。

所有这些话，都说到了嬴政的心坎里。他正是一个不信任任何人、又要控制所有人的君主。韩非真是他的知音。

让嬴政喜出望外的，韩非不只是构建了法、术、势的一个框架，还由此形成了一个完整的理论体系，并且制订出一系列政策。这简直是为他量身定做的。

在《扬权》篇中，韩非说"事在四方，要在中央"，要搞中央集权；对待臣下，要夺他们的权。在《诡使》篇中，他说要禁止士的私学，因为私学与君主有二心。而在《五蠹》篇中，他直接说学者是蛀虫，这为后来嬴政的焚书坑儒埋下了伏笔。不只是儒者，韩非说蛀虫有五种：一、儒家学者，二、纵横家言谈者，三、游侠带剑者，四、依附于重臣的患御者，五、商人和工匠。"儒以文乱法，侠以武犯禁"；言谈者制造谣言，谋求私利；患御者逃避劳苦，大行贿赂；商工之民，制造粗劣器物，囤积居奇，牟取暴利。这五种人都要消灭，因为他们对君主的统治不利。不消灭，国家就会破亡。什么人可以留着？农民和战士，平时做牛做马耕种劳作，积累财富供君主享用；战时上阵拼杀，为君主抢夺土地、金钱和美女。

这些留下来的百姓如果不听话怎么办？要想尽一切办法控制好。《说疑》篇中说："禁奸之法，太上禁其心，其次禁其言，其次禁其事。"控制百姓，最好是禁止他们的思想，其次是禁止他们随便议论，再其次才是不让他们任意行动。《定法》篇中说"设告相坐而责其实，连什伍而同其罪"，设立告发和连坐的制度来落实犯罪，用什伍之家相互监视，一同受罚。连坐法是商鞅发明的，韩非把它发扬光大。

韩非处心积虑为君主考虑，唯恐君主的权力受到一丝一毫的侵犯。他在《爱臣》篇中说道："在万事万物中，没有比君主自身更高贵的，没有比君位更尊严的，没有比君主的威力更强大的，没有比君主的权势更隆盛的。"整部《韩非子》，都是围绕如何保障"至尊至贵"的君主而展开的，其他所有人，都应该供他奴役和驱使。

对于这样一部书的作者，秦王嬴政当然拿他当知己，用一支部队去抢夺他。

嬴政见到韩非，很高兴，不过毕竟还不熟悉，没考虑好怎么用他。这时，发生了一件事。

赵、魏、燕、楚恐惧秦国的进攻，准备联合起来，一起对付秦国。秦王为此很担心，召集了六十个谋士来商量。大家一言不发。有个名叫姚贾的人说："让我做使者，我能瓦解他们。"秦王大喜，给他车百乘、金千斤，还有许多珍奇异宝。过了两三年，姚贾回来了，通过贿赂各国的大臣，果然把四国联盟拆散了。秦王于是封他为上卿。这时，韩非已经在秦国。他进言说，姚贾用秦国的金钱去与诸侯结交，是谋自己的私利，未必真能拉拢那些国家。他本是魏国的一个盗贼，后来又被赵国驱逐了，不是好人，不能任用他。

韩非的这番话，碰到了嬴政的逆鳞，引起了他的猜忌与反感。这时候，老同学李斯又拿了他写的一篇《存韩》向秦王报告说："韩非是韩国的公子。大王您意在吞并天下，韩非的心终究是向着韩国而不会向着秦国的。这也是人之常情。您现在不重用他，如果什么时候把他放回去了，一定会成为秦国的祸患。不如找个理由把他杀掉算了。"

嬴政说，好吧，那就抓起来，拷问拷问。

嬴政喜欢的是韩非的学说，并不是这个人。这个人越厉害，就越让他担心。李斯呢，深知自己才学不能与韩非相比，对他十分嫉妒，有机会置韩非于死地，就要赶紧下手。

韩非想向秦王辩解，可是已经关在牢中，信传不出去。此时主管司法的长官，正是李斯。李斯把他看得死死的。他虽然手上有生杀大权，也想立即杀了韩非，可是不敢自己动手。嬴政喜怒无常，不能被他抓到把柄。李斯于是派人给韩非送上毒药。这是混合着嫉妒与剧毒的药。

韩非万般无奈，在狱中服毒自尽。

这是公元前二三三年，韩非四十七岁。

过了一段时日，嬴政忽然想起韩非，觉得他也没什么大罪，想把他放出来。派人去一问，韩非已经自杀死了。既然是自杀的，没什么可说，就算了。不过，韩非的理论是好的，要用。谁最熟悉这理论呢？韩非的老同学李斯。于是秦王更加重用李斯。事情的发展，正如韩非在《说难》中所言："则阴用其言显弃其身矣。"偷偷地用他的思想，却把他本人抛弃。

韩非是荀况的学生，思想又深受老子的影响，可是他的思想却走到了儒家、道家的反面。他是战国哲学大师中的一个异类，甚至走到了所有人的对面。

老子说:"圣人无常心,以百姓心为心。"

孔子说:"道千乘之国,敬事而信,节用而爱人,使民以时。"

墨子说:"兴天下之利,除天下之害。"

杨朱说:"人人不损一毫,人人不利天下,天下治矣。"

孟子说:"民为贵,社稷次之,君为轻。"

庄子说:"上如标枝,民如野鹿。"

荀子说:"天之生民,非为君也;天之立君,以为民也。"

所有这些人,都是以百姓为重,以天下人为重,君主应该爱民。庄子甚至认为君主百姓,应该各不相关。

韩非却说:"彼民之所以为我用者,非以吾爱之为我用者也,以吾势之为我用者也。"不要爱老百姓,要强迫他们服从。他认为百姓是愚昧的、懒惰的、狡猾的,如婴儿一样不知好歹。所以,"赏莫如厚而信,使民利之;罚莫如重而必,使民畏之"。管理百姓最好的方式就两个:一是重赏,引诱他们好好做事;二是重刑,用严酷而坚决的刑罚,让他们害怕得发抖。

孟子说,君主是独夫民贼,是可以杀的。"诛一夫纣,未闻弑君。"

荀子说,臣子杀死君主,没有其他原因,是君主自找的。"夺然后义,杀然后仁。"

墨子说:"天子为暴,天能罚之。"

韩非却说:"人主虽不肖,臣不敢侵也。"君主即便是桀纣这样的暴君，也不能反对，要永远做他们的奴才。

法家如此维护君主的利益，他们的下场呢？商鞅被车裂，韩非被毒死，李斯被腰斩。

就在韩非去世的三年之后，公元前二三〇年，秦灭韩国。其后短短数年间，秦王横扫天下，吞并六国，一统天下。

杨宽先生在《战国史》中说："韩非为求实现统一中国的事业，根据他兼用'法''术''势'的理论，制定了一系列的法家政策。"许多史学家也说，韩非的学说，为秦统一全国提供了理论基础。其实，秦王见韩非之前，秦国已经做好了吞并天下的一切准备。六国灭亡，只是时间问题。在灭六国之前，吕不韦已经建立了一套治国方略，并在现实中加以试验。秦王统一中国后，以李斯为相国，以韩非的学说为治国之道，恰恰是韩非的法家思想，导致了秦朝灭亡，使得天下再次陷入战火之中。

韩非的思想，就是加强君主的独裁，集全部权力于其一身，丝毫不在乎百姓的死活。秦王统一天下的目的，也只是为了满足自己的欲望，"悉天下以奉一身"。他自号始皇帝，儿子为秦二世，然后三世、四世，江山传之千秋万代而不绝。他调动数十万人为他生前享乐修筑宫殿，为他死后修建陵墓。他还派出许多男男女女，去为他寻求不死之药。可是谁也无法逃脱死亡。再强大的帝国，越是残暴，崩溃得就越快。

公元前二二一年，秦始皇统一中国。公元前二一〇年，秦始皇病死。公元前二〇九年，百姓陈胜喊道："天下苦秦久矣。"在大泽乡揭竿而起。公元前二〇七年，秦二世胡亥被杀。公元前二〇六年，接秦二世之位的子婴被杀。秦朝灭亡。

自六国灭至秦灭亡，共十五年。自秦始皇死至秦灭亡，只有短短四年。

这就是采用韩非法家学说的后果。

"灭六国者，六国也，非秦也。族秦者，秦也，非天下也。嗟乎！使六国各爱其人，则足以拒秦；使秦复爱六国之人，则递三世可至万世而为君，谁得而族灭也？"

这是唐朝诗人杜牧的慨叹。也许，韩非只是那个说出了真相的孩子。可是他勾起了君主们的心中之恶。于是，有了焚书坑儒，有了罢黜百家，有了文字狱，有了株连九族，有了一次又一次血腥的朝代更替。韩非是一面镜子，清晰地照出了帝王们的真实面孔。他又像一根刺，扎在人性的深处。

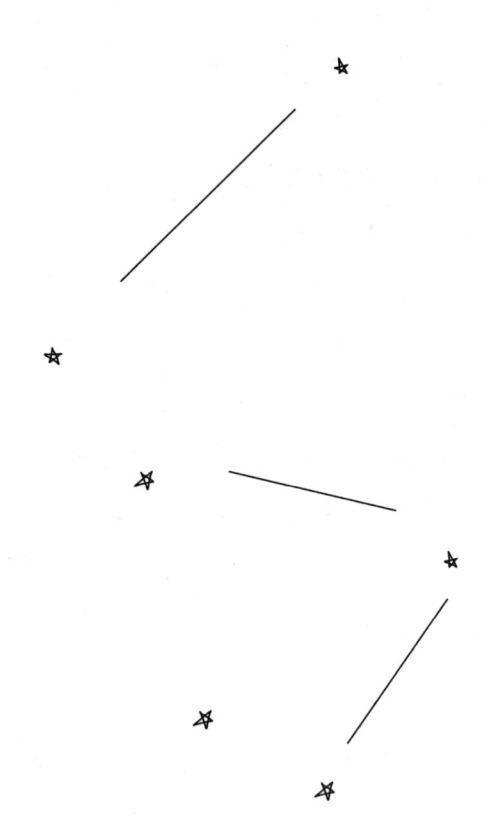

第十八章

荆轲

对于视民如土芥的君主,荆轲是高悬于头顶的达摩克利斯之剑,是劝谏,是永恒的警告。

"风萧萧兮易水寒,壮士一去兮不复还。"

河水闪着冷冷的光,风一阵紧似一阵。长长一队人,穿着白衣,戴着白帽,站在易水河的北岸。一个人端坐在人群之中,在击筑。筑声悲愤苍凉,一声一声,直切到人的心肺当中。大风把筑声吹得飘摇不定,一人忽然在筑声中仰天长歌,歌声慷慨悲壮,直冲云霄。

击筑的是高渐离。筑如长长方方的古琴,尾端有条细长的柄。高渐离一手抚琴弦,一手拿一根竹片击打着,琴声时而低沉,时而高亢,如骤雨,如马蹄,如风吹莽原,又如林中野兽的呜咽。

白衣人群的前面,新堆了一个小土丘,上面摆放着酒食。这是在祭路神。有人远行,要在路边举办一个仪式,祈求路神保佑,万水千山,一路平安。送行的人当中,除了燕国的太子丹,还有杀狗的屠夫、宋意等，都是荆轲的朋友和太子丹的宾客。

荆轲要去秦国，车马已经驾好。荆轲的副手秦舞阳站在车子的旁边，只等荆轲上车。秦舞阳的爷爷是燕国名将，叫秦开，是个让匈奴人闻风丧胆的将军。《史记·匈奴列传》上说，燕有贤将秦开，"袭破走东胡，东胡却千余里"。秦舞阳十三岁就杀过人，凶狠威猛，一般人遇到他，赶紧低了头走过去，看都不敢看他。善于识人的隐士田光说他是"骨勇之人"，一发怒，面色煞白。

众人一一向荆轲饯行，荆轲举杯一饮而尽。

眼前的易水滔滔不绝，翻滚着奔向天边。高渐离的筑声更加悲凉壮阔，风把人们身上的衣袂吹得扑扑作响，荆轲仰天长歌。

歌声慷慨悲凉，让人血脉偾张。宋意、屠狗者、众宾客，和着荆轲的歌，放声高唱。歌声越来越高亢，易水河边的人们遥对着南岸，怒发冲冠，悲愤得不能自抑。南岸黑压压的一大片，是秦军的营寨。

荆轲这一去，是去刺杀秦王。

高渐离击筑不停，荆轲在筑声中翻身上车。

秦舞阳抖动缰绳，马匹扬蹄欲奔，忽然一阵嘶鸣。路旁冲出一个壮士，拦在马车的前面。这人一身白衣，面色血红，他朝荆轲行过礼，高声说道："我为荆君壮行。"说完，拔剑自刎。这是燕国有名的勇士夏扶，田光称他为"血勇之人"。

马车一晃，绝尘而去。荆轲头也不回。

在夏扶自刎之前，已经死了好几位勇士。樊於期自刎了，田光也自刎了。

高渐离的筑声渐渐停歇，惟余越来越远的风声、马蹄声、辚辚的车声。

易水河岸上，太子丹茫然若失地站着，呆了一样。

他知道，他的性命已经交到了荆轲手上，燕国的命运也已交到荆轲手上。荆轲是他的怒火，也是他唯一的希望。他仿佛看到了秦王那张惊恐的脸。他和嬴政曾经亲密无间，情如手足。

战国之时，两国订盟约，为了表示信义，往往会互派人质。秦昭王的孙子异人曾被派到赵国做人质，后来被吕不韦发现，觉得"奇货可居"，使计谋把他立为太子，并终于让他当上了秦王。异人在赵国做人质时，娶了一个赵国女子，生下了儿子嬴政。当时的异人，在赵国不仅受轻视，而且处境凶险，朝不保夕。小儿嬴政的状况可想而知。与此同时，燕国太子丹也被派到赵国做人质。太子丹与嬴政同是天涯沦落人，俱为天真的少年，患难之中结为至交好友。

嬴政终于被吕不韦想方设法接回到秦国。不久异人做了秦王。异人登位才三年就死了。公元前二四六年，十三岁的嬴政继位为秦王。不久，太子丹又被派到秦国做人质。太子丹原想自己与嬴政是好友，到秦国定然会受到优待。谁知秦王嬴政翻脸不认旧友，不仅没有更好地照顾他，反而百般侮辱。太子丹怒不可遏，可是有国不能回，嬴政把他死死地扣留在秦国。

曾被嬴政重用的军事家尉缭子说："秦王这个人，刻薄寡恩，长着一颗虎狼心。他身处困境时，能够低下头甘居人下，一旦得志，就能吃人。"嬴政这般对待太子丹，只是他的本性流露，丝毫不奇怪。

太子丹想尽办法，终于逃回到燕国。《燕丹子》中对此有着极为夸张的描述：秦王恶毒地对太子丹说，如果你想回燕国，除非乌鸦的头变白，马的头上长角。太子丹仰天长叹，感动了上天，真的出现了"乌白头，马生角"的奇迹。秦王无奈，只好放他回国。司马迁郑重其事地解释说，这种说法太过了，信不得。后世之人编造这番说辞，也许是为了宣泄对嬴政的痛恨和对太子丹的同情。

不知道用什么手段逃回燕国的太子丹，每天都接到有关东方诸侯情势危险的急报。秦国向他们发起了一波又一波疯狂的进攻。烽火，眼看就要烧到燕国的边境了。

此时，燕国的国君是太子丹的父亲燕王喜。他也将是燕国最后一任国君。

燕国是周朝最早分封的诸侯国。周武王灭纣，刚刚建立周朝，就封召公姬奭（shì）于燕。在相当长的时间里，燕国偏居北方，悄无声息。直到春秋时，才登上一次历史的大舞台，不过却是配角，还是一个受害者的角色。那是燕庄公时，山戎攻打燕国，燕国支撑不住，向齐桓公求救。齐桓公亲自率军大败山戎，夺了大片土地送给燕国。燕国因祸得福，国力大增。这是公元前六六四年的事。其后三百多年间，燕国又变得默默无闻，再次出现，是因为一场闹剧。

公元前三一四年，燕王哙学尧舜，把王位让给相国子之，引发国中大乱。结果齐宣王派兵攻打燕国，燕国军民毫不抵抗，齐军兵不血刃就攻进了都城。子之和燕王哙被杀，燕国几乎被灭国。

燕昭王从魏国赶回燕国继位。他痛心于家国被毁，于是建黄金台，广招天下英才，发愤图强，一心要进攻齐国，报仇雪恨。

公元前二八四年，燕国上将军乐毅率军攻陷齐国都城临淄，齐国除了莒和即墨两个城邑外，其余全被燕军攻克。燕国总算报了切齿之恨。然而，这也是燕国辉煌的顶点。

公元前二七九年，燕昭王去世，燕惠王接位。燕惠王与乐毅有矛盾，即位之后，就派人替换了乐毅。乐毅逃亡到赵国。乐毅一走，齐将田单大败燕军。齐国复国。燕国的强盛如昙花一现，就此一去不返。

燕惠王去世，武成王继位。其时发生了长平之战、邯郸之战。武成王去世，燕孝王继位的这一年，秦军被魏、楚、赵联军大败于邯郸城下。燕孝王在位三年去世，儿子喜继位。

燕王喜是太子丹的父亲，在位三十三年，可是这么长的执政时间，不仅没让燕国兴盛，终于让燕国灭亡了。他是个糊涂、固执又好大喜功的人物。他即位之初，看到赵国在与秦国大战中损失惨重，就想趁火打劫，结果被廉颇打得大败，都城也被赵军包围。又过了几年，廉颇受谗言逃离赵国，燕王喜觉得机会又来了，再次派兵攻打赵国，结果呢，被赵将庞煖大败。两万燕军被杀，大将剧辛阵亡。

燕昭王留下来的家底，就此被燕王喜彻底败光。

燕国躲在角落里舔着伤口时，强大的秦军势如破竹，开始横扫天下。公元前二三〇年，秦国灭了韩国，然后大举进攻赵国。赵国眼看支撑不住，燕国的灭国之祸近在眼前。

太子丹与秦王嬴政相处多年，他是最了解秦王的。他不打算束手就擒，死也比受侮辱强，他要拼死一击。

有人来报，太傅鞠武求见。鞠武是太子丹的老师，老成持重，谨小慎微。

"听说您收留了从秦国逃过来的樊於期？"鞠武问。

"是的。"太子丹说。

鞠武一跺脚。"千万不能收留他。"

唯一能够与秦国缠斗的，只有赵国。自赵武灵王变法之后，赵国国力大增，并且几乎代代有名将。廉颇、赵奢、庞煖，然后又有李牧，可仍然不是秦国的对手，一直在苦苦支撑。公元前二三四年，秦国又向赵国大举进攻，抢夺了赵国大片的土地，建立起雁门郡、云中郡。随后，派大将桓齮进攻赵的平阳、武城。桓齮大败赵军，杀死赵将扈辄，斩首十万。第二年，桓齮从上党越过太行山，进攻赵国的赤丽、宜安。赵国派出大将李牧反攻。李牧在肥大败秦军。经此一战，李牧被赵王封为武安君。他是赵国最后的长城，随后又被赵王亲手毁掉。而被李牧战败的桓齮，知道自己回秦国必死无疑，只得逃亡在外。史学家杨宽先生考证说，桓齮，读音与樊於期读音相近。他逃亡的时间，与燕太子丹回国的时间也基本契合。《史记·秦始皇本纪》中，详细记载了秦国屡次出征将领的名字，单单不见樊於期。这位樊於期，应是败于李牧之手的桓齮。

桓齮战败，而且畏罪潜逃，使得嬴政大发雷霆，当即下令把他的父母宗族全部杀光。同时告示天下：有斩得桓齮首级者，赏千金，封万户侯。

桓齮，也就是如今的樊於期，一路逃亡，历经千难万险，终于来到燕国。太子丹同情他的遭遇，同时也怀着对秦王的同仇敌忾，把他妥善安顿在馆舍中。可是这件事，终于被自己的老师鞠武知道了。鞠武大惊失色，赶紧来劝太子丹。

他说："您是知道秦王的凶残暴虐的。您收留了他的叛将，正好给了他发泄怒火的借口，这就像把肉扔在饿虎要经过的小路上，会给燕国引来杀身之祸啊。到那时候，就是管仲、晏婴也想不出办法来挽救我们。您不如把樊於期打发到匈奴之地，让秦国没有进攻的借口，然后南与齐、楚结盟，北和匈奴联合，共同对付秦国，大概还可以支撑。"

太子丹说："您说的方法旷日持久，现在危险已经迫在眉睫，一刻都等不及了。况且，樊将军穷途末路来投奔我，我决不会迫于强秦的淫威而抛弃他。除非我死，否则我是不会赶他走的。现在国家已经到了生死存亡的关头，老师您看，还有没有别的办法？"

鞠武说："您这是以鸿毛燎于炉炭之上，后果可以想见。我是没有什么办法了。有位田光先生，深谋远虑，勇猛沉着，可以试试向他请教。"

太子丹说："请老师为我引荐。"

田光有才德，是个侠义之人，隐居在民间。他知人识人，结交了许多英才豪杰。燕国人不管认不认识他，都称他田光先生。所谓先生，是对学问好、品德高的人的尊称。

太傅鞠武前来拜访田光："太子愿图国事于先生也。"

田光知道，燕国已经到生死存亡的紧要关头，再也不能置身事外了。太子请他，当然是为了谋划一件惊天动地的大事。他点点头，来见太子丹。

太子丹早早就在门外的台阶下等候，见到田光先生，行过礼，然后侧着身子，倒退着在前面引路。到了堂屋的厅中，太子丹跪坐下来，先用自己的袍袖掸拂田光的座席，然后请他入座。之所以掸拂，并不是这座席上真有灰尘，而是一种表示谦恭与尊崇的礼节。等田光先生坐好，左右的随从全部退下了，太子丹离开自己的座席，恭敬地向田光请教说："燕国与秦国誓不两立，眼看秦军就要渡过易水，我为此食不甘味，寝不安席。先生如果有办法教我，哪怕燕、秦同日而亡，我死也甘心。"

田光说："既然太子如此，我一定尽力。可是您所听说的我，是壮年时的我，现在我老了，精力不行了。我看您周围的几位勇士，夏扶是血勇之人，怒而面赤；宋意是脉勇之人，怒而面青；秦舞阳是骨勇之人，怒而面白，都不堪大用。我有一位好友，名叫荆轲，是神勇之人，怒而色不变，为人博闻强记，不拘小节，可以成大事。"

太子丹说："麻烦先生为我引见荆轲。"

田光说："好。"站起身，小步退出。太子丹在后面送行。

到了门口，太子丹嘱咐田光说："我们说的国家大事，还望先生不要泄露。"

《史记》上说，田光俛（fǔ）而笑："诺！"俛是俯的意思，低头一笑。这一笑，意味深长。诺，只一个字，却是一诺千金，还不止千金，是以性命相托。

田光真是老了，他佝偻着身子，手拄拐杖来见荆轲："我与您是知交好友，这是燕国人都知道的。燕太子想让我救国于水火，可是我年老体弱,已经力不从心。我向太子推荐了您。燕太子是位贤士,他是真心倾慕您,您不必犹豫,希望您去拜访他。"

荆轲说:"既是先生让我与太子结交,我答应。"

田光说:"真正的士,是不会让人怀疑的。太子送我出门的时候,嘱咐我说,这是国家大事,不要泄露。这是怀疑我。一个人的行为让人怀疑,就称不上是有节操的侠义之士。这是我所羞愧的。您赶快去见太子,说田光已死,死人是不会说话的。"

说完,田光拔剑自刎。

田光为何自刎?真是因为羞愧?或者为了向燕太子表明自己不会泄露机密?司马迁在《刺客列传》上说:"欲自杀以激荆卿。"他是想用自己的死,激励荆轲。田光愿意答应燕太子去做这件大事,可是自己年迈体弱,完不成这个任务,只有荆轲能。他推荐了荆轲。不过他必须让太子丹知道,也让荆轲知道,他不畏死,也不惜一死。他只是担心大事不成。他要用死来表明心迹,也要用自己的死,激发荆轲的勇气与侠气。

田光死了,荆轲默默坐在他的旁边。他本是一个四处漂泊的流亡者,国亡了,家没了,漂来漂去,来到燕国,结识了田光先生。可是这位懂他、信他,以他为第一知己的人现在死了,并用自己的血为他指引了一条路。

荆轲的家很远,在卫国。

卫国的始祖是周武王的弟弟康叔姬封。原本周武王灭商后,把纣王的儿子武庚封在殷的故地，都城在朝歌。后来周武王去世，武庚叛乱。周公出兵平叛，擒杀了武庚，把这里又封给了康叔，称卫国。

卫国历史上最有名的君主是卫懿公。一是因为他好鹤，给鹤分很多等级，漂亮的鹤可以享受大夫的待遇，乘轩而行。二是因为他在位时，国家被狄人灭了，自己被剁成碎片。幸亏齐桓公的救援，卫国才得以重建。

卫国虽小，却出人才。吴国延陵季子曾说："卫多君子，其国无故。"后来孔子也曾在卫国居住多年。孔子回鲁国后，他的得意门生子路就留在卫国做官，担任掌权大夫孔悝的邑宰。一天，孔子听到卫国内乱，叹息说："由也，其死矣。"子路在作战中被敌将砍断了系帽子的缨带。他认为君子到死也要衣冠整齐，坐下来戴好帽子，"结缨而死"。

到了战国后期的邯郸之战，魏国联合了楚军救赵国，大败秦军。此时，卫国与秦国是盟国。魏国乘胜向卫国进攻，占有了卫国，杀了卫君，重立了一个卫元君。卫元君是魏国的女婿，安心做了魏国的附庸小国。公元前二四一年，秦国进攻魏国，占领了卫国，设立东郡，郡治就设在卫的都城濮阳。这一年，卫元君去世。秦王把卫国国君的支属迁到了野王，另立卫君角为君，至此，卫国名存实亡。

卫国没有了，成了秦国的一个郡。荆轲不肯活在秦国的统治下，离家出走，四处流亡。

到处都是纷飞的战火。荆轲先是去了赵国，而后又从赵国漂到燕国。在燕国，荆轲交到了两个好友，一个是杀狗的屠夫，一个是击筑的高渐离。这位高渐离先生，是位隐居民间的大乐师，击筑之技，天下无双。筑是当时最为风靡的乐器，上至王公贵族，下至贩夫走卒，都为之痴迷。荆轲等三人都好酒，每天都喝，喝得酣畅了，高渐离击筑，荆轲高歌，屠狗者相和。他们踉踉跄跄走在闹市当中，无端狂歌无端哭，旁若无人。荆轲不喝酒的时候，就读书，与来来往往的豪杰们游玩。就在此时，他遇到了隐士田光先生。

田光与荆轲一见如故。

田光在自刎前，让荆轲去见太子丹。荆轲说："好，听您的。"于是进宫，去见燕太子。

荆轲见到太子，说："田光先生死了。"

太子丹"再拜而跪，膝行流涕"，过了好半天才开口："我之所以让田光先生不要泄露，是想谋划大事。田先生以死明不言，这真不是我有心要这样啊。"

太子丹一边吩咐设宴，一边向荆轲引见在座的二十多位贤才，其中就有夏扶、宋意、秦舞阳等勇士。众人与荆轲相互行礼，彼此坐定，夏扶说："我从来没听说过你的名声，不知道你有什么本事？"态度相当倨傲。

荆轲说："吕望做屠夫时,是天下之贱丈夫也。可是在他遇到文王之后,成了周国之师。骐骥在拉盐车时,是低劣的马。可是遇到伯乐之后,能日行千里。何必在意以往有没有名望呢。"

夏扶又问："何以教太子？"

荆轲说："我将让燕国传承召公的遗德,成就王霸之业,您看怎样？"

众人你来我往,相互辩论,直到酒宴结束,没有一个人是荆轲的对手。太子丹大喜。

过了几日,太子丹与荆轲单独相见。太子丹说："秦国贪心不足,只有吞并天下才会满足。秦已俘虏韩王,占有韩地,现在又出兵攻赵。赵支持不住,灾祸就要降到燕国头上了。以燕国的兵力,根本不能抵挡秦国。"

荆轲点头不语。太子丹说："我有一计。如果请到一位天下之勇士出使秦国,把秦王劫持了,能逼他返回占领的土地,这是最好的。如果劫持不成,就刺杀他。秦国大将领兵在外,如果发生内乱,必定君臣不和。到时再使离间之计,东方诸侯相互联合,就能打败秦国。这是我盘算很久的想法,可是一直没找到可以托付之人,希望您能帮我。"

荆轲沉吟半晌,说道："这是国之大事,我才质粗劣,恐怕不能胜任。"

太子向前,向荆轲顿首行礼,再三恳求他不要推让。

荆轲沉默着。

荆轲其实早就知道，太子丹请他来，就是让他做刺客，刺杀秦王。田光跟他说的时候，他就知道了。田光死在他面前时，他就知道已经无可推脱。秦王是卫国的仇敌，是四海之人的仇敌，是虎狼之国的暴君，从大义上来说，是可杀之人。田光已经为此而死，士为知己而死，不能辜负他。只是，不知道太子丹是怎样一个人，有没有血性与担当，值不值为他送了性命。荆轲在试探。

面前的太子丹，悲切凄婉，绝望，甚至有些疯狂，几乎是在苦苦哀求了。荆轲终于点点头。人固有一死，或轻于鸿毛，或重于泰山。那就这样吧。

太子丹尊荆轲为上卿，每天来拜访问候，"供太牢具"，呈上猪牛羊俱备的筵席，这是待客的最高礼节了。荆轲有任何要求，都完全满足。只等他养精蓄锐，作雷霆一击。

公元前二二八年，秦将王翦攻破赵国，俘虏了赵王。赵国灭亡。秦军乘势而下，直抵易水河边。过了河，就是燕国了。

太子丹急忙请荆轲来见。太子丹说："秦兵眼看就要渡过易水了……"

荆轲说："就算太子不召见，我也要来见您。如果我现在去秦国，他们不会信任我，我也见不到秦王本人。秦王用金千斤、邑万户悬赏捉拿樊於期将军，如果得到樊将军的人头和燕国督亢地区的地图献给秦王,秦王必定见我。只有这样,我才有机会。"

督亢是燕国最为富庶的地区,把这里的地图献给秦王,就是表示向秦国臣服。地图好办,可是樊将军不能杀。

"樊将军穷困之时来投奔我,我不能以自己的私利去伤害他。还希望您另外再想办法。"

荆轲不多言,辞别了太子,直奔樊将军的住所。

"秦国对待将军可算狠毒了,杀害您的父母,灭了您全族。现在还在悬重赏求取您的首级,您有什么打算吗?"

樊於期仰起头来,长长叹一口气,没有说话,眼泪涌了出来。好半天才说:"每当想到这一切,我就痛入骨髓,我只是无法可想啊。"

荆轲说:"今有一言可以解燕国之患,报将军之仇者,何如?"

樊於期往前靠上一步,急切地问道:"为之奈何?"

荆轲缓缓说道:"我想把将军的首级献给秦王。秦王必喜而见我。我左手扯其袖,右手直刺其胸。如此,将军您的仇报了,燕国被欺凌的侮辱也能消除。将军您看如何?"

樊於期脱下一只袖子,露出半边肩臂,两手相握,说道:"我日夜咬牙切齿,捶胸顿足,想不出一个报仇的办法,现在终于有一个了。"

"偏袒扼腕",这是古人起誓的形式。一言为定,决不相负。他相信荆轲,凭荆轲一句话,他便以命相托。

锵的一声，樊於期拔出长剑，横剑自刎。

太子丹闻讯，飞速赶过来。樊於期倒在地上，一动不动。他自刎时，因为悲愤，用了最大的力气，几乎砍下了自己的头颅。太子丹伏在樊於期身上放声大哭。

万事俱备，还差一把匕首。太子丹使人四处求购，终于从赵国找到了一把。这把匕首削铁如泥，还有个名字，叫"徐夫人"。徐是姓，夫人是名。有人说他是一位铸剑名家，又有人说他只是收藏这把利器的主人。太子丹让人把匕首放在火中烧红，再放到毒药里淬上毒性。只要用"徐夫人"轻轻划破人的皮肤，人就必死无疑。

行装已经打点好，太子丹安排燕国最有名的勇士秦舞阳做荆轲的助手，可是荆轲迟迟不肯动身。太子丹越等越急，终于忍不住，催促说："您是不是有别的想法？要不然，我让秦舞阳先出发？"

荆轲大怒，斥责太子说："一去不返，这是小子才做的事。手提一把匕首，去深不可测的虎狼之国，如果要成事，有许多事要慎重考虑。我之所以不出发，是在等一位同行的朋友。现在您责怪我拖延，那就不等了。告辞！"

荆轲知道，仓促出发，必将一去不返。这不是他的原意。照他的计划，他是要劫持秦王，逼他归还东方诸侯的土地，订立盟约，然后全身而返的。做成这件事，靠自己一个人不行。

这个秦舞阳，空有一个花架子，田光早就说过，不堪大用。他自己呢？有视死如归的勇气，却不是剑术高手，万一失手，就前功尽弃了。所以他约了一位朋友同行。有这个朋友同行，把握就大些。朋友住得远，等了又等，没有赶到。既然太子疑心，只好不等了，也许注定是要同归于尽。同归于尽也好。

燕太子、高渐离、屠狗者、夏扶、宋意等，相熟的朋友以及太子丹贴心的宾客们，一直把荆轲送到了易水河边。过了河，就出燕国了，对面就是秦军。就送到这里吧。

高渐离击筑，荆轲长歌。

"风萧萧兮易水寒，壮士一去兮不复还。"

歌声中，那位曾经质疑过荆轲的夏扶，自刎相送。歌声中，众宾客涕泪纵横。

《史记》上说："于是荆轲就车而去，终已不顾。"

荆轲来到秦国都城咸阳，以千金赠给秦王宠幸的中庶子蒙嘉。蒙嘉替荆轲上奏秦王，说："燕王被大王的威严震慑得心惊胆战，不敢出兵抗拒，情愿做秦国的臣子，现在派出使臣送来樊於期的首级，并献上燕国督亢地区的地图，敬请大王指示。"

嬴政大喜，"乃朝服，设九宾，见燕使者咸阳宫"。

荆轲捧着装有樊於期首级的盒子，秦舞阳捧着装地图的匣子，去见秦王。大殿之中，秦国大臣们站立两旁，鸦雀无声。到了秦王前的台阶下，气氛愈加庄严肃穆。秦舞阳突然浑身发抖，面如死灰,双脚迈不开步子。大臣们觉得很是奇怪,都盯着他看。荆轲回过头看看他,笑了笑,往前走了两步,向秦王致歉说:"他是北边来的蛮夷野人,没见过天子,所以害怕震恐,还请大王宽容。"

嬴政点点头:"把他手上的地图呈上来。"

荆轲回身从秦舞阳手中取过地图,上台阶,献给秦王。

秦王在案桌上徐徐展开,"图穷而匕首见"。荆轲抓起匕首,左手扯住秦王衣袖,右手直刺过去。匕首还没迫近秦王的身子,秦王大惊,猛然后退,用力挣扎之下,扯断了衣袖,转身就逃。荆轲随后追来。

秦王腰间挂着一把长剑,想拔出来,可是剑太长了,足足有七尺,一时拔不出。荆轲手里的匕首闪着寒光,已经杀到眼前。秦王躲到厅中铜柱的后面。荆轲猛扑过去,秦王围着柱子狂奔。

照秦国的法度,殿上大臣们都不许带兵器,带兵器的侍卫们留在殿下。事发突然,大臣们慌得手足无措,愣了一会儿,才醒悟过来,一哄而上,七手八脚拥上来,徒手与荆轲搏斗。

荆轲摆脱纠缠,直扑秦王。

有个叫夏无且的医生正侍奉在旁,手上提着只药囊,一看情况紧急,拿起药囊朝荆轲砸过去。荆轲的脚步终于被他们阻了一阻。

大臣们朝秦王大喊:"王负剑!"剑太长,背在肩上才拔得出来。秦王一听，停住脚，一反手，把剑鞘甩在背后，拔出长剑。

此时，若是秦舞阳不是恐惧得发抖，紧随荆轲身后，助荆轲一臂之力，秦王必然逃无可逃。若是荆轲等到了朋友，随他来到秦国，此时的秦王也是逃无可逃。可是，在拼死用身体阻挡着荆轲的重围之中，荆轲只有孤身一人。

荆轲大吼一声，冲出人群，再次扑向秦王。

嬴政有了长剑在手，胆气大壮，挥剑朝荆轲砍落下去。荆轲躲闪不及，左腿被砍断，一下子跌坐在地。他一扬手，匕首直朝秦王飞去。这是一把削铁如泥、沾血便死的匕首。秦王朝铜柱后面一闪，匕首撞在铜柱上，火花四溅，铛的一声，落在地上。

秦王冲过来，一剑又一剑，一连砍了荆轲八剑。

如果最后这一掷，擦到秦王也好。

荆轲坐起来，斜靠在柱子上，伸开两腿，呵呵大笑。

荆轲骂道："事所以不成，是想活捉你。"

荆轲虽然不是剑术大师，如果他一心行刺，图穷匕见之时，就不用拉扯秦王的袖子，直接一刀刺下去就行。他的镇定坦然，使得最后一刻，秦王都毫无防备，事发突然，应该可以一击而中。然而事已至此，终于还是让秦王逃过一劫。

侍卫们冲上来，乱刀将荆轲砍死。

秦王愣愣地站着，半天说不出话来。

荆轲刺秦王的这一年,是公元前二二六年。这一年的十月,秦军攻破燕国的都城蓟。燕王喜逃往辽东,太子丹躲到了衍水之中。燕王喜为了讨秦王欢心,派使者杀了太子丹,把他的首级送给了秦王。秦王当然没有退兵,依然对他紧追不舍。

荆轲的刺杀,让秦始皇心悸、恐惧并仇恨,虽然事情已经过去了五年,可是他依然不肯放过。刚刚统一,他就下令在全国追捕太子丹和荆轲的宾客好友。众人四处逃亡。

高渐离改名换姓,躲到原先属于赵国的宋子县,在一个富人家做仆人。

有一天,活干得累了,高渐离忽然听到堂上有人在击筑。一声一声,一下子勾起了他的情思。高渐离在堂下绕来绕去,怎么也舍不得离开。出了屋子,他跟身边的伙计说,这人击筑,这一处好,那一处不好,等等等等。伙计很奇怪,一个仆人,怎么懂击筑?就去跟主人说了。主人喊他过去,让他试一试。高渐离一击筑,满堂叫好。主人觉得脸上有光,很高兴,当场赏了他一些酒肉。

高渐离左思右想,觉得如此躲藏下去,终究不是办法,也许永远都见不到天日,更不用说成就大事了。于是他回到房间,穿回旧衣裳,从箱子里拿出筑来,以本来面目出来见人。宾客们一见,他仿佛换了一个人。此人孤傲洒脱、英气逼人,是高渐离。满座宾客都惊住了,个个站起身,客气地向他行礼。

高渐离一言不发，击筑而歌。歌罢，客人"无不流涕而去"，个个泪流满面。高渐离的筑声歌声，勾起了他们的亡国之痛，勾起了他们心中的悲愤与无奈。

也许什么都做不了，可是人们愿意在这筑声中沉醉。听到这筑声，他们心里才好受些，才能振奋起来，才能痛痛快快地大哭一场。宋子县一家接一家请高渐离去击筑。他击筑大师的名声越传越远，越传越神，终于，传到了秦始皇的耳中。秦始皇对筑很痴迷。他并不知道人们为什么被高渐离所倾倒，以为他只是一个击筑高手、一个技艺高超的手艺人罢了，于是下诏令，让他来咸阳。

高渐离到了咸阳，很快就被人认了出来，报告秦始皇说，此人是荆轲的好友高渐离。

既是荆轲的朋友，就是死罪。可是秦始皇又舍不得就此断绝倾听击筑的妙音，犹豫再三，下令特赦。不杀他，不过要处以矐（huò）刑。所谓矐刑，是用马尿熏瞎眼睛。眼盲了，不影响击筑。

秦始皇是个谨慎的人，每次听高渐离击筑，总要让他离自己远远的。高渐离击筑，出神入化，秦始皇越听越觉得好，于是就让他近一点。下一次听，再近一点。

高渐离在筑中藏了铅块。离秦始皇已经很近了，已经能听到他的说话声、笑声，甚至能听到他的呼吸了。

高渐离握着细长的柄，举起筑，狠狠地朝秦始皇砸过去。嬴政一闪，没有砸中。

秦始皇以恐惧为手段，牢牢地控制着这个国家。荆轲、高渐离，又把恐惧带回到他的心里，让他也品尝到恐惧的味道。从此之后，秦始皇再也不敢让诸侯之人靠近自己。他害怕，他知道人们仇恨他。民不畏死，奈何以死惧之。他虽然在努力制造恐惧，却没有办法阻止对他的复仇，躲也躲不了。

公元前二一八年，天下一统已经三年。秦始皇东游到博浪沙，张良和一个大力士突然从路边窜出。一百二十斤的大铁锤，瞬间把一驾马车砸成碎片。可砸毁的是一辆副车，嬴政又逃过一劫。惊恐不已的秦始皇"大索十日"，可是一无所获。是张良善于逃亡吗？是天下人恨嬴政，赞许张良，故意隐藏了他。

荆轲刺秦，为了燕太子丹吗？不是。高渐离刺秦，为了荆轲吗？不是。张良刺秦，为了韩国吗？不是。舍生为了取义。

齐宣王问孟子："臣弑其君可乎？"

孟子曰："贼仁者谓之贼，贼义者谓之残，残贼之人，谓之一夫。闻诛一夫纣矣，未闻弑君也。"

一夫就是独夫。如果是独夫民贼，可以杀。

真正的勇士，是有着"诛一夫"勇气的人；是孔子所说"杀身以成仁"的人；是墨家为除天下之害"赴火蹈刃，死不旋踵"的人；是屈原歌唱的"虽九死其犹未悔"的人。

公元前二二一年，秦始皇统一六国。全天下人口二千万，他征发一百五十万修建宫殿陵墓，征发五十万戍守五岭，征发数十万修筑长城，超过十分之一的人口被他直接奴役，然后再把沉重的租赋，压在其余百姓的身上。

公元前二一三年，秦始皇下令焚书，有敢谈《诗》《书》者，杀头、灭族。公元前二一二年，秦始皇坑杀儒生术士四百六十余人。至此，贯穿了整个战国时代、波澜壮阔的百家争鸣，被彻底扼杀。

乌云遮盖了星空，天下之人屏息以待。

公元前二一〇年，秦始皇死在巡游途中。数月之后，陈胜、吴广揭竿而起，项羽、刘邦随后响应。秦王朝开始崩塌。

公元前二〇七年，秦二世胡亥被杀，子婴继位。两个多月后，项羽入咸阳，烧秦宫，杀子婴及秦宗族。秦朝灭亡。

施以残暴和恐怖，得到的只有仇恨与毁灭。"君之视臣如土芥，则臣视君如寇雠。"对于这样的君主，荆轲是高悬于他们头顶的达摩克利斯之剑，是劝谏，是永恒的警告。

后记

从动笔到停笔，整整两年时间，终于完成了。

《君子的春秋》的尾声，曾经说明了战国开始的时间。那是公元前四五三年，韩、赵、魏三家灭智氏，从而形成了七国争雄的局面。而这本书的开始，要提前到公元前四七九年。这一年，孔子去世，墨子出生。这是一个巧合，同时也是中国哲学史的完美衔接。

墨子原本是儒家的门徒，终于走到儒家的对面。儒、墨两家，像两位棋手，看似对立，却是一样的热心肠，都为天下人请命。

墨子出生在鲁国。鲁国有个著名人物是他的好友，叫公输般。两个人在楚王面前一番交锋后，成为莫逆之交。两个发明家，明着是对一个城池的争夺，其实是在争辩人之大义。公输般失败了，心服口服。他败给了一位前无古人、后无来者的哲学家。

公元前四一二年，齐国攻打鲁国。鲁国病急乱投医，起用了一个名不见经传、也没打过仗的人做将领，结果一战而胜。鲁国君臣认为小国胜大国，不吉，把他赶走了。这个不幸的人叫吴起。可是再示弱也没有用，齐国又打过来。鲁君没办法，恳求年老的墨子帮忙。墨子主张"兼爱""非攻"，于是立即赶去齐国，一番说辞，打动了齐国的掌权者田和。齐军终于撤了回去。

墨子直到晚年，还在为平息世间的战争而奔波。他晚年去了楚国，死在了楚国。而那位被鲁国赶走的吴起呢，去了魏国，后来也去了楚国。一位主张"非攻"的哲人，与一个战无不胜的军神，就这样擦肩而过。然后，战国进入到一个新局面。

吴起不仅是屡战屡胜的军事家，而且是锐意改革的政治家，同时还是著书立说的学者。据说《左传》便是由他传于后世。他原本想在魏国施展他的变法计划，被魏国相国公叔痤使诡计逼走了。吴起流亡到楚国，在楚国变法。可惜才两年，支持他的楚悼王就死了，吴起被反对变法的贵族们用乱箭射死。

那位为了保住自己权势而赶走吴起的公叔痤，之后一直在魏国当相国，把这个位子守得牢牢的，直到临死，才肯让出来，推荐了一个名不见经传的人当相国。这个人是公叔痤的随从，名叫卫鞅。魏国国君魏惠王当然不同意。卫鞅于是投奔了秦国。

这个卫鞅，就是后来大名鼎鼎的商鞅。他在秦国变法，使得落后的秦国脱胎换骨，迅速走上了强国之路。而魏国呢，恰好相反，很快走上了衰败之路。公叔痤是个被人忽视的人物，恰恰是他，左右了历史的走向。他逼走吴起，打压住商鞅，造成的后果之严重，不可估量。

魏惠王放走的，不只是一个卫鞅，还有另一个重量级的人物。由此可见，这位君主实在没有知人之明。卫鞅跑到秦国，全力与魏国作对。另一个来投奔魏惠王的人，不仅没得到重用，还被施了膑刑，被砍断了脚。这个人叫孙膑，差点死在魏国，靠装疯才活下来，后来终于想办法逃到了齐国。

孙膑指挥齐军，在马陵与魏军一场大战，魏军全军覆没。魏国的霸主地位就此被打碎。收留了孙膑的齐国，开始崛起。

秦国重用了从魏国来的卫鞅，很快变得强大。

齐国重用了从魏国来的孙膑，也很快变得强大。

齐、秦一东一西，后来号称"东帝""西帝"，成了天下最强大的诸侯国。魏国呢，败落成了二流小国。国运的关键，有时候就着落在一两个人才身上。

收留孙膑的齐威王是个很有野心的君主。他的父亲在都城临淄的西门外建了一座学校，网罗天下人才，不过还不成规模。齐威王大兴土木，建成了堂皇壮观的稷下学宫，并且给予来这里的人极高的礼遇。于是天下有学问的先生们纷至沓来。儒家、道家、兵家、阴阳家、纵横家、墨家、名家等，几乎各家学派都有大学者奔赴过来。他们在这里指点江山，探讨学术，教授学生。稷下学宫渐渐成了全天下的文化高地。不久前的文化高地还在魏国。孔子的学生子夏在魏国的西河打造了一个文化中心，加上魏惠王的爷爷魏文侯敬才爱才，魏国成了全天下人才最集中的地方。到了眼神空洞的魏惠王时，人才纷纷流失，一个个都跑去了稷下学宫。

有一个人，就在此时来到了稷下学宫。他一住多年，后来成了齐威王的儿子齐宣王的上卿，跟随他的学生成百上千。他就是孟轲。

孟子的学问很好，君主们都很尊重他，可是不给他实权，也不重用他。他为了推行自己的主张，就一个国家一个国家地跑，从齐国去了宋国、邹国、鲁国、滕国，而后，来到魏国。"孟子见梁惠王"，梁惠王就是魏惠王。

魏惠王的相国叫惠施，是名家的代表人物，理论一套又一套，总是玩弄一些小手段，不是大政治家，心胸也不十分开阔。庄周想来魏国大梁城拜访他，他竟然派人去搜捕，怕庄周来抢自己的相国之位。庄子鄙夷不屑地说："你这个相国之位，是猫头鹰才在乎的死老鼠罢了，我这样的凤凰会稀罕吗？"惠施稀罕，可是终于没保住，还是被张仪抢走了。孟子来魏国的时候，惠施已经仓皇出逃,随庄子到濠水边上钓鱼去了,两个人在争论"鱼之乐"与人之乐的问题,专心谈哲学了。

庄子很高兴有这个对手。惠施死了,庄子很难过,叹息着说:"我再也没有人能交谈了。"

那个抢了惠施相国之位的张仪,本是秦国的相国。他与楚国有仇,最后害得楚国几乎亡国。也可以说他是害死屈原的凶手,不过不是直接的,是间接的。

他先是欺骗楚怀王,说只要楚国与齐国绝交,就送他六百里之地。楚怀王当即答应,屈原反对无效。结果呢?等楚国与齐国断交了,张仪说:"我没有说过要送六百里土地啊,我说的是六里。"楚怀王恼羞成怒,发兵攻打秦国,结果一败涂地。楚国自此由盛转衰。这时候,屈原已经被放逐了。几年之后,楚怀王又受秦昭王所骗,去秦国参加盟会。流放中的屈原拦着他,不让他去。楚怀王不听,结果一去就被扣留,成了人质,最后死在了秦国。屈原能怎么办?给他写了一首《招魂》。

楚国就这样一步步走向衰落,到了楚怀王儿子楚顷襄王时,连都城郢也被秦军攻陷了。被远远放逐在外的屈原心如刀绞,两年之后公元前二七六年五月初五,投汨罗江自杀。

那个把楚王、魏王等人玩弄于股掌之间的张仪,据《史记》上说,还有一个师兄,叫苏秦。正因为苏秦的资助,张仪才在秦国当上了相国。可是后来的史学家们却考证说,苏秦其实跟张仪没有关系，而且登上历史舞台的时间也要比张仪晚得多。不过同样作为纵横家的苏秦，形象上要比张仪好得多，不卑鄙，不猥琐，死得很壮烈。

燕国国君哙把国家让给相国子之，引起燕国大乱。齐宣王趁机出兵进攻，一下子就占领了燕国，杀了燕王哙，同时在燕国烧杀抢掠，无恶不作。当时孟子就警告齐宣王说："赶紧撤军，你这不是救人于水火，你是不仁不义。"果然，齐军被燕国民众赶了回来。齐国也因此与燕国结下了血海深仇。

继位的燕昭王，建了黄金台，广招天下贤才，立志富国强兵。就在此时，苏秦来到燕国，得到燕昭王的重用。苏秦自告奋勇，出使齐国，充当燕国的内应。正是在苏秦的策划下，齐国吞并了宋国，不仅军力大损，还引起了诸侯国的嫉妒和仇恨。于是秦国联合了赵、魏、韩、燕，向齐国发动进攻。齐国大败。

正是苏秦导演的一系列连续大剧，终于拖垮了盛极一时的齐国。这也成为战国走势的拐点。

燕国上将军乐毅率军直捣齐都临淄。就在城陷之前，齐王把苏秦车裂了。齐国除了两个城邑，几乎全境沦陷。稷下学宫的先生们，也是四处逃亡。当时从这里出走的学者当中，有一个叫荀况。

乐毅攻陷临淄，标志着东方强国齐国的败落。

战国初期最强的国家是魏国，魏国没落，齐国崛起。而齐国的败落,使得战国的形势失去了平衡。秦国失去了束缚与顾忌,如恶虎冲出山林。

名将乐毅攻破了齐国,后来从齐国又去了赵国。历史的镜头,随着乐毅的身影,转向赵国。这是唯一能与秦国对抗的国家。此时赵国人才济济,蔺相如、廉颇、赵奢等,再加上乐毅,可谓群星璀璨,正可以与秦国放手一搏。

战国到此,也开始进入尾声。这时候出场的人物,哲学意味少了,弥漫着的是英雄气,他们一个个将背负起沉重的家国命运。

蔺相如是汉朝大文豪司马相如的偶像,也是司马迁推崇的智勇双全的典范。过了两千多年,每每重读他的往事,总是令人心潮起伏,神往无限。其中最让人爱慕的,还是他与廉颇将军的刎颈之交。廉颇是位慷慨豁达的性情中人,脾气爽直,性格刚烈,爱则爱,恨则恨,到老了,还有一颗激昂的报国之心,实在是个让人敬佩的人物。可惜,他被朝中小人排挤了。从他的命运,可以一直照见赵国的结局。廉颇一去,赵国危机四伏,险象环生。

鲁仲连是为救赵国积极奔走的一位古道热肠之人。他是齐国人,却心系天下,急人所难,是一位真正的侠士,也是一位神龙一般的隐者。可惜,齐掌权者没有他的雅量。在秦国进攻东方诸侯的时候,齐国永远袖手旁观。等秦国收拾完其他五国,齐国只能束手就擒。最后几十年，战争最激烈的时候，如果齐国能向邻国伸出援手，鹿死谁手，还未可知，天下可能会是另一个局面。正因为如此，鲁仲连就显得可贵，不仅在当时，更在后世。

与鲁仲连一样有着仁义之心的人，是魏公子无忌。他是战国四公子里，最让人仰慕、最受人敬重、威望最高的人。只要大义所在，他就去做，不惜反抗国君，自我放逐。他通晓兵法，屡败强秦。最重要的是，他有一颗平等之心。不管是怎样的人，他都待之以礼，待之以诚，待之以情。这是他赢得天下人心的关键所在。而他，也是魏国最后一点希望，最后一个英雄，最后的绝唱。

与魏公子信陵君相比，楚国的春申君要失色得多。他只能算是楚国落日下的一点余晖。他一生中的亮色，就是为了让太子回国，自己甘愿以命相抵。他后来为楚相二十多年，几乎是毫无作为。他最后的悲剧，成为楚国倒下之前的一首挽歌。他大概是战国四公子里，最没有存在感的人。然而，他是一位君子。

想学四公子风度的，还有秦国的吕不韦。人人看不起他。几乎没人在意，或者说没人在乎他的渊博、智慧和深谋远虑。人人都被一种厌恶的情绪蒙蔽了眼睛。他最后被他一手扶持的秦王嬴政逼死，没有人为他悲伤和不平。这才是真正的悲剧。人们可以抹杀他的人生，可是一本《吕氏春秋》，就足以让他不朽。

吕不韦有个门客叫李斯，后来做了秦始皇的相国。李斯有个同学叫韩非。韩非的思想成了秦王朝的立国之本。李斯与韩非的老师，是荀况。他是战国最后一位大师。他是孤独的智者，是绝望的先知。他触碰到了人性的底线，他开出了济世的良方。他是那位收藏和传承中国文化火种的人。

火种生出的火，可以取暖，也能成灾。他的学生韩非，是点火的人；他的学生李斯，是纵火的人。在他们的引领下，才有了秦始皇的"焚书坑儒"。韩非被李斯毒杀，李斯被秦二世腰斩。这可能是法家的宿命。这是荀子不愿意看到的，也是他曾经为之叹息的。荀子的手中有许多药方，拿错了，用过了，就有性命之忧。所以读《荀子》要留意，读《韩非子》要警惕。

廉颇的赵国、鲁仲连的齐国、信陵君的魏国、春申君的楚国、吕不韦的秦国、韩非的韩国，都一一梳理了，战国七雄里，还有一个燕国。代表燕国出场的，不是燕国人，而是一个流亡者、一个刺客。这个刺客留下了一首歌，一首悲凉而又热血的歌。

"风萧萧兮易水寒，壮士一去兮不复还。"

一去不还的不只是荆轲，还有闪烁的星辰。他们冉冉而上，布满了战国的天空。

到这里，一部战国史就结束了。纵着看是历史，横着看是哲学。而撑起这一切的，是人，是平凡的人，是伟大的人。看起来各不相关，墨家、兵家、法家、儒家、道家、纵横家、杂家，各派人物轮番登场，可是他们每一个都命运相连，能量彼此传递，终于，在两千两百年前，点亮了整个战国的星空。这本书，只是一幅星象图，是星空的映照。真正的文明与智慧，在我们的头顶。如果仰起头来，在天空中仔细寻找，你就会在满天星斗之中，找到属于你的那一颗。它将穿越时空，照进你的内心。它将在漫漫长夜里，陪伴在你的身旁，与你耳语，轻声告诉你你是谁，你为何来到这世间，你有着怎样的使命。

图书在版编目（CIP）数据

战国的星空 / 申赋渔著 . -- 北京：北京联合出版公司 , 2020.1
（中国人的历史）
ISBN 978-7-5596-3811-3

Ⅰ.①战… Ⅱ.①申… Ⅲ.①中国历史－战国时代－青少年读物 Ⅳ.① K220.9

中国版本图书馆 CIP 数据核字 (2019) 第 257699 号

中国人的历史：战国的星空

作　　者：申赋渔
出 品 人：赵红仕
策　　划：亲近母语研究院
责任编辑：宋延涛
特邀编辑：杜益萍　秦　方
封面设计：朱赢椿
版式设计：韩　笑
内文排版：王春雪

北京联合出版公司出版
（北京市西城区德外大街 83 号楼 9 层　100088）
新经典发行有限公司发行
电话（010）68423599　　邮箱 editor@readinglife.com
河北鹏润印刷有限公司印刷　新华书店经销
字数 280 千字　880 毫米 ×1230 毫米　1/32　13.5 印张
2020 年 1 月第 1 版　2021 年 2 月第 4 次印刷
ISBN 978-7-5596-3811-3
定价：68.00 元

版权所有，侵权必究
未经许可，不得以任何方式复制或抄袭本书部分或全部内容
本书若有质量问题，请与本公司图书销售中心联系调换。电话：010-68423599